家具产互联网平台

构建方法与实践

陈星艳　陶涛　著

化学工业出版社

·北京·

内容简介

本书通过分析国内外产业链互联网平台架构模式，介绍了家具产业链互联网平台的建设和实施；所建设的平台整合了产品设计与开发、企业资源管理、材料设备、综合服务、校企合作服务和家具商城六大功能板块，通过模块化开发实现高效协同；最终通过测试验证了平台在功能完整性、系统稳定性及业务扩展性等方面的优势，为家具产业互联网转型提供了实践参考。

本书可供高等院校家具设计与工程、木材科学与工程、工业设计、环境艺术设计、智能制造、信息技术等相关专业的师生学习，也可供家具企业的高层管理人员、技术开发人员、信息化系统开发人员参考。

图书在版编目（CIP）数据

家具产业链互联网平台构建方法与实践 ／ 陈星艳，陶涛著. -- 北京 ： 化学工业出版社，2025. 9. -- ISBN 978-7-122-48779-7

Ⅰ. F407.88-39

中国国家版本馆 CIP 数据核字第 2025MW5059 号

责任编辑：陈景薇　王　斌
文字编辑：冯国庆
责任校对：李雨函
装帧设计：王晓宇

出版发行：化学工业出版社
　　　　　（北京市东城区青年湖南街13号　邮政编码100011）
印　　装：北京建宏印刷有限公司
710mm×1000mm　1/16　印张15　字数304千字
2025年9月北京第1版第1次印刷

购书咨询：010-64518888
售后服务：010-64518899
网　　址：http://www.cip.com.cn
凡购买本书，如有缺损质量问题，本社销售中心负责调换。

定　　价：98.00元

前言
PREFACE

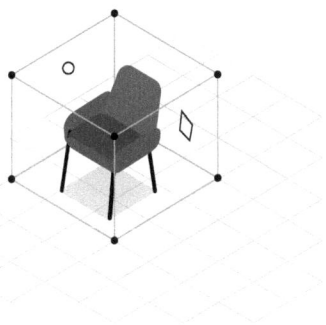

当前，我们正身处全球第四次工业革命的浪潮之中，传统产业的结构与模式正在被彻底颠覆，家具制造产业急需培育和发展新质生产力，驱动家具产业高质量发展。在我国经济结构调整与家具产业转型升级步伐不断加快的新形势下，与人工智能、大数据、云计算等的融合无疑是家具产业优化升级的主要途径之一。

本书紧密结合当前家具制造产业发展新质生产力的需要，将智能制造与信息化领域和家具产业现状相融合，着眼于互联网时代背景下的家具产业链升级与优化。从家具产业的实际情况出发，与互联网技术紧密结合，以家具全产业链为研究对象，将互联网信息技术与整个家具产业中各专业环节相结合，构建了国内甚至全球首个针对家具全产业链的服务型平台。平台涵盖家具全产业链（上游、中游、下游）、全流程（生产环节、供应链环节、流通环节和政府 / 高校 / 金融配套环节）、全业务（产品设计开发、企业资源管理、原材料与机械设备服务、综合服务、校企合作、家具商城）。本书以"互联网 +"与信息化带动工业化，推动传统家具产业转型升级，对家具产业结构与发展模式的创新、改革、实践具有很强的理论与现实指导意义，同时具有广阔的商业化应用前景。

本书对家具企业的高层管理人员、技术开发人员、信息化系统开发人员及信息化、互联网、软件开发的爱好者具有参考价值，同时对高等院校木材科学与工程、家具设计与工程、工业设计、环境艺术设计、智能制造、信息技术等相关专业的师生都具有极高的指导作用。

本书的出版得到了中南林业科技大学林业工程学科的经费资助，在此表示衷心的感谢！

陈星艳　陶　涛
2025 年 5 月于中南林业科技大学雅林园

目录
CONTENTS

第 5 章
家具产业链互联网平台的实施与测试评估　　182

第 **1** 章

绪论

1.1 理论研究的背景与意义

1.1.1 研究背景

1.1.1.1 社会发展潮流

18 世纪中叶以来，人类历史上先后发生了三次工业革命，每一次革命都给人类社会带来深刻的变革：第一次"蒸汽革命"使人类从农耕文明过渡到工业文明；第二次"电气革命"促使政治、经济全球化体系形成；从 20 世纪中叶开始，半导体、计算机、互联网的发明和应用开创了第三次"信息革命"，全球信息和资源交流变得更为迅速，大多数国家和地区都被卷入全球化进程之中，世界政治经济格局进一步确立，人类文明的发达程度也达到空前的高度。信息革命方兴未艾，目前正在全球扩散和传播，从最开始的聊天工具、搜索和下载各种资讯，到电子商务、网上支付、企业信息化管理等，人们已经切身体会到信息革命带来的巨大变化。可以说，互联网已渗透到生产、生活和消费等各个领域，目前正在向与产业融合的方向发展。第四次工业革命是全新的技术革命，它基于全社会构建一个完整的网络物理系统，这个系统将通信的数字技术与软件、传感器和纳米技术相结合，生物、物理和数字技术的融合将改变我们今天所知的世界。纵观人类历史长河，我们可以发现每一次工业革命的速度之快、变化之深、内容之广泛都呈指数级增长，可以预见人类社会将会经历翻天覆地的变化，产业互联网平台的建设正顺应了社会发展的潮流。

1.1.1.2 产业变革趋势

2012 年以来，随着美国通用电气公司（GE）和德国西门子公司相继推出自己的工业互联网（或工业 4.0）平台，全球工业制造业由此迎来平台竞争时代。这个转变具有划时代的意义，不仅从根本上颠覆了人类工业制造业的发展模式，也深刻地改变了国际产业分工与国际贸易竞争格局。美国的工业互联网与德国的工业 4.0 虽然在一开始时侧重点有所不同，但都是利用互联网技术、智能化来实现全产业链整合，都是由政府推动的国家层级战略。如今很多工业国家都在谈论"工业4.0"，都在争先恐后地发展工业互联网平台，可以说国与国之间的竞争已经进入白热化阶段。在此背景之下，产业互联网平台的建设正是当务之急。

1.1.1.3　国家政策引领

习近平总书记在2015年11月10日的中央财经领导小组会议上提出"供给侧结构性改革"，要求提高供给体系质量和效率，2017年为中央确定的供给侧结构性改革深化之年。在2015年3月份的全国两会政府工作报告中，李克强总理提出了"互联网+"战略行动计划，旨在以互联网信息技术促进实体产业经济发展，推动我国传统产业转型升级，形成中国经济发展的新动力。产业互联网正成为推动中国传统产业转型发展的新引擎与有效抓手。

2017年底，国务院正式发布《深化"互联网+先进制造业"发展工业互联网的指导意见》（以下简称《意见》），促进实体经济振兴、加快转型升级。对于工业互联网平台建设，《意见》明确，到2020年，要支持建设一批跨行业、跨领域的国家级平台，构建一批企业级平台，培育30万个以上的工业App（工业应用程序），推动30万家企业应用工业互联网平台；到2025年，形成3～5家具有国际竞争力的工业互联网平台，实现百万工业App培育及百万企业上云。

2018年7月，工业和信息化部印发《工业互联网平台建设及推广指南》和《工业互联网平台评价方法》。2019年1月18日，工信部印发《工业互联网网络建设及推广指南》，明确提出以构筑支撑工业全要素、全产业链、全价值链互联互通的网络基础设施为目标，着力打造工业互联网标杆网络、创新网络应用，规范发展秩序，加快培育新技术、新产品、新模式、新业态。到2020年，形成相对完善的工业互联网网络顶层设计。2024年7月，中国共产党第二十届中央委员会第三次全体会议将"发展产业互联网平台"写进《中共中央关于进一步全面深化改革、推进中国式现代化的决定》中，明确要求聚焦重点环节，分领域推进生产性服务业高质量发展，发展产业互联网平台，破除跨地区经营行政壁垒，推进生产性服务业融合发展。

很明显，我国政府已经充分认识到发展产业互联网的必要性和紧迫性，国家正在大力扶持相关产业的发展，为最终实现以中国式现代化全面推进强国建设、民族复兴伟业而努力，产业互联网平台的建设正是大势所趋。

1.1.1.4 家具产业环境

（1）对外贸易

随着经济全球化的快速发展，家具产业供应中心逐渐从发达国家向发展中国家转移。经过多年的积累和发展，我国家具产业在生产规模、生产效率、生产成本等方面的优势逐渐显现，国际家具贸易地位不断提升，进一步发展成为全球家具产品供应中心。截至2015年年底，中国家具产品出口额为528.03亿美元。2011～2015年，家具行业出口年均增速为10.47%。2018年，家具出口额为537亿美元，同比增长7.6%。伴随着国内外环境的变化和疫情的影响，出口增速减缓，至2023年，家具及零件出口金额为4517亿元，比上年增长了0.2%。同时，在对外贸易中出现了新的现象，即家具跨境电商贸易在稳步增长。根据弗若斯特沙利文数据计算，2018～2023年，全球家具家居类电商渠道份额从14.7%提升至25.2%。2023年，全球家具家居类B2C电商市场订单成交总额（GMV）为3258亿美元，同比增长12.8%。据海关总署数据，2024年1～8月，家具及其零件出口金额达到3191亿元，同比增长12.3%。

（2）国内市场

工信部、国家统计局数据显示，随着全球经济下行和行业竞争加剧，家具产业小幅下滑。2023年全年，规模以上家具制造业企业营业收入6555.7亿元，同比下降4.4%；实现利润总额364.6亿元，同比下降6.6%。2023年，我国整体家具行业总产值约为12万亿元，同比增长11.2%，但是随着各地房地产市场政策的优化调整，家具行业的产品创新、定制化能力得到提升，这些进步极大地满足了消费者多样化、个性化的需求，带动家具行业经济运行回升向好。随着技术的发展和市场竞争的加剧，全屋定制产品价格整体呈下降态势，2023年市场规模较2022年减少了59.26亿元，约为2342.34亿元。未来，通过技术创新、产品多样化和服务升级，全屋定制行业前景依然广阔。2024年1～10月，家具行业规模以上企业7421家，累计营业收入5355.2亿元，同比增长1.6%；累计利润总额267.4亿元，同比增长6.0%。尽管整体市场规模有所增长，但市场竞争依然十分激烈，超8成企业市值下滑，仅有少数大型企业实现了市值增长。

（3）触网升级

随着互联网的迅速发展，网络购物已成为居民购物的重要途径之一。数据显示，2023 年全国网上零售总额达到 15.42 万亿元，同比增长 11%，中国连续 11 年稳居全球网络零售市场领先地位，电商对于国民消费的重要性日益提升。家居产品也开始通过网上销售渠道进入千家万户，经过几年的发展，家居企业线上收入占比显著提升，网上销售规模不断扩大。据数据统计，2023 年淘宝家居的家具类交易额为 1890 亿元，其市场份额达到了 45%。从上市公司层面看，企业线上渠道布局已趋于完善，逐渐形成了自建商城 + 主流电商旗舰店多平台并存的形式，部分家具上市公司会积极开展直播带货活动，线上收入比重不断提升，同时线上线下融合（OMO）模式也成为一种越来越重要的布局形式。据公司年报及相关报道，2023 年线上销售收入占全部内贸销售收入的比例约为 14%，2023 年喜临门自主品牌线上收入增速达到 22%，在自主品牌营收中占比达 32.32%。2024 年"双十一"购物节期间，综合电商平台中家具建材类商品销售额为 477 亿元，占比 4.0%，同比增长 14.6%。2024 年天猫平台上的源氏木语实现了 GMV 同比增长 64.37%，京东平台上的源氏木语全周期 GMV 同比增长超 60%，抖音平台上的源氏木语 GMV 同比增长 74%。根据 Zolak 发布的 2024 年家具电商报告，中国电商市场家具的销售额达到 852.8 亿美元。

第三方家具服务平台也如雨后春笋般在近年内迅速发展起来。为办公家具服务的综合性平台有俱合网、办公家具网、租一站、小熊办公等；为定制家具服务的综合性平台有快定制、阿拉私家等；专注家具原材料或设备采购服务的平台有真木网、中国木材网、家具机械采购平台网、亚洲家具采购信息网、众家联、饰橱网等；为家具设计提供专业服务的平台有酷家乐、几案网、牛犊秀等；专注家具资讯的有 77° 家具头条、家具采购网、家具迷等；专注家具物流的有万师傅、日日顺、一智通、能装能送、师傅帮、万装网、修达达等；具备多项功能的综合性平台有中国家具网、家具行业信息平台、第一家具网等。

从以上三方面的数据可以看出以下几点。

① 在我国国民经济中，家具制造业是重要的民生产业和有显著国际竞争力的产业，在满足消费需求、提升生活品质、促进国际贸易、充分吸纳就业、推动区域经济发展、构建和谐社会等方面都起到了重要作用。我国家具产业经过四十多年来的发展，已经从传统手工业发展成为以机械自动化生产为主，行业

内技术装备较为先进的同时具有很大规模的产业，家具生产技术水平和产品质量日益提高，家具产业已经成为产品门类全、经济效益高、就业机会多、能够满足国内外市场需求的重要产业。

② 家具出口和家具制造业利润总额与营业收入都已经进入低速增长期。在《中国家具行业"十三五"发展规划》中，家具行业"十三五"期间的主要目标已明确指出：稳中求进将是家具行业发展的总基调，保持主营业务收入年均9%～10%的增长。继续巩固和提升中国家具在国际市场的主导地位，保持家具出口值年均3%～5%的增长。

③ 伴随着中国经济增速放缓，传统制造业减速明显，多数传统产业正在自上而下积极地开展政策调控，国家层面供给侧结构性改革的步伐逐渐加快，经济结构调整已经步入深水区。家具产业如今已经进入买方主导、供过于求的新常态，粗放式发展的传统家具企业在利润日趋微薄的大环境下正面临严峻的市场挑战。

④ 家具产业与互联网的融合在加剧，对于家具商城，无论是品牌企业自建还是与成熟大型电商平台合作，都已经是常态化，线上与线下打通是趋势，消费者体验是关键。除了家具销售端外，各种家具服务型平台也在蓬勃发展中，但都只是为家具产业链的某一部分提供服务，许多网站还处于初创阶段，功能和服务不能保障，整体呈现的是小而杂多的局面，家具全产业链在互联网的布局上急需整合。

⑤ 为应对国内外局势变化，中国需要全面整合社会力量，让家具产业从传统制造业向高端制造业转变，在结构优化、技术创新、质量提升等方面实现跨越性进展。通过"互联网＋""工业互联网""中国制造2025""发展新质生产力""推进中国式现代化"等战略来催生中国家具产业的深刻变革，为家具产业迎来新一轮的优化提升机遇。

1.1.2　研究意义

前三次工业革命皆发源于西方国家，并由其创新与主导。其中，前两次工业革命过程中，中国都是边缘化者、落伍者，这也是近代中国饱受欺凌的重要原因之一。在20世纪80年代以来的信息革命中，我们仅仅是赶上了末班车，相比西方国家仍然是后来者，因为对外开放的政策我们才能够追赶上来。而在21世纪发动的第四次工业革命中，中国第一次与美国、欧盟、日本等发达国家和地区站在同一起跑线上，中国能赶上这次革命的黎明期、发动期，是不易的，也是万幸的。产业互联网的全面建设和国家战略的实施关系着我们国家的复兴大业，是中国梦实现的重要一环。

当前，中国家具制造业面临着严峻的形势，客户需求日趋多样化和个性化，且新技术的发展日新月异，家具工业的制造模式和商业模式也出现了显著的变化。电子商务改变了人们的消费习惯，人们从传统的家具卖场转而从家具电商平台购买家具，围绕网上购买行为，经济连锁反应已经在倒逼传统家具产业升级，迫使生产更灵活，制造更智能，管理更精细，产品更个性，信息获取更迅速，市场反应更灵敏，相关产业更集聚。构建家具产业链互联网平台可以将信息技术与互联网深度结合，从而让客户的个性化需求、工业化的大规模生产得以兼容，可以实现家具产业链条上相关业态的最大限度的整合，并随着平台的做大做强推动整个家具产业完成产业结构升级，是家具工业 4.0 得以实施的一条关键路径。

综上所述，本书着眼于互联网时代背景下的家具产业链升级与优化，从家具产业的实际情况出发，与互联网技术紧密结合，创建国内甚至是全球首个针对家具全产业链的服务型平台及相关技术平台，涵盖家具全产业链（上游、中游、下游）、全流程（生产环节、供应链环节、流通环节和政府 / 高校 / 金融配套环节）、全业务（产品设计开发、企业资源管理、原材料与机械设备服务、综合服务、校企合作、家具商城）。本书对以"互联网 +"与信息化带动工业化，推动传统家具产业转型升级，对家具产业结构与发展模式的创新、改革、实践具有很强的理论与现实指导意义及广阔的商业化应用前景。

1.2 国内外相关理论研究进展

1.2.1 产业链研究进展

1.2.1.1 产业链的定义

产业链（industrial chain）是国内学界使用的术语，最早提出"产业链"一词的是我国学者傅国华，他在 1990 ～ 1993 年立项研究海南热带农业发展课题中，受到海南热带农业发展的成功经验的启迪而提出来。许多国内学者从不同的角度对产业链下定义，可以说目前并没有一个标准的、全面的、具有权威性的产业链概念。

初期受到波特价值链概念的影响，一些学者直接将产业链与价值链等同看待，比如"产业链主要是指产业价值链""产业链是指产业价值链……而价值链是指企业创造价值的过程，可以分解为一系列相互关联的经济活动"。

从产业关系的角度，有学者认为产业链是具有内在联系的产业集合或产业联系的结构形态，对于一个地区或区域来说，产业链结构的完整性会影响产业配套能力和整个产业的发展。从企业间关系角度，把产业链视为企业间的战略联盟关系或战略联盟关系链，是指由多个企业主体构成的企业共生价值系统。从活动组织的角度，有学者提出产业链是以知识分工协作为基础的功能网链，是为提高经济体的效率和竞争力而形成的产业优化组合。

从产业分工关系的客观表达上，学者郁义鸿认为：产业链是指在一种最终产品的生产过程中——从最初的矿产资源或原材料一直到最终产品到达消费者手中——所包含的各个不同质的产业，按照生产逻辑构成的一个完整链条。

从产业链的形成机制入手，吴金明和邵昶认为：产业链是由供需链、企业链、空间链和价值链四个维度有机组合而形成的链条。然而也有学者认为：供需链和价值链均属于分工范畴，而企业链的经济指向本身就包含供需链和价值链，在定义中不需要重复体现。从而提出：产业链包括产业活动的分工、产业活动的协调（组织）和产业活动的空间分布三个维度，产业链是一个融合了产业活动分工、产业活动组织模式（协调）以及空间上的产业构成这三个基本维度的概念，它是产业与空间相互交织的一种分工与协调形式。

实际上，笔者认为产业链研究的主体可以涉及多家相关企业、不同的产业类型、地方政府、一个国家甚至是国际关系主体。地域上可以是一个地区产业集群、全国甚至是全球范围内的产业链经济问题研究。所涉及的问题可以是产业链的组织、竞争力、结构优化、整合方式等一系列问题的研究。从不同的角度来看，问题就会有不同的定义。简单来说，产业链包含了组织（供需关系与价值关系也属于其中）与结构两层意思，产业链的组织包括产业链条上各方节点的分工与协调、合作与整合；产业链的结构包括产业空间规模、结构模式、竞争力等。

1.2.1.2 国外产业链研究进展

"产业链"一词虽然是由国内学者提出的，但是，产业链的思想可以追溯到 18 世纪中后期的古典主流经济学家对劳动分工的研究。只是在那时，国外学者所关注的是劳动分工、生产率与经济增长的相互关系。比如，Adam Smith 在 *An Inquiry into the Nature and Causes of the Wealth of Nations*（《国民财富的性质和原因的研究》，即《国富论》）中针对制针工厂内部各工序分工协作的描述，生动描绘了这种生产方式带来的巨大提升。英国经济学家 Alfred Marshall 系统地阐述了企业之间的分工合作关系，认为在社会分工细化的时代，企业的发展同时还受到上下游企业的制约。

国外学者、经济学家们针对产业链的研究在经历了萌芽阶段以后就陷入了沉寂。在中国矿业大学战彦领的研究中，通过 EBSCO 检索包含"industry chain"或者"industrial chain"的文章，以论文形式出现的只有寥寥数篇，针对产业链的分析几乎是空白。随着价值链、供应链等理论的兴起，国外针对"产业链"一词的研究逐渐弱化，但国外的这些理论研究对国内的产业链理论研究也起到了导向作用和借鉴作用。

（1）供应链理论方面的观点

Hobbs 等认为供应链协调方式的变化会影响供应链竞争力。Carbone 等认为供应链上各个股东的关系是竞争优势的潜在源泉，强调交流和协调对提升供应链竞争力的作用。其中，公共机构有利于形成企业间的通信和合作，以及强调网络平台在交流网络中联结买卖双方的角色。Ibrahim 等则关注全球供应链竞争力对企业竞争力的影响。Verma 和 Seth 从供应链活动的角度提出了一个供应链竞争力的概念框架。

（2）产业链组织结构研究方面的观点

许多学者研究分析了促进产业链分工演化的因素，用主导设计、规模报酬递增、企业退出、技术间断等变量来解释产业链分工的演化。当代著名发展经济学家 Albert Otto Hirschman 提出了"关联效应标准"，更进一步地论述了某一产业的经济活动能够影响相互关联的其他产业的经济活动。1985年，哈佛大学商学院教授 Michael E.Porter 在 *Competitive Strategy* 一书中，率先系统地提出了"产业集群"的概念，指引人们站在有关联关系的企业群体的角度思考问题。这些拥有相互关系的企业可以是原材料生产商、零部件制造商、产品制造商、贸易商，也可以是物流服务商、金融服务商等。产业组织理论强调市场结构和企业规模对产业链结构变化的影响。Martin 在

《产业组织手册》里设置了一章来专门探讨"垂直一体化"的决定因素和效果。Schmitz 认为产业只要有分工，就有治理的需要。治理的目的在于获得合作行动的集体效率。企业理论的学者从"能力"和"资源"角度，发展出诸如能力观、知识基础论等视角，把知识以及创造知识和运用或整合知识的能力，看成一个企业成长及可持久竞争优势的最重要源泉。产业组织的学者 Thurik and Audrestch 逐渐从产业、空间和时间三个维度来解释产业组织的动态性。产业链作为产业活动的一种空间组织形式，其概念本身就已经表达了产业、空间和时间的维度。

（3）与家具产业链相关的研究

Maria Caridi、Margherita Pero 和 Andrea Sianesi 从产品模块化及创新性的角度对意大利家具行业的供应链管理进行了研究。Muh Hisjam 等基于目标规划理论针对木制家具行业供应链建立了可持续合作模型。Robert B. Handfield 对家具行业的"绿色"价值链进行了实践研究。Aries Susanty 等在家具行业中通过利用互联网地理信息系统将木材废弃物生产者与买方联系在一起的方法来对绿色供应链管理的优化进行了研究。Katherinne Salas Navarro 讨论了三级供应链中多项目库存系统的数学模型，并在哥伦比亚加勒比地区的木材和家具工业供应链中进行了实践验证。Muh Hisjam、Adi Djoko Guritno 等基于印度尼西亚的许多木制家具业，尤其是中爪哇省的木制家具业都面临着与可持续性相关的问题，研究了木材供应商与家具行业之间的关系，并提出了可持续供应链管理（s-SCM）模型作为解决该问题的方法。

从国外研究内容来看，虽然不提"产业链"这个词语，大多用的是供应链、价值链，但其研究的实际内容与国内的产业链研究内容是重合的，区别仅仅是从产业分工和产业组织结构理论上来进行的深入研究。

1.2.1.3 国内产业链研究进展

虽然产业链的思想起源于西方国家，但在 20 世纪末，国内学者、专家针对产业链这个概念进行了更为广泛而深入的解读。本书的研究对象是家具产业链，为了紧扣主题，笔者将国内产业链研究情况分为非家具产业的产业链研究情况、家具上下游产业链研究情况及家具产业链研究情况三个方面来进行分析说明。

（1）非家具产业的产业链研究情况

① 基本理论研究。

刘富贵对产业链的基本理论进行了深入研究，提出了一套较为科学的产业链基本理论体系，并明确了产业链功能效应、组建过程模型、运行机制等配套理论，为后续学者的研究工作打下了基础。胡国平从产业链上下游组织关系、配套辅助、消费市场、政策因素等方面研究产业链的稳定性，认为产业之间的良性互动是维持产业链稳定、促使产业链延长和深入发展的重要条件。吴彦艳研究了产业链构建的五种模式，将产业链中各个环节依据其重要性划分为关键环节、主导环节和配套环节；从产业链视角研究产业升级的路径，将产业升级路径划分为内省拓展型、环节跃迁型和全球产业链嵌入型，对产业链升级的探索具有积极意义。樊玉然、李一鸣等重点研究了产业链稳定运行和高效运行之间的逻辑关系，通过抑制企业之间的机会主义行为及设计激励机制的方式，使得合作效益最大化。杨锐认为产业链是产业与空间相互交织的一种分工与协调形式，产业竞争力的形成通过企业与地区的协同行动来实现，并从产业链竞争的角度论述了产业链治理的五种方式，对于政府推动地区产业链的发展具有建设性意义。董爱军从信息产业链角度着手，重点研究了产业链与创新之间的关系，得到了产业链创新的基本特征、产业链创新能力的具体内涵以及制定产业链创新相关政策的重要原则，该研究对产业链创新具有积极意义。

② 应用实践研究。

国内在针对产业链理论的具体应用研究方面也取得了比较丰硕的成果，学者或以某一区域的产业链为研究对象，或以某一行业的产业链为研究对象，大多数学者又以在某一个地域内的某一行业的产业链为研究对象，深入挖掘产业链这个概念的内涵，在深化产业链研究的理论基础之上，也为企业发展、行业进步、地方政府施政提供了科学的参考。

蒋国俊、蒋明新研究四川某公司组织煤、电、冶产业链的成功实践，总结出了竞争定价、利益调节和沟通信任推动产业链稳定运行的三大主要机制。刘慧波以浙江省制造业企业为案例，对产业链整合进行了相关研究，认为影响产业链整合的核心因素包括企业纵向关系资本、企业的资源和企业的能力三个方面。管曦以福建茶产业链为研究对象开展产业链纵向整合研究。苏日娜则从内蒙古入手，研究了燕麦产业链的发展情况。于海龙针对乳业产业链进行系统化分析，从产业链角度入手，对安全生产以及产业链优化进行了剖析。袁艳平通过对光伏产业链的深入研究，发现产业链中存在的失衡状况，强调需要通过构建整合来引导产业有序发展。

诸如以上的应用研究非常多，几乎包括了各类企业、各级区块地域，涉及几乎各行各业的产业链研究。

（2）家具上下游的产业链研究情况

家具产业虽然关乎人们最基本的生活，但由于这个产业本身技术门槛较低，且其发展速度与其他工业产业相比较慢，所以与家具产业链相关的研究还没有形成规模，因此借鉴与家具有一定关联的其他产业的产业链发展研究是十分必要的。为此，笔者挑选了与家具产业具有上下游关系的房地产产业和家居装修产业的产业链研究情况进行分析，在此基础上再对家具产业链研究情况进行梳理。

① 房地产产业链。

房地产是家具的上游产业，且由于房屋与家具之间存在必然关联，因此地产行业的发展水平一直以来都是家具产业的风向标和晴雨表，十余年以来家具市场与房地产市场的波动呈现正相关性的事实更是印证了这种关系。因此，在研究家具产业链之前对房地产产业链进行了解尤为重要。

在我国国民经济中，房地产业是支柱产业之一，房地产业在社会经济发展中具有举足轻重的地位，对房地产产业链展开深入研究的学者也比较多，研究范围涵盖了房地产产业链的方方面面。

a. 在基础理论方面的研究。

郭一凡认为，房地产产业链是房地产商品从获得土地到市场流通所涉及的部门之间的关系，包括资金、土地、设计、开发、施工、销售和物业管理等主要环节。向为民认为房地产业的重要意义在于，其一方面能够带动相关行业发展（比如下游的家具行业），另一方面能够提供大量就业机会，有力推动城市化发展。唐莉、张永娟则通过沪深股市对房地产产业链关联性进行了实证研究，直接证明了房地产对国民经济的重要影响。李嘉荣针对房地产结构性泡沫和利益分配过于集中的问题，从价值链的角度探索构建系统性的政策组合。张晓维以具体的房地产企业为研究对象，探索了在新型城镇化背景下房地产企业开展内部改革，以优化产业链结构适应新环境的路子，针对性强，对具体的企业具有很强的参考价值。王容引入"美国模式"，阐释了房地产产业链专业化分工和集成化整合的模式，由此提升企业整体竞争优势。王丽艳、郑丹、王振坡等通过对美国房地产产业链的分析，意在通过国外经验推动产业链结构升级，实现产业链价值增长，与新兴产业融合形成新的产业业态。唐星云对房地产产业链常见的融资模式进行了整理归纳，并分析了房地产产业链存在的问题。杨权声通过对维森模式（房地产金融操作模式）的深入研究，从理论上验证了这种模式的可取之处，对于推动房地产产业链系统化、精细化发展具有积极意义。程功重点研究了产业链集成理论在房地产产业链中的应用，发现国内建筑产业的现代化发展仍处于起步阶段，为此从政府和企业的角度提出了相关的建议。

b. 在发展趋势方面的研究。

周海平回顾了房地产行业市场化后的发展历程，总结了房地产产业链发展现状，并对未来发展趋势进行了预测。沈建忠发现，房地产产业链中，海外投资、行业并购、长租公寓以及分拆物业嫁接其他资源等风口正在显现，房地产企业如果能够从战略、技术和商业模式的层面进行调整，将会获得长足的发展。

从2016年起，国务院决定大力发展装配式建筑以推动房地产产业链升级。装配式建筑具有环保、便捷和高性价比的特点，对于房地产产业链未来的发展具有举足轻重的意义。紧跟国家政策趋势，不少学者就这个方向开展了研究。齐宝库等主要探讨了装配式建筑企业核心竞争力的内涵，以及如何提升相关企业的核心竞争力。张玥、李卫东等针对装配式建筑产业链的构建和运行机制进行了研究，强调需要紧握产和研两大抓手，推动房地产产业链在新技术下良性发展。陈启林分析了装配式建筑产业的整合及其对房地产产业链的影响。

② 家居装修产业链。

家居装修产业和家具产业是相互衔接的产业，在用户购置房产后的实际使用过程中，购置家具也是紧随装修开展的步骤，当前也有一些家装设计师在装修设计之初就将家具作为软装的一部分进行设计，或者将家具产品涵盖在装修产品之中。由此可见家居装修产业链与家具产业链关系紧密，在部分领域甚至出现了家居装修产业链的某些部门同时在家具产业链中扮演角色的情况，因而笔者认为需要在研究家具产业链时延伸讨论家居装修产业链。

许多学者就家居装修产业链的组成、产业链优化以及发展趋势进行了研究分析。张晓东、彭昌荣经研究认为，传统的家居装修产业链以装修企业为核心，包含建材、设计、施工、维保、检测等多个部门。家装产业链从20世纪50年代开始，经历了福利装修阶段、初装修阶段、毛坯房阶段，目前已经进入全装修阶段。曾浙一曾经仔细分析了上海住宅装修行业的状况，认为建设一个与上海国际化大都市相匹配的一流的装修产业链是十分必要的，其论证的角度和方法值得借鉴。王英臣、耿潇潇针对装修过程中零散、低效、缺乏监管的现象，结合铸造行业工业化生产的理念提出了装修产业链一条龙整合的思路，为装修产业链转型升级提供了一种可行的思考方式。陈红霖对住宅部品进行了深度研究，采用集成化、模块化的理念对住宅部品进行重新设计，缓解标准化和多样化的矛盾，达到优化成本控制和改善产品质量的效果。

根据国家相关政策法规的要求，国内逐步减少毛坯房出售，推行一次装修到位的全装修成品房，即市场上常说的"精装房"。河北、安徽、黑龙江、四川等省已经出台政策，加速住宅全装修的推行，以深圳、北京、山东、上海为代表的省市甚至要求在一些区域内住宅全装修率达到100%，也就意味着家居装修产业链与房地产产业链即将深度融合，这对当前的家居装修产业链将产生非常深刻的影响。一些学者抓住这个趋势进行研究。赵沛楠认为全装修是大势所趋，但目前尚且难以形成主流，主要原因是全装修产业链建设还不完善，国家在政策上还只能抓大放小，缺乏配套的约束性政策和激励性政策，导致企业钻空子、消费者不买账的现象产生。孔雯雯发现市场上精装房风格千篇一律，为此研究了国内外大规模定制的发展情况，创造性地提出一套集规模化与个性化于一体的实现体系，对精装房的发展具有指导意义。

在互联网大潮席卷之下，装修行业不可避免地向"互联网＋"发展，近年来大量专家、学者和企业都在对产业链融合与触网升级方面进行研究。陈亮奎对比互联网装修与传统装修，分析两者之间的区别，揭示了"互联网＋"装修的特点：能够高效整合资源，提高装修产品性价比，减少材料商和施工方推诿扯皮的现象。

从价值链的角度对近年来兴起的互联网装修企业进行案例分析，剖析互联网装修商业模式，研究其成功的主要因素。刘雄认为，互联网对装修企业的经济效益、规范化和技术实力提出了更高的要求，企业应当更加重视模式创新、服务质量和智能生产。

(3) 家具产业链研究情况

家具产业链由与家具生产和流通相关的部门构成，主要包含上游的家具原材料、零部件生产制造与供应，中游的家具设计开发、生产制造，下游的家具展览、销售、服务以及配套的物流服务、金融服务、监督监管等。

国内已有大量的学者对家具产业链进行研究，并取得了一定的成果。笔者整理分析如下。

① 对我国家具产业的发展现状、存在的问题、战略对策等基础理论的研究。

张波、裴斐从家具产业集群化、家具企业生产管理、家具产业品牌营销和家具设计等方面分析了我国家具产业现状，从绿色低碳设计趋势、精细化管理取代粗放式管理趋势、寻求差异化和突破同质化趋势三个方面对发展趋势进行了分析。吴智慧对中国家具产业链的现状与未来进行了深入研究，认为中国家具产业已经基本完成了从传统手工业向现代工业的转变，在生产和出口方面取得了较快增长，家具材料的使用也趋向多元化。中国家具产业未来还需要在设计理念、材料选用、制造技术和管理模式上加强。刘文金针对中国家具产业链结构不合理的现状，认为需要从产业联合重组、改善生产方式、提升技术水平、提高品牌影响力和国际化五个方面进行调整，方可逐步解决产能过剩、投入产出不合理、品质较差的问题。王超群借鉴产业集聚理论和比较优势理论，运用SWOT分析法对中国家具产业链进行分析，探索了中国家具产业积极应对威胁的出路。严丽敏应用生态学理论和生命周期法，对家具产业链绿色化进程中存在的问题进行了分析，提出了企业、团体、政府和个人消费者应该发挥的作用。通过家具产业链中所有参与者的共同努力，将能够更加快速地向绿色环保可持续发展方向迈进。佟大新以中国家具企业为研究对象，分析中国家具企业营销战略研究的背景、目的及意义，在对国内家具企业营销战略相关的研究现状及趋势进行评述的基础上，确定了研究方法，并结合家具企业营销业务流程构建了家具企业营销战略研究框架体系。张劲松研究了家具外贸与家具产业链之间的关系，找出了家具产业链发展的瓶颈，有针对性地提出了对策。蓝瞻瞻、王立群对我国家具产业链低端现象进行了研究，分析了我国家具产业链在国际环境中的现状和这种压榨型产业链的危害，然后建立了纵向压榨模型并讨论其成因，最后提出了改变这种格局的建议。朱媛对全球价值链下的中国家具产业集群升级开展研究，认为促进集群升级，推进产业集群向价值链的两端攀升，是提升区域竞争力的有效方法；指出影响家具产业集群升级的因素主要有全球价值链的动力机制和治理模式、国际产业转移、知识系统的创新、行业协会和政府。

② 针对国内具体的家具产业集群的研究。

耿君针对常州家具产业发展现状进行了分析，对常州家具产业链的发展提出了几点建议。卢杰曾对三个重要的家具产业集群进行对比，逐个分析江西南康、四川新都和广东顺德三地的家具产业链竞争力，建立了一套评价体系。余伟通过对苏州、常州、南京、温州、上海等多个城市的模拟分析，得到了一条优化产业集群网络结构的思路，该思路对家具产业链优化具有重要意义。孙义飞以东莞家具产业链为分析对象，针对其技术演化、创新机制、产业影响因子等进行了论述，认为产业内部的创新是家具制造业转型升级的核心。刘登峰以福建仙游为案例，分析了家具产业链对县域经济发展的影响。杨巍巍在对赣南家具产业链的研究中发现，以南康为中心的家具产业集群存在规模小、缺人才、水平低等问题，生产的产品也以低端市场为主要目标，他提出了以吸引人才、提升设计研发水平、打造特色品牌来延伸产业链的转型思路。邓腊云以产业链理论分析了湖南家具产业存在的问题和具备的优势，提出了优化上游原料供应、建立产业信息平台、加强协同创新的产业发展思路。

③ 针对我国家具产业链中的某一领域的研究。

刘碧瑶对家具产业中的 3D 打印产业链进行了探索，认为该技术在家具领域可以起到简化制造的作用，在对结构复杂、材质多样、智能、环保的家具产品制造中具有天然优势，但这个产业链还不成熟，相关配套产业还不完善，还需要技术上的进步和观念上的改变，才能被生产厂家真正大面积应用。梁义暖对大涌红木家具产业链进行了分析，构建了红木家具产业竞争力评价体系。左浪以红木产业为研究对象，对红木产业链在新时代下的发展进行了探讨，认为红木家具产业链应当由粗放型向集约型转变，与文化创意相结合，打破传统手工制造创新能力差、附加值不高的局面。单钻峰通过调查走访东阳红木企业，结合产业集群发展的科学理论，针对东阳红木家具产业链的升级提出了自己的见解。熊先青等对定制家具产业链的协同发展进行了研究，讨论了定制家具对产业链格局、销售和服务、企业核心竞争力的影响。

（4）国内涉及家具的产业链研究情况分析

对于涉及家具的产业链研究情况，笔者分析如下。

① 从房地产产业链、装修产业链以及家具产业链的研究情况，我们可以看出产业链呈网状扩张的趋势，这三者之间是你中有我、我中有你的关系，行业之间的联系正在进一步深化。实际上三者融合形成大家居概念已经有了雏形，近年来，亦有行业内的大型企业正在做相关的努力和实践。

② 国内学者对我国家具产业的发展现状、存在的问题、战略对策等基础理论的研究，虽然各自的侧重点有所不同，有的是从营销策略角度，有的是从绿色环保角度，有的是从国际外贸角度，有的是从价值链角度等，但总体来说研

究的关注点都是对我国家具产业或产业链现状中存在的问题进行研究分析，然后提出解决问题的方法和策略。

③ 当前对家具产业链的基本共识是：我国家具产业链仍然有大量的问题亟待解决，在国际视角下，我国家具产业还处于产业链的低端。

④ 产业链升级是摆在广大学者面前的现实问题，大量的学者也从不同的角度提出了自己的方法。笔者认为，许多方法和建议都是提纲挈领式的，缺乏实际落地的具体方案，且研究没有与当前的信息化时代相结合，没有把握住人类社会未来的发展趋势。笔者认为，家具产业链与互联网融合促使家具产业的优化升级是未来发展的必然趋势，其相关研究情况将在 1.3 节中讨论。

1.2.2 互联网平台研究进展

1.2.2.1 明确互联网平台现状研究的对象

提到互联网平台，我们很容易想到"互联网+"、工业互联网、工业 4.0、中国制造 2025 等概念，这些网络热词让人目不暇接。只有正确解读这些概念以及相关术语之间的关系，才能为互联网平台研究现状的分析明确切入点和研究对象。

在 1.1 节中我们已经知道，由德国提出的工业 4.0 概念，在美国叫工业互联网，而中国制造 2025 就是相关概念的中国化版本，虽然它们在内容的涵盖面上有所不同，发展阶段的定位有一定区别，但在本质上和最终目标上是一致的。因此，要对互联网平台研究现状进行分析，就要先对"互联网+"、工业互联网、互联网平台这三个概念进行梳理，来明确研究的对象。

（1）"互联网+"

根据国务院《关于积极推进"互联网+"行动的指导意见》，"互联网+"的含义是把经济社会各领域与互联网的创新成果进行深度融合，进一步推动技术进步，提升效率，促进组织变革，提升实体经济的生产力和创新力，形成更广泛的以互联网为基础设施和创新要素的经济社会发展新形态。除了官方给出的定义以外，许多行业巨头、专家学者也给出了他们对这个概念的理解。阿里研究院认为，所谓"互联网+"就是以互联网为主的信息技术在社会生活、经济各部门的扩散和应用，并不断释放出数据流动性的过程。百度百科对"互联网+"的解释是"互联网+传统行业"，这里不能理解为简单相加，而是利用互联网平台以及信息通信技术，让传统行业与互联网技术进行深度融合，创造新的发展生态。马化腾认为，"互联网＋"是以互联网平台为基础，利用信息通信技术与各行业跨界融合，从而推动产业转型升级，不断创造出新产品、新业务和新模式，构建可以连接一切的新生态。

从以上官方和学者的观点中我们可以看出，"互联网＋"的本质是传统产业的在线化、数据化。"互联网＋"概念提出的侧重点是传统产业的转型升级，是利用互联网这个手段来对传统产业进行转型升级，无论"互联网＋"后面加的是什么行业，互联网都是其根本，各行各业都可以通过互联网技术手段进行融合升级，而其最终呈现的形式就是一个互联网平台。

（2）工业互联网平台

根据 P. C. Evans 和 M. Annunziata 的解释，工业互联网是指通过网络将工业系统中的智能物体（intelligent machine）、智能分析（advanced analytics）和人（people）相连接的系统。林炫在他的文章中提到，工业互联网平台是在传统云平台的基础上叠加物联网、大数据、人工智能等新兴技术，实现海量异构数据汇聚与建模分析、工业经验知识软件化与模块化、工业创新应用开发与运行，从而支撑生产智能决策、业务模式创新、资源优化配置和产业生态培育的载体。

从以上学者的观点中我们可以看出，工业互联网的侧重点在工业制造系统中，是对互联网信息技术，尤其是大数据与人工智能等新兴技术的进一步深化利用，最终目标是实现万物互联。通过阅读大量相关文献，笔者认为对于工业互联网，确切地说应该是工业互联的网而不是工业的互联网，绝不是简单的"互联网＋制造"，工业互联网是一个更大、更广泛的概念，它要实现各种机器设备、软件、硬件、产品、业务流程和人员的互联，这项工作的难度是非常大的。工业互联网可以说是一个人类未来社会的美好愿景，要实现这个愿景还有很长的路要走。

就目前而言，大多数学者和企业关注及正在致力开发的工业互联网平台实质上是运行与开发各种工业互联网基础应用功能的平台。此平台的目的是将工业软件转换为一种面向云端的服务，同时为客户提供可以对软件功能进行配置，甚至可以进行二次开发的平台，工业企业可将数据和信息系统存储到云端，使应用信息系统更加便捷、更有利于管理，因此，该平台本质上属于 IT 平台，也就是互联网平台。当然，工业互联网平台的最终目标是不仅能够支持工业云平台的所有功能，而且要支撑工业物联网应用，实现 IT（互联网技术）与 OT（物联网技术）的融合。

（3）互联网平台

关于互联网平台，目前还没有一个公认的定义，结合百度百科以及濮小金、司志刚等的研究，笔者认为，互联网平台是在互联网上通过收集汇总不同来源的数据，并利用互联网手段进行处理后展示和发布，实现一定的社会价值和经济价值的平台。

这个概念中有几个要点：其一是互联网平台需要收集和汇总不同来源的数据，这种数据可以包括生产数据、销售数据、产品数据、服务数据等，具体取决于平台所呈现的内容；其二是需要将数据进行整理分析后发布出来，即在网站上将数据呈现出来；其三是通过上述两个步骤呈现出来的数据，对企业、个人等具有一定的价值，通过查看这些数据或者进行一些操作后能够达到某种目的。

举例来说，电商平台通过收集和发布产品信息，使得查看平台的企业和个人可以购买产品；互联网指数平台可以汇总网上的搜索指数，通过一定的方法统计后以图表的形式呈现出来，供人们查看，以了解相关信息；工业互联网平台可以提取工业生产中产生的大数据，通过一定的算法进行分析后以看板的形式展示，人们可以基于看板了解到生产的实时情况并做出及时的调整。

综上所述，笔者认为：①"互联网 +"与互联网平台的内涵和形式是一样的，它们都可以与各行业通过互联网技术这种手段相关联，最终呈现的形式都是互联网平台（软件或者网站），只是互联网平台是一种概念性的普适提法，而互联网 + 更多的是一种政策导向性的提法；②工业互联网不等同于"互联网 + 制造"，它涵盖"互联网 + 制造"以及第四次工业革命下的各种新兴技术、万物互联工程；③近几年，"互联网 +"的概念正在被越来越多的学者扩展，加入了大数据、物联网、智能制造等内容，与工业互联网的概念边界无限接近；④互联网平台是工业互联网的呈现方式之一；⑤它们都是以互联网为手段或媒介来进行的深层次的社会变革，这种变革对人类的社会、经济、生活即将产生全方位的冲击。

鉴于三个概念的互相渗透和相互融合，特别是涉及平台的研究内容，基本可以等同看待，因此，本书对互联网平台研究现状的分析实际上涉及这三个方面的相关内容，即"互联网 + 平台"、工业互联网平台、互联网平台都是现状研究的对象，在本书中所提的互联网平台现状研究实际上将"互联网＋平台"与工业互联网平台包含在内。

1.2.2.2 互联网平台研究现状

互联网平台研究正是当下的热点，尤其是进入信息化时代，人们与互联网的关系越来越紧密，万物互联是未来人类社会发展的必然趋势，这一点已是毋庸置疑的。近年来，"互联网＋"、工业互联网更是在国家战略的推动下掀起了研究的热潮。如图 1.1 所示为近 10 年来中国知网中包括 SCI、EI、CSSCI、核心期刊和硕博士论文等所有文献中关键词为"互联网＋""工业互联网""互联网平台"时的研究数量统计。

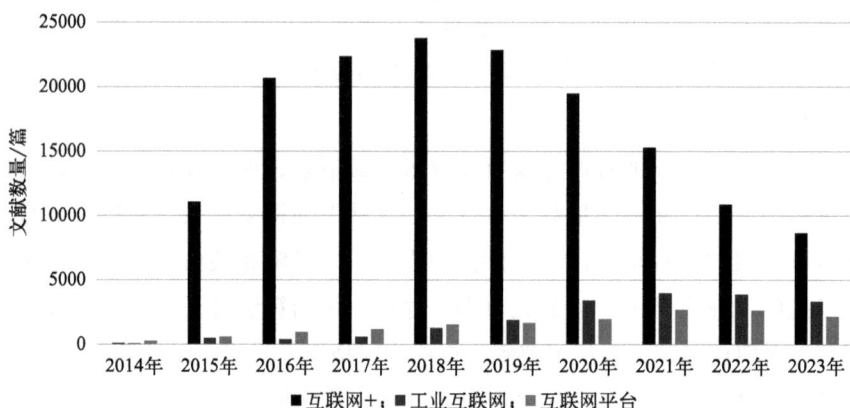

图 1.1 关键词搜索文献数量统计

从图 1.1 可以看出，2018 年之前相关文献呈上升趋势，自 2019 年起此类型的文献却逐年减少，例如，在 Cnki 数据库中输入"互联网＋"时，2019 年有 22900 篇，而到了 2023 年只有 8647 篇。随着互联网内容平台的中心化，大型互联网公司打造的综合性内容平台，如字节跳动旗下的抖音、今日头条等，吸引了大量的内容创作者和用户，形成了内容和流量的集中化；新兴技术和搜索方式的冲击，如 AI 智能助手的发展，逐渐替代了传统搜索引擎的功能，ChatGPT 等 AI 搜索引擎能提供更加智能、精准的搜索结果，还能以更自然的语言与用户交互，对传统搜索引擎的流量造成一定冲击。而使用"工业互联网平台"和"互联网平台"作为关键词进行搜索时则显现上升趋势，各国政府出台政策推动工业数字化转型，如工信部等部门发布相关行动计划，工业互联网作为数字化转型的关键，是提升工业竞争力、推动经济发展的重要手段，受到企业和行业的关注。互联网平台创新商业模式，如共享经济、零工经济等依托平台发展；平台利用大数据和人工智能技术实现精准营销和个性化推荐，提升用户购物体验和平台商业价值。

笔者通过对海量文献的归纳总结，将涉及互联网平台研究的现状进行以下分类阐述。

（1）非家具行业的互联网平台研究

① 偏向基础理论的研究。

这种类型的研究主要关注互联网平台的本质属性、内涵、发展现状、发展策略、竞争、垄断、组织特性、存在的问题、商业模式等方面。概括来说，就是对互联网平台本身的特征和相关现象进行研究，主要是对现状问题和发展前景的分析，并不涉及互联网平台的实践应用层面、创建互联网平台的技术等内容。

a.一部分学者就互联网平台的发展情况、发展策略进行了探讨。

赵雁玲针对"互联网＋"背景下"C2C"旅游地接平台的发展对策进行了相关研究。王倩格、杨蕊萌、李萍等以 Jobwalker 职行者一站式教育平台为例，深入探析了"互联网＋教育"的发展现状及模式。齐伟、王笑以"猫眼微影"和"淘票票"两大在线票务平台为切入点，探讨了"互联网＋"语境下电影在线票务平台的发展现状与问题。曹仰峰系统地比较分析了全球三大工业互联网平台——GE 的 Predix 平台、西门子的 MindSphere 平台和海尔的 COSMOPlat 平台的战略与功能。张立尧针对自己所在公司的工业互联网业务展开研究，深入剖析了企业工业互联网平台发展过程中存在的问题，最后提出适合公司发展的对策建议。张千帆、董雪研究了互联网平台在提供增值服务情形下的定价策略。刘露、邓伟升针对互联网金融中的融资问题进行了运营策略的研究。吉林大学的马蕾借助平台理论、竞合理论对四组互联网平台企业进行分析，从数据资源的视角提出了竞合战略理论框架。

b.有一部分学者将关注点放在互联网平台的竞争、垄断与本质属性等问题上。

苏志、荆文君、孙宝文等从互联网平台的行为中分析行业市场结构的特点，建立了一套符合互联网平台特征的新的垄断竞争理论。朱战威就互联网技术创新带来的垄断问题展开讨论，提出互联网平台垄断规制的新思路。傅瑜基于芝加哥学派的产业组织理论，构建了互联网平台竞争行为分析框架。曹阳认为传统的经济学在处理互联网平台滥用市场支配地位的问题上存在瑕疵，应当从互联网平台本身的结构出发，考量平台对于数据的运用能力，结合互联网的双边市场特性及商业模式现状进行分析。刘建刚、张美娟等经研究后提出互联网平台企业是一种新型的经济组织形态。黄振仓、吴丽琳通过研究提出了目前互联网平台企业的四种运作模式。李君、邱君降、窦克勤针对工业互联网平台进行了一些基础性的研究，归纳出一般工业互联网平台的参考架构、核心功能，并对其应用价值进行了深入研究。王彬彬、李晓燕深入研究了互联网平台的发源，认为其源头是为了利用信息促进资本的增值而从生产组织中分离出来的专业化流通组织，并揭示了互联网平台的本质和缺陷。

c. 有一部分学者从商业模式创新的角度进行研究。

Stephen K. Kim、Sungwook Min 研究发现，新的商业模式会影响到一个行业的发展，但并不是所有新的商业模式都能够给企业带来效益。罗珉、李亮宇认为电子商务平台缩短了交易的距离，拓展了交易的时间，通过技术手段实现了商业模式创新，提高企业创造和获取价值的能力，从而颠覆了传统的商业模式。崔磊针对顾客在线上购物平台中的六大行为进行分析，构建了购物网站品牌建设的六阶段流程图，该流程图对互联网购物平台的模式创新具有积极作用。刘建刚、张美娟等运用扎根理论对滴滴出行平台进行了系统的研究，总结出互联网平台商业模式创新的六大核心因素，揭示了互联网平台迅猛发展的本质。

d. 有一些学者从价值论的角度进行研究。

黄乐等对互联网平台的数据资产进行研究，结合现有的数据资产评估模型，引入平台活跃度对平台数据资产的价值进行了估计。中国人民大学宋远方等深入研究了互联网平台的大数据收集，发现目前互联网平台收集数据存在的困境，并试图采用区块链的手段创新大数据收集的方式，提升数据的价值。宣晓、段文奇从互联网平台的运营、盈利、成长、用户、协同、管理六项能力出发，构建了互联网平台价值创造的概念体系，并基于此建立了互联网平台价值评估方法。北京邮电大学王维国从移动互联网平台着手，深入分析了四种有代表性的移动互联网平台模式，归纳出移动互联网平台所有权的五个属性，建立了移动互联网平台的收益模型。

e. 以具体的互联网平台企业为研究对象进行分析总结。

互联网平台在国内经过二十余年的发展，已经造就了一个又一个经济现象，形成了一批互联网平台巨头，并且深刻影响着人们生活的方方面面。一些学者曾深入研究这些巨头的发展历程，试图从中总结出一些客观规律来启发后来者的应用实践。常开洪介绍了索菲亚黄冈生产基地 4.0 车间将互联网、物联网、大数据、云计算、智能制造等技术结合运用，大大地缩短了产品的生产周期，大幅度提高了生产效率。黄凤祁认为阿里巴巴经营淘宝的一些独到的理念是其迅猛发展的主要原因，他将这些理念总结为跨界思维、平台思维、共赢思维、草根思维、炸点思维、口碑思维、简约思维、痛点思维、免费思维、光速思维、颠覆思维、用户思维、数据思维和创新思维等。Porter Erisman 用 Amazon、eBay 和 Paypal 等平台与淘宝网进行对比，认为阿里巴巴的独特性就在于创新，通过创新，构建了一个不仅包括零售、批发，还包含商业支持性服务的生态系统。白雯婷在研究马云的创新思维时发现，马云自下而上逆行于整个世界的倒立者思维打造了阿里巴巴与众不同的生态系统。徐军、何丹在研究苏宁的发展历程时发现，正是因为苏宁主动触网，将线上和线下打通，把门店当作互联网的资产，同时变革供应链关系，才使得苏宁从原来的线下家电卖场逐步发展成为排名第三的电商平台。李洋在研究唯品会时发现，模式是最宽的护城河。唯品会"品牌＋特价＋闪购"的模式是其底层架构，通过流量营销连接更多用户，打通物流和仓储，完成了它的"终极配置"。

f. 其他偏向基础理念的多角度、多视角的研究。

陈兵认为，互联网平台实质上是深化供给侧结构性改革的一种途径，有利于资源共享与多方共赢，因此在面对这种新的形势时要对现有规制体系进行优化，以适应和引导互联网平台的发展。王红霞、杨玉杰通过调研 20 份互联网平台用户注册协议，发现互联网平台滥用格式合同的现状，并就此提出相应的解决思路。

② 偏向实践应用的互联网平台研究。

邓琳、刘文飞等就全国残疾人手工艺品交易平台的构建进行研究，主要内容是对市场需求的分析。李喜旺、阳国发等通过烟田养分精准管理平台探讨了"互联网＋"烟叶田间养分精准管理，探讨了平台的模块设计与优化效果。黄培元、俞梁英等基于"互联网＋"理论设计了一个电动自行车智能充电平台控制系统，实现了充电桩的计费、充电、手机 App 控制以及安全防护等功能。张文华、刘剑锋等针对妇幼民生领域，设计了基于"互联网＋"的妇幼云平台，从需求分析入手，简要介绍了平台的构建和业务逻辑的设计与实施流程，最后对应用效果进行总结。王秀英、马海玲等根据青海安居气象科技服务有限公司的业务内容、经营模式、功能需求等，综合设计了公司的互联网平台，并从需求分析开始到网站平台的运维全过程进行了简要的介绍。

③ 针对互联网平台开发技术方向的研究。

互联网平台是基于 Web 建立起来的具有图形化、跨平台、分布式的页面系统，并具有动态更新和可交互的特点。用户通过浏览器访问这些页面，从而获取和发布信息。这个概念最初是 1989 年由 CERN（欧洲粒子物理研究所）提出的 World Wide Web，以方便全球用户共享各种文件。这种形式的出现打破了互联网纯文字的交流方式，使得互联网页面图文并茂，对之后互联网平台的开发具有重要意义。随后的三十余年时间里，专家学者针对互联网平台的开发过程、开发框架设计、网站系统架构、创建网站的关键技术等，从多方面、多切入点展开了深入研究。

a. 关注互联网平台整个开发过程的研究。

这种类型的研究大都以平台网站的开发过程为切入点，对开发步骤进行叙述，有的是没有针对性的，有的是针对某一具体网站平台的开发流程。对于此类研究，大部分学者的重点都在前期的需求分析与网站功能内容的分析上，关于后台开发的研究较少。

桑烽燕认为，对于 Web 标准的网站设计和开发，一般包含以下 5 个关键过程：需求分析、设计、利用 XHTML 建立 Web 文档内容和结构、利用 CSS 添加样式、测试及验证。冀松、夏文英等从网站的定位、网站素材的收集、网站的规划、页面的制作、网站的测试和发布 6 个方面对中小企业网站的开发流程进行了分析和总结。赵清华、林学华阐述了 Web 标准的军队政工信息网的设计与开发流程，认为应用 Web 标准来进行网站设计开发是没有固定模式的，应该主要包括前期规划、样稿设计、页面制作、测试和验证等几个步骤，最后通过实例简要介绍了 Web 标准网页设计与开发的流程。郭文波以上海公共研发平台用户中心为实例，从用户的需求分析、确定网站功能和内容、设计制作网站原型、前端页面设计、后台编码与功能实现，到网站测试，详细研究了基于用户体验的标准化网站设计与开发流程。陈稚楠以信息素质教育游戏网站为实例，探讨了网站的前端开发、后台开发、运维与测试，研究的重点较多地放在了前端开发中的需求分析和功能确定上。

b. 关注前端开发的研究。

前端开发是创建 Web 页面或 App 等前端界面并呈现给用户的过程，通过 HTML/CSS、JavaScript 以及衍生出来的各种技术、框架、解决方案，来实现互联网产品的用户界面交互，是一种可视的用户端开发。前端技术包括以下几个部分：前端美工、浏览器兼容、CSS、HTML 技术与 Adobe AIR、Google

家具产业链互联网平台构建方法与实践

Gears，以及概念性较强的交互式设计、艺术性较强的视觉设计等。

UI（user interface）设计即用户界面设计，是对互联网平台人机交互、操作逻辑、界面美观等方面的整体设计，是对互联网平台直接与用户发生交互的界面进行设计。近年来，绝大多数互联网企业都已经开始重视 UI 设计。好的 UI 不仅给用户提供了简单易用的操作界面和通俗易懂的业务逻辑，还能够向用户传达平台创立者的情怀和格局。伴随着 Web 基础技术的发展，UI 所包含的元素也在不断拓展，从图形、色彩、布局，到动画、弹窗，再到基于人工智能的设计，UI 始终是人机工程学、美学与先进技术的融合。一个互联网平台的 UI 是否美观大方、简洁直观，很大程度上会影响用户的使用意愿。实际上一个互联网平台的 UI 设计就相当于一件工业产品的造型设计，往往能够使用户形成对平台的第一印象，因此在互联网平台构建过程中，UI 设计是整个网站开发前期工作中的重要一环。

关于 UI 设计的研究，举例如下。刘宁认为 UI 设计是在平台架构的基础上通过分析目标用户的心理活动和使用习惯，设计恰当的视觉效果和操作方式，从而提升用户体验，简洁性、数据传达直观化、安全性、人性化、美观与协调性是 UI 设计的关键。叶锋、陆校松在对电商平台的 UI 设计进行研究时发现，色彩与受众群体体验的质量息息相关，主题色、标志、导航、搜索区、强调区等配色方案不仅能够影响操作效率，还对用户心理产生影响。尹雄通过对以老年用户为中心的互联网平台 UI 进行研究，认为互联网平台的 UI 设计就是要分析目标用户特点，根据实际需求和目标群体的具体特征进行设计。苏文芝在研究 UI 与用户体验的过程中，将受到 UI 影响的用户体验划分为交互体验、情感体验和视觉体验三个方面。

关于前端开发技术的研究，举例如下。陈捷讨论了网站前端开发技术（HIML、CSS、客户端脚本语言 JavaScript、VBScript 等）对网站性能的影响。周西柳从通信过程和代码级别优化两个方面概要地阐述了优化 Web 前端技术的研究方向。江涛、谢世芳探讨为了使网页制作更符合用户需求，结合 HTML5 与 CSS3 技术的功能优势，分析其在网页设计与制作中的应用及未来发展趋势。

c. 关注互联网平台系统架构的研究。

互联网平台架构是在确定好需求的前提下，对技术实现做好规划，运用成套、完整的工具，按照规划的步骤去完成任务。它是计算机系统结构，或称计算机体系结构，是一个系统在其所处环境中最高的层次；它确定了一台计算机硬件和软件之间的衔接模式，包括硬件规划架构和软件设计架构。谢振华认为，互联网平台架构设计的好坏，会直接影响平台各个组成部分之间代码复用、健壮性、扩展性和兼容性等重要性能，对平台的开发、使用和维护都会产生重大影响。方晖在研究如何构建互联网平台时，将平台架构作为首要的工作项目。周文军在优化Web前期开发技术的研究过程中发现，B/S（浏览器/服务器模式）架构是目前最常见、最科学的互联网平台架构，逐步替代了传统的C/S（客户机/服务器结构）架构。陆建华对B/S架构进行了梳理，将互联网平台架构划分为表示层、业务层和数据层。在贺甲宁的研究中，B/S架构的互联网平台在电子商务领域用途广泛，包含model（模型）、view（视图）和control（控制）三个层次，即MVC模式，可以很方便地满足客户的个性化需求。在企业实现信息化管理所需要建设的商业平台方面，李兆明认为B/S架构在使业务数据可以共享的同时，具有系统易于维护的优势。

J2EE（Java 2 platform enterprise edition）是Sun Microsystems公司提出的一种企业应用系统体系结构，是一种多层、端到端的解决方案，是一套不同于传统应用开发的技术架构。根据Darren Broemmer的论述，这种技术利用Java 2平台，大大简化了互联网平台的开发、部署和管理等复杂的体系。闫俊伢、安俊秀的调研表明，对于J2EE技术，由于其便利的架构和成熟的体系，有利于复杂度高、技术面广的项目，对于大型互联网平台的建设具有重要作用。

随着网民数量的大幅增长，分布式架构成为互联网平台硬件架构的主要形式。从互联网平台安全稳定运行的角度出发，张玛丽认为分布式架构是互联网平台硬件系统提升容错性和安全性的重要措施，这种架构可以让整个系统的内外网隔离、发布和管理分开、动态和静态分离。梅华威、张铭泉等的研究表明，随着互联网的不断发展，用户的数量逐步增加，互联网平台将面临高并发数和服务器超负荷的情况，而通过多服务器的分布式架构，能够有效减轻各个服务器的负载，改善网络拥堵的情况。

互联网平台的系统架构多种多样，各有优劣，每一种不同的构建方式所面向的使用场景、用户不同，需要解决的问题不一样，对于性能方面的侧重点也有所差异。对于产业链互联网平台而言，涉及的场景、用户和问题非常广泛，在平台架构的设计过程中应当充分考虑平台的兼容性、安全性以及扩展性，从而避免网络拥堵、响应时间长等问题带来的不良体验。

d. 关注各类程序语言、框架模式与开发技术的研究。

互联网平台开发技术发展至今，大量的编程语言与框架模式层出不穷，通用的编程语言有两种形式：汇编语言和高级语言，较为常用的包括C#、BASIC、Visual Basic、Pascal、C 语 言、C++、Java、SQL、PHP、Python 等。

框架是整个或部分系统的可重用设计，表现为一组抽象构件及构件实例间交互的方法；也有人认为，框架是可被应用开发者定制的应用骨架。简单地说，框架是可以方便程序员开发工作而减少代码量及提高代码质量的工具。

用于开发互联网平台的应用工具与技术也十分繁杂，较为常见的客户端技术有 HTML、JavaScript、css、XML、WAP 与 WML，这些技术已经在关于前端开发的研究中讨论过；服务器端的技术有 ASP、PHP、JSP。

Java 是一门面向对象的程序语言，马睿在研究 Java 技术在电商平台的应用中认为，这种技术具有良好的动态性和安全性，并具有鲜明的分布式特征；此外，Java 语言还具有较强的可移植性，通过 Java 可以直接在网站上使用某些应用程序。王娟将基于 Java 的 Web 开发模式划分为朴素模式和 MVC 模式，并在Java 基础上加入其他工具，以提高平台的应用效果。

PHP（hypertext preprocessor，超文本预处理器）是一种易学易用的通用开源脚本语言，使用 PHP 技术能够很方便地建立具有交互能力的动态页面。杨煦皓总结了 PHP 技术在服务器上运行的过程，认为这项技术已经成为互联网平台建设的最主要工具。刘芳认为 PHP 是互联网平台开发的关键技术，通过 PHP 能够方便地对 MySQL 进行操作，并与 JavaScript、Ajax 进行交互。Majida Laaziri、Khaoula Benmoussa 等认为，对于开发者而言，PHP 技术加快了开发进程，缩短了开发时间，通过 PHP 创建的平台稳定性较高。

ASP（active server pages，动态服务器页面）是 Microsoft 公司开发的服务器端脚本环境，可用于创建动态交互式网页并建立强大的 Web 应用程序。俞晓妮认为 ASP 技术的应用对平台建设的调试工作具有重要意义。郭庆林研究发现，ASP 的存在能够简化电子商务平台的技术支持，在信息化时代下的应用前景会更加广泛。王传建在比较各种平台开发技术的过程中发现，ASP 的主要优势在于内容丰富、代码隐藏、开发工作量较低等，但也存在对 Windows 依赖较高、数据库访问效率不高、迁移到非 Windows 系统难度大等问题，为此，Microsoft进一步推出了 ASP. NET 技术。

JSP（Java server pages）技术是由 Sun Microsystems 公司主导的一项动态

网页技术标准，这种技术可移植性较强，能够支持企业级的分布式应用，并且所有 JSP 技术构建的页面都会被编译为 Java Servlet，因此具备 Java 技术健壮的存储管理和较高的安全性特征。李平对采用 JSP 技术构建动态网页的基本原理和优势进行了详细的说明，并将其与其他类型的动态网页制作技术进行了对比。王玉英针对采用 JSP 技术构建互联网平台页面中的一个难点——连接数据库进行了探讨，并给出了一套详细的配置方案。洪贵华从 JSP 页面创建的角度讨论了 MVC 设计模式。

数据库技术是互联网平台的一项核心技术，关系到平台对数据的组织、存储、获取和处理。杨宁认为数据库技术能够对平台中的数据进行整合、重组和加工，实现数据的有序组织，提高数据提取和处理的效率，提升平台的运行速度；郭志芳对数据库设计在互联网平台中的应用进行研究，认为数据库的意义在于实现平台整体功能优化，使得平台后台管理更加便捷高效。

互联网平台的程序语言、框架模式、开发技术已经呈现出多样化发展的趋势，适用于不同功能的开发技术相继出现并逐步成熟，每一种技术都有其独特的优势和具体的使用场景，当代互联网平台的开发需要融入多种开发技术，扬长避短，从而达到预期的效果，提高用户的使用体验。

e. 关注互联网平台测试的研究。

测试是保障网站质量的重要手段。当今网站面临着诸多的机遇和挑战，黑客猖獗，病毒肆虐，互联网平台的安全与稳定已经受到大家的关注。互联网平台测试技术也吸引了大批专家学者的目光，互联网平台测试地位至关重要，关系着互联网平台的开发质量。此类研究从数量上相对前面的研究而言较少，但笔者相信随着互联网平台的测试技术越来越重要，此方向上的研究也会越来越丰富多彩。

陶玲玲从网站测试现状、网站测试技术、网站测试管理、网站测试原则四个方面对门户网站测试技术进行了分析与研究。肖建使用性能测试工具对 Sun 公司开发的 J2EE 架构网站 Pet Store（宠物商店）进行性能评估和测试，获得了该服务器上事务的访问行为的失败率和平均响应时间，并找出了该种情况的性能极限作为改进性能的参考因素。朱雷采用手工测试和自动化测试相结合的方式，从功能、性能、兼容性、易用性、安全性等方面进行测试分析。王佳佳针对近年来兴起的 SNS 交友网站设计了测试方案并进行了实施，对 Web 测试中的单元测试、安全测试、性能测试和自动化测试中的一些技术进行了研究。

（2）家具行业的互联网平台研究

① 偏向基础理论的研究。

陈汉忠基于"互联网＋"的背景研究了林氏木业的发展战略。胡声民研究了 HX 红木家具公司在"互联网＋"的背景下，企业怎样制定正确的发展策略。刘鑫、沈海泳等针对定制家具企业的互联网平台发展战略提出了自己的建议。曾议采用实证调研的方式，总结分析崇州传统家具制造行业——掌上明珠的互联网实践之路，并基于企业实践和政府层面提出对策和建议。耿鑫、许柏鸣就各类家具电子商务平台的特征进行了探析和比较研究。陈世栋、关惠元研究了家具企业产品开发与内部标准化，以质量功能展开方法为切入点，为家具企业内部建设高水平的标准化平台搭建了初步的理论框架。赵玉新对家具类电子商务网站运营进行了 SWOT 分析，阐述了网站特色和营销模式及物流配送的规划思想。

② 偏向实践应用的家具行业互联网平台研究。

唐颐洁针对红木家具企业的电子商务平台进行了研究，研究重点放在商务平台的前期策划和思路上。魏杰基于家具行业的特点及研发需求，阐述了 SolidWorks 三维数字化平台如何结合家具行业特性，打造基于家具行业产品设计研发管理一体化平台，重点介绍了整体流程和平台的各部分功能。陈哲从软件的研发意义、背景到使用功能，全面介绍了覆盖家具设计全流程的敏捷化设计平台——ThinkDesign。盛晓骏、钟文翰等就构建家具产品大数据平台提出了自己的方案，提出了 6 个方面的建设内容和平台需要的 10 个功能。卢长利、周溪召研究了家具制造业物流一体化信息平台建设，探讨了家具制造业物流的特点、存在的问题，最后介绍了平台的组织结构和功能规划。唐辉、邹萍等在广泛调研国内外家具行业管理方法与制造模式的基础上，提出了一种基于云平台的家具定制化模式，讨论了模式创新并构思了平台的整体架构。

③ 针对家具行业互联网平台开发技术的研究。

孙勤伟对面向家具制造企业群的销售协同一体化平台进行了研究，针对家具制造企业销售协同管理进行了需求分析，并对业务流程进行优化和重组，完成平台的开发和实现，在技术方面涉及数据库设计和系统集成设计两个方面。李一浩研究了家具网络化协同设计中心的关键技术，对网络化协同设计的网络模型、支持协同设计的协同工具和产品数据存储与查询等关键技术进行了系统深入的研究。郑伟境针对目前家具行业电子商务零售平台的使用需求，设计并实现家具行业电子商务系统，系统实现商品管理、公告留言管理、商品购买和系统管理等功能。

1.2.3　产业链互联网平台研究进展

（1）非家具行业产业链互联网平台建设的研究

产业链互联网平台是收集整个产业链全链路数据，并运用互联网技术分析处理后以一定的方式呈现出来，对产业链的发展产生价值的平台。产业链互联网的提出主要是为了有针对性地解决产业链中各个环节面临的瓶颈问题，统筹安排，综合提升产业链的整体生产效率。这种理念的形成时间还不长，众多相关研究尚在进行之中，已经初步建设完成的产业链互联网平台屈指可数，能够形成理论的更是十分少见，目前在理论研究方面仅有少量的研究，其他则是一些关于产业链互联网平台建设的报道和尚未形成理论的企业参与建设产业链互联网平台的业界动态。

① 纯理论方面的研究。

邵蕾蕾探讨了在"互联网+"环境下安徽中医药产业链模式的重构问题，同时基于重构后的博弈关系和建立的博弈模型进行数据分析，进一步提出安徽中医药产业链未来发展的合理建议。博广铁针对中国包装印刷业的前沿阵地温州苍南的印刷产业链构建互联网服务平台进行了研究，从分析现状、搭建平台的意义以及整合后的整个印刷产业链优势分析几个方面来进行探讨。孔霖涧浅谈了基于产业链的印刷互联网平台打造，从印刷产业链的模式开发分析，提出了 5 点思考，最后提出了产业链式制造平台具体功能模块的组成构思。毕得对智能再制造产业的工业互联网平台建设进行了相关的理论研究，分析了产业的现状和建设平台的原因，并探讨了平台的基础架构和功能模块。

② 产业链互联网平台建设的报道。

在全球化与数字化的浪潮中，产业链的高效协同已成为提升企业竞争力与行业创新能力的关键。然而，传统的产业链合作模式往往面临着信息不对称、沟通成本高、响应速度慢等痛点，严重制约了产业链的整体效能。为了破解这些痛点，提升产业链协同效率，产业链对接平台的搭建显得尤为重要。

a. 苏州吴江推进工业互联网产业链党建工作。

江苏亨通数字智能科技有限公司的工业互联网平台在 2023 年入围国家级"双跨"平台名单。吴江区以成立工业互联网产业链党委为突破口，实施"益企兴链数智赋能"行动计划，建立联席会议机制，成立数字经济产业链党建服务联盟，举办各类主题活动，建立电梯行业公共服务平台、特种设备数字管理平台、纺织行业工业互联网服务平台等，推动传统产业转型升级。

b. 重庆"一链一网一平台"试点示范项目。

2023 年在全市制造业"一链一网一平台"试点示范项目现场工作会上，公布了 4 个试点示范项目，这些项目旨在带动产业链上下游企业"上云上平台"，实现供应链协同、产品全生命周期管理和绿色节能生产等。

c. 长虹工业互联网"双跨"平台推动家电全产业链智改数转。

长虹工业互联网"双跨"平台构建了"1+3+N"服务模式，以设备、平台和人工智能、数字孪生、区块链、5G 边缘计算等软硬件技术为支撑，打造了覆盖整个生产闭环的系统，可实现复杂产品的大规模个性化定制。该平台横向跨越 8 大行业，纵向贯通 9 大领域，形成 60 多个可复制、可推广的典型应用场景，为 3000 余家企业提供数字服务，有效提升了链上供应商的交付准时率、库存周转率等指标。

d. 科研机构牵头产业链互联网平台建设。

由中国工业互联网研究院牵头的"基于工业互联网标识解析体系的产业链、供应链贯通公共服务平台"项目启动会在北京顺利召开。该平台项目旨在打造面向重点产业链生产经营环节的标识解析应用公共服务平台，带动上下游中小企业接入与应用标识，为中小企业数字化转型和政府治理提供支撑，推动标识解析体系赋能千行百业。

e. 震坤行数字化赋能 MRO 工业用品产业链。

震坤行工业超市是国内领先的基于数字化的一站式工业用品采购与管理服务平台，通过"数字化的采销协同网络"实现工业用品供应链的透明、高效、降成本。其提供标准化软件运营服务（SaaS），帮助中小企业快速完成数字化转型，利用物联网技术与数据智能提供通用设备的在线监控、租赁及维修保养等服务。震坤行着力发展自有品牌，搭建了数字化的采销协同网络等多层体系，聚焦解决行业痛点，建立了一站式的数字化工业用品采购与管理服务平台。同时，其布局全国物流仓储服务网络，建设数字化供应链基础设施，积极承担社会责任，促进产业链绿色发展。

f. 欧冶工业品构建工业品供应链生态平台。

欧冶工业品是中国宝武旗下全新工业品供应链生态平台公司，提供工业品产业链、供应链数智化平台服务。其构建了专业化、低碳化、数智化的工业品开放共享服务体系，通过发挥强大专业体系优势、推动先进数智技术应用等，形成了特色显著、现代一流、行业引领的工业品线上和线下融合共享服务能力。欧冶工业品面向众多行业，依托多种系统一体化运行，构建现代专业供应链服务体系，还全面构建"六全"工业品生态平台，开发建设"四流耦合"产品体系，推动采购供应链"四化"转型升级，创新性构建生态平台开放共享的底层技术架构等，全方位推动上下游产业链高质量发展和产业生态圈参与方效率及效能的提升。

g. 国联股份打造 PTDCloud 工业互联网平台。

国联股份以产业互联网链主效应为驱动，构建全产业链内外协同的运作新体系，其 PTDCloud 工业互联网平台服务于"交易、物流、仓储、金融、生产"五个需求和"客户、供应商、资金、设备、员工、产品"六个连接，实现了万物互联、产业间信息数据共享，促进产业链高效协同，有力支撑产业基础高级化和产业链现代化。

h. 数商云。

数商云为某知名制造企业搭建产业链对接平台，实现了信息共享、协同作业流程优化、数据分析与决策支持等功能，并进行了平台定制化开发。该平台破解了产业链协同效率低下的痛点，提升了协同效率与响应速度，降低了运营成本，增强了市场竞争力。

i. 国能互通。

国能互通打造的能源产业互联网平台对能源产业链的各环节数据进行了系统性整合，打破了传统产业链信息壁垒，连接了矿场、贸易商、电厂等多类型企业，覆盖多个关键业务环节数据，提供数字化产融综合服务，助力能源经济运行降本增效和高质量发展。

j. 上海怡亚通供应链有限公司获评优秀案例企业。

上海怡亚通凭借数字化驱动的"1+N"模式，聚焦产业链＋品牌建设，打造集成式的供应链物流综合服务生态，成功获评"2024浦东生产性互联网服务平台优秀案例"。该公司以物流为基础，采用"1+N"模式，打造扁平化、共享化和去中心化的流通新生态，显著提高点到点效率，为实体经济提供高效、便捷的供应链服务。

k. 烟台工业互联网生态产业链发展规划。

在 2024 年 12 月 25 日烟台市政府新闻办公室举办的"聚力链式发展"主题系列第十一场新闻发布会上，烟台市副市长、工业互联网生态产业链链长梁勇介绍，2025 年，烟台工业互联网生态产业链将实施"个十百千万兆"数字化转型提升计划，构建工业互联网梯度培育体系，重点围绕汽车、食品、消费电子、海工装备、化工新材料等优势产业链，组织细分行业性平台开展 20 场供需对接活动，支持垂直工业品服务平台和基于在线交互的本地产供销平台建设。

l. 宜百链平台助力宜荆荆汽车产业发展。

2024 年 12 月 28 日，宜百链平台在湖北宜昌市猇亭区上线。该平台以湖北省长江汽车产业链为依托，结合本地汽车供应链特点和需求搭建而成。其具备完整的供应商管理系统（SRM）和区块链技术，确保交易数据真实可溯且不可篡改，可促进汽车产业上下游企业供需精准对接，打通产业链上下游渠道，为宜荆荆都市圈汽车产业的高质量发展提供支持。

m. 烟台黄渤海新区在工业互联网领域发展成果显著。

2024 年 12 月 25 日的新闻发布会介绍，其基础底座不断夯实，累计开通 5G 基站 2270 个，工业互联网标识解析二级节点企业接入量达 1053 家，标识注册量达 248.3 亿个；产业生态不断优化，建成投用华为（烟台）人工智能中心和渤聚通芯片算力中心等，数字经济产业园聚集产业链上下游企业 300 余家；应用场景不断丰富，在化工新材料、高端装备、视觉检测等多个领域都有创新应用。未来，黄渤海新区将持续推动产业链协同发力，从政策引领、载体平台、场景示范等方面进一步发展工业互联网产业链。

③ 建设产业链互联网平台的业界动态。

三一集团已与中国移动、华为、腾讯等通信、互联网行业巨头大力开展战略性合作，形成通过整合线上与线下各自的优势互补、高度融合共赢的全新发展体系。徐工集团、吉利汽车等多家制造企业均寻求与互联网公司合作带动产业发展，寻求行业升级。目前，吉利、华为、潍柴、三一重工等制造业领军企业已经通过工业互联网形成全球化协同研发体系，实现了精准制造、敏捷制造，本书将在第 2 章中详细讨论当前创建产业链互联网平台的内外部环境情况并进行分析研究。

（2）家具行业产业链互联网平台的研究

通过上文对家具产业链和家具互联网平台的现状阐述，可以看出当前的家具互联网平台的开发和研究虽然不多，但亦有涉及，这些开发和研究多是针对家具产业链中的某一个单独环节，比如销售、设计开发、运营管理、物流、原材料供应商城等，其中家具电商平台是最多的也是发展最早的互联网平台。但真正意义上的针对家具"全产业链"的互联网平台还尚未见到有开发实践，更不用说已经形成理论的研究文献了。

在社会企业层面，很多大型家具企业、大家居范围内的大型企业以及家具电商平台已经开始进行向全产业链打通的互联网平台实践，有的通过从销售端逆向建设的方式逐步向生产端乃至原材料端构建基于企业的互联网平台，有的是开发多家泛家居企业联合打造的"互联网＋"平台，将家具、装修、房地产等其他伴生企业通过平台联合在一起形成合力，不过大多数都只是处于概念阶段，真正进行落地实施的凤毛麟角。

林氏木业作为国内最大的家具电商，其制胜的法宝就是数据，从最初的销售端实时更新的销售数据，到业务量增长后逐步更新的物流数据，再到自建工厂以后的设计生产数据，都是通过企业内部的互联网平台进行管理。依托大数据对供应链和物流的精准把控，进而对产业链进行优化，是林氏木业保持快速增长的重要手段，有效提高了企业的运转效率，降低了生产成本。周文辉等在对定制家具知名企业尚品宅配的研究中发现，其发展历程可以概括为"软件开发→线下开店→线下办厂→线上平台→线上线下一体化"，作为定制家具企业，尚品宅配所依托的平台软件良好地解决了客户个性化需求与大批量生产的矛盾，将需要耗费大量人力和时间的拆单工作转由系统完成，精确度和效率都得到了大幅提升。此外欧派家居、索菲亚、美乐乐等家具企业同样具有类似的系统，由此可见，此种类型的平台是基于某一个或某几个企业的内部系统，针对整个产业链缺乏普适性，且广大中小型家具企业、大部分原辅材料供应商、绝大部分终端销售门店以及配套的金融、物流等均未接入，不能将整个家具产业链有机整合，不能称为真正意义上的家具产业链互联网平台，但其雏形在大型家具企业和家具电商中已经比较普遍。

1.3 本书的独特之处

① 本书中创建和开发的互联网平台是国内针对家具全产业链的服务型平台，平台涵盖的家具全产业链（上游、中游、下游）、全流程（生产环节、供应

链环节、流通环节和政府 / 高校 / 金融配套环节)、全业务(产品设计开发、企业资源管理、原材料与机械设备服务、综合服务、校企合作、家具商城)均属于在实践应用上的独特之处。

② 将 SWOT 分析法与 PEST 环境分析法进行结合,并建立联合分析矩阵,针对产业链互联网平台的发展策略分析是本研究方法的独特之处。

③ 家具产业链互联网平台创建的六个板块从需求分析、功能设计再到最后方案确定都是前人没有提出过的,这些内容在家具产业、互联网平台创建领域均属于思维、方法、实践模式上的独特之处。

④ 针对家具产业链互联网平台以国家标准为科学依据,结合家具产业发展实际专门研究设计出了利于大数据统计需要的分类方法,包括提出针对产品开发设计的产品设计资料库分类指南,制定了所有家具制造可能涉及的原辅材料的 15 个大类分类模式,这是家具专业理论结合实际应用的独特之处。

第 2 章

产业链互联网平台基础
理论与系统架构模式分析

本章从产业链互联网平台的基础理论分析入手，确定产业链互联网平台系统架构模式，为本书后续的我国家具产业链互联网平台构建研究提供理论与设计基础。本章主要包含两个方面的内容。第一个方面是对产业链互联网平台相关理论的总结与分析：在厘清中外互联网历史演进过程的基础上，归纳出中外互联网企业的异同点，提出对创建互联网平台的五点思考和对产业链互联网平台的基本认识；将 SWOT 分析法与 PEST 分析法相结合来分析当前创建产业链互联网平台的内外部环境，用联合矩阵分析出当前形势下的发展策略，拟定了涵盖四个方面的产业链互联网平台基本功能。第二个方面是产业链互联网平台系统架构模式的分析：首先明确系统架构设计是开发网站的关键步骤，结合系统架构的演变过程，确立出分层、分割、分布式、集群、自动化、冗余、缓存、异步、安全是可行的互联网平台系统架构模式。

2.1 产业链互联网平台基础理论分析

笔者从互联网平台的发展历程和平台的比较研究入手，提出对创建互联网平台的五点思考，接下来结合前文的现状研究提出了对产业链互联网平台的基本认识，用 SWOT 与 PEST 联合矩阵分析法指出了当前形势下产业链互联网平台的发展策略，最后拟定了涵盖四个方面的产业链互联网平台基本功能，为第3 章中针对家具产业链提出创建互联网平台的构思提供基础理论支持。

2.1.1 互联网平台分析

2.1.1.1 互联网及互联网平台发展历程

（1）西方互联网及互联网平台发展史

在冷战时期，为了应对苏联发射第一颗人造地球卫星，1969 年 11 月，美国国防部高级研究计划局（advanced research projects agency，ARPA）开始建立一个命名为阿帕网（ARPAnet）的网络，但是只有 4 个节点，即分布在加利福尼亚大学洛杉矶分校、加利福尼亚大学圣巴巴拉分校、斯坦福大学、犹他大学四所大学的 4 台大型计算机上。这个 ARPAnet 就是现代互联网的前身。

1971 年，Ray Tomlinson 开发出通过分布式网络发送消息的 E-mail 程序，并于 1972 年针对 ARPAnet 进行了 E-mail 程序的修改，从此 E-mail 成为互联网应用最广泛的服务之一，互联网真正意义上的信息交换能力被发掘出来。

实现网络互联的基础是设备之间所传输的数据格式必须相同，这就需要网络协议。ARPAnet 最初使用 NCP 协议，其缺点在于要求网络上的计算机运行相同的操作系统。1973 年，传输控制协议 / 因特网互联协议（transmission control protocol/internet protocol，TCP/IP）被开发出来，通过这项协议，可以在各种硬件和操作系统上实现互联互通。1975 年，开发者将该协议免费共享给人们使用。1982 年，ARPAnet 开始采用 TCP/IP 协议，经过数十年的发展，TCP/IP 协议一直沿用至今，成为网络互联的最基本保障。

此后，互联网的发展一日千里，笔者通过时间轴线，将互联网及互联网平台的发展进程总结归纳，如表 2.1 所示。

表 2.1 西方互联网及互联网平台的发展进程

时间	发生事件
1975 年	Bill Gates 与 Paul Gardner Allen 在 Redmond 创立 Microsoft，该公司后来推出的图形化操作平台 Windows 成为应用最普遍的计算机操作系统
1976 年	Steve Jobs、Stephen Gary Wozniak 和 Ron Wayne 创立 Apple Computer Inc.，该公司最初经营计算机硬件产品，后来推出的消费类电子产品 Mac 电脑、iPod 音乐播放器、iPhone 智能手机、iPad 平板电脑以及消费软件 iOS 操作系统均具有划时代的意义，引领全球移动互联网终端设备的发展潮流
1977 年	Larry Ellison 与 Robert Miner 创立 Software Development Labs（软件开发实验室），主要经营企业级数据库软件，后来更名为 RSI（关系式软件公司），美国中央情报局成为该公司第一个客户。1982 年，该公司更名为 Oracle（中文名：甲骨文），到目前为止该公司仍然是全球最大的企业级软件平台供应商
1978 年	Ward Christensen 创建了 Bulletin Board System（电子公告牌系统，BBS），允许用户上传、下载、发布和阅读资讯，成为后来如雨后春笋般涌现的线上论坛平台的基础
1983 年	Paul Mockapetris 发明了 Domain Name System（域名系统，DNS），这个系统将域名与 IP 地址相互对应，使得人们可以通过域名方便地访问互联网平台
1985 年	NSF（美国国家科学基金组织）通过 TCP/IP 协议将分布于整个美国的六个超级计算机中心连接，构建了 NSFnet，该网络逐步扩大到整个美国的科研机构和大学，并替代阿帕网成为互联网的主干网络
1989 年	欧洲粒子物理研究所的科学家提出了一个分类互联网信息的协议，即后来的万维网（WWW），从而使全世界的计算机使用者都可以通过这个协议方便地检索任何信息，大大加速了互联网的普及

时间	发生事件
1991 年	互联网中的商业用户首次超过了科研用户，成为互联网商用的里程碑
1994 年	杨致远与 David Filo 在美国创立 Yahoo，1996 年上市，2000～2006 年 Yahoo 一直占据全球互联网头把交椅。Yahoo 是全球非常著名的门户网站，同时也是全球第一家提供互联网导航服务的网站，曾一度引领了美国互联网的发展
1995 年	Jeff Bezos 创办网上书店 Cadabra，后来更名为 Amazon，逐渐发展成为全球规模最大的自营模式电子商务平台
	Pierre Omidyar 创立 Auctionweb，最初是为具有相同爱好的人们提供商品拍卖服务，这个网站借助互联网的传播性迅速火爆起来，1997 年更名为 eBay，逐步发展成全球最具影响力的第三方电子商务平台
1998 年	Lawrence Edward Page 与 Sergey Brin 创建在线搜索引擎 Google，很快成为全球最大的搜索平台。此外，2005 年 Google 推出了 Google Map，2007 年发布了基于 Linux 开发的开源移动操作系统 Android，2012 年在 Google I/O 开发者大会上发布了以 Google Project Glass 为代表的一系列消费电子产品，并在无人驾驶、人工智能等方面取得了大量突破性进展，大大拓展了互联网的应用范围
2003 年	WordPress 建立，这是一个基于 PHP 语言开发的个人博客平台，是一种新的网络交流方式，当前非常受欢迎的社交平台——微博的发展基础
2003 年	Niklas Zennstrom 和 Janus Friis 共同创立了 Skype，这个语音即时通信平台通过网络首先实现了用户之间的免费通话，进而逐步实现多方会议、视频通话等功能，在全球范围内首度打破了通话付费的格局，并且突破了国界的限制
2004 年	Mark Zuckerberg 创立 Facebook，最初是分享照片和聊天的平台，后来发展成为风靡全球的社交平台，这一年也被称为"社交元年"
2005 年	美籍华人陈士骏等创立 YouTube，主要提供视频分享、下载服务，在互联网上逐步火爆并成为网民发布和观看视频作品的主要场所
2006 年	Jack Dorsey 推出了 Twitter 服务，作为微博客的一种应用，人们可以将最新动态以短信的形式发布，很快就在全球范围内流行起来，目前已经成为全球访问量最大的十个网站之一
2012 年	美国通用电气公司（GE）率先提出"工业互联网"的概念；2013 年推出工业互联网平台 Predix，着力实现 GE 的数字化转型；2018 年 Predix 从 GE 剥离，走上独立发展的道路
2016 年	西门子公司在德国汉诺威工业博览会上发布其工业互联网平台 MindSphere——基于云的工业物联网开放式平台，可以实现智能设备之间的互联互通；同时为工业应用软件提供开发运营环境，赋能西门子数字工业生态圈

时间	发生事件
2017 年	苹果公司发布了 iPhone X，并首次推出刷脸解锁技术。标志着生物识别技术取得重大突破，人工智能与硬件融合迈向新里程
2022 年	OpenAI 发布了一款具有多种能力的通用大模型 ChatGPT，开启了人工智能新时代的序幕。ChatGPT 的月活用户已突破 1 亿，成为历史上增长最快的消费者应用

除了上述这些在互联网发展史上具有里程碑意义的事件和平台以外，还有以 Craigslist（分类广告服务网站）、AltaVista（知名搜索引擎）、ICQ、Uber（优步）为代表的一批互联网平台在各自的领域中拥有举足轻重的地位，互联网平台正是在这样一批先驱的不断探索和创新之中取得了长足的发展。

（2）中国互联网及互联网平台发展历程

虽然中国互联网起步较晚，但目前因为其网民人数最多，联网区域最广，已经成长为全球第一大网。笔者通过时间轴线，将中国互联网及互联网平台的发展进程总结归纳，如表 2.2 所示。

表 2.2　中国互联网及互联网平台的发展进程

时间	发生事件
1987 年	中国科学家在北京计算机应用技术研究所（ICA）建成一个电子邮件节点，并向帮助建设的德国发出了中国历史上第一封电子邮件
1989 年	国家计委立项"中关村教育与科研示范网络"（NCFC）项目
1994 年	NCFC 实现了与美国国家科学基金会（national science foundation，NSF）的 NSFnet 的互联，同年中国获准加入国际互联网
1995 年	中国首家互联网服务供应商"瀛海威"创立，开始为普通消费者接入互联网提供技术支持
1997 ～ 1998 年	随着丁磊创立网易（1997 年）、张朝阳创立搜狐（1998 年）、王志东创立新浪（1998 年），中国互联网进入"三大门户"时代，网民可以方便快捷地获得所需要的绝大部分信息，因此门户网站也就成为 20 世纪末 21 世纪初人们最主要使用的互联网平台
1998 年	马化腾等五人共同成立腾讯，并于 1999 年发布 QQ 的前身 OICQ，成为当时国内使用人数最多、适用范围最广的聊天工具，腾讯在 2011 年推出的微信则更进一步成为国内线上社交平台领域难以撼动的奇迹

时间	发生事件
1999 年	马云与 17 位合伙人共同创立阿里巴巴，主攻电子商务，2003 年创建的淘宝平台，作为中国国内最大的电子商务平台，在互联网发展史上留下了浓墨重彩的一笔。2004 年阿里巴巴基于国内电子商务具体情况推出了支付宝，成为引领全球线上支付潮流的先锋
2000 年	李彦宏在中关村创立了百度，是基于中国国情打造的专业中文搜索引擎，是目前国内最大、使用人数最多的搜索平台。2005 年百度推出线上地图服务，逐步成为国内数一数二的地图服务提供平台。时至今日，百度在语音控制、无人驾驶等人工智能领域精耕细作，取得了一系列成果
2001 ~ 2008 年	中国政府在中国互联网内部建立网络审查系统，即中国国家防火墙（great firewall of China，GFW），借此机会，国内互联网企业"师夷长技以制夷"，迅速成长为具有世界影响力的互联网平台
2009 年以来	智能手机逐步普及，互联网平台从 PC 端延伸到移动端，BAT 成为中国互联网行业的统治力量，百度通过搜索引擎、阿里巴巴通过淘宝、腾讯通过微信纷纷建立起覆盖面非常广泛的移动互联网生态
2010 年	王兴创立美团网，第一次将餐饮、酒店、旅行等以线下体验为主体的吃喝玩乐与线上平台相连接，建立起连接消费者和线下商家的 O2O 平台，深刻改变了中青年群体日常生活消费的体验模式，成为生活服务类平台的中流砥柱
2012 年	张一鸣创立今日头条，其为一款基于数据挖掘的推荐引擎类产品。今日头条能够根据用户的兴趣、位置、浏览历史等，个性化推荐各种资讯信息，实现了千人千面的用户体验。2016 年今日头条基于类似技术孵化了短视频社交 App 抖音，产生轰动效应，短短两三年其流量就已经比肩 BAT
2014 年	程维创立滴滴打车，运用互联网的手段，打通了司机与乘客之间的信息鸿沟，充分调动了闲置的社会资源，大幅缓解了"打车难"的矛盾，颠覆了中青年群体的出行方式，为普通消费者带来了巨大的便利
2016 年以来	中国互联网行业先后诞生了一批现象级互联网应用和产品，与前辈们不同，这些产品具有非常明显的时代特色，且在国外找不到类似先例，营造了独具特色的应用氛围，并在国内获得成功后逐步向国外输出
2017 年	海尔集团发布了中国首个具有自主知识产权的工业互联网平台——COSMOPlat，以互联工厂为载体，在全球范围内首次引入用户参与全流程体验，通过企业平台化构建并联的开放平台
2019 年	工信部正式向中国电信、中国移动、中国联通、中国广电发放 5G 商用牌照，中国正式进入 5G 商用元年

时间	发生事件
2019 年	华为正式发布操作系统鸿蒙 OS，这是一款面向全场景的分布式操作系统，可以创造一个超级虚拟终端互联的世界，将人、设备、场景有机地联系在一起。它的诞生拉开了永久性改变操作系统全球格局的序幕
2023 年	百度推出新一代大语言模型文心一言，通过理解用户的意图，生成符合语境、流畅自然的回答，为用户提供智能化、个性化的交互体验。它成为全球第一个基于大语言模型的生成式 AI 产品

从 20 世纪末到今天，中国先后诞生了以网易、搜狐、新浪为代表的第一代互联网平台，以腾讯、阿里巴巴、百度为代表的第二代互联网平台，以美团、滴滴出行、今日头条为代表的第三代互联网平台，实现了从模仿国外到构建生态再到实现超越的跨越式发展，这三十年可谓是"沸腾的 30 年"。中国普通消费者从拨号上网，到走上信息高速路，再到互联网无处不在。如今，中国互联网平台的建设正在迎来又一波高潮，并且在全球信息化的时代逐渐跟上了西方先进国家的步伐，在某些领域甚至有超越的趋势，这个时代将是网联的时代，也是中国互联网崛起的时代。

2.1.1.2 国内外互联网模式的比较分析

（1）第一阶段——国外互联网成功模式的中国化

互联网技术起源于美国，伴随着不断的尝试、革新和进步，互联网在美国得到了最早且最为成熟的实践应用。根据中国产业信息网的数据，截至 2018年，美国互联网普及率已高达 76.8%，同时期的中国这个指标仅为 59.6%。互联网在美国的普及率明显高于世界其他地区，基于互联网的商业模式也层出不穷，百花齐放，先后涌现出一大批具有划时代意义的企业和现象级互联网产品，并逐渐发展成世界级的互联网巨头，一些产品成为人们日常生活中不可或缺的工具。

相比之下，由于近代历史原因，中国互联网的发展一度没有跟上世界的脚步，直到 20 世纪 80 年代末，中国互联网行业才开始起步，直到 20 世纪最后几年才正式走向兴盛。特殊的历史原因导致在最初的阶段，中国互联网的发展必然会以借鉴国外成功模式为基础，并依据中国实际情况加以改良的模式起步。同时，国外互联网企业多沿袭从欧美发达地区发端，逐步成熟后再在世界其他地区大规模复制和套用的模式。在近现代历史上西方对于世界的广泛影响以及冷战后西方主导世界格局的双重作用下，这种大规模复制和照搬的拓展方式在全球大多数地区、大多数情况下是切实可行的。然而在中国的特殊国情下，这些国外互联网巨头的成功模式却遇到了"水土不服"，这就给国内互联网企业的成长提供了宝贵的契机。

现阶段在国内互联网领域占有统治地位的巨头企业，在起步阶段几乎都曾以改良国外成功模式作为主要发展思路，笔者将国内外具有代表性的互联网平台以不同领域来分类进行比较，比较分析如表 2.3 所示。

表 2.3　国内外知名互联网平台的比较分析

领域	国外模式及创立时间	国内模式及创立时间	比较分析
门户网站	Yahoo 1994 年	新浪 1998 年	（1）新浪模式起源于模仿 Yahoo，Yahoo 的定位是大而全，新浪定位于服务大中华地区与海外华人 （2）新浪倾向于自身孵化项目，Yahoo 则更多依靠收购 （3）新浪抓住了移动互联网的机遇期，创立了奠定基础的微博产品
电商	Amazon 1995 年	京东 1998 年	（1）Amazon 最初从图书领域切入电商市场，京东则以 3C 数码类产品为强项 （2）Amazon 科研实力强大，有广阔的全球市场，以及基于 Kindle 打造的电子书生态，而京东则重点布局国内市场，打造实效性非常强、品质非常高的物流配送服务
线上商城	eBay 1995 年	淘宝 2003 年	（1）eBay 收取登录和交易服务费，淘宝则通过免费方式吸引大量卖家 （2）淘宝坚持自我创新，开发了支付宝、阿里旺旺软件来保证用户的交易信任、买卖交流与后期判责依据，建立一套淘宝评价体系（在 eBay 的好评率基础上发展起来），但更能体现出卖家的销售历史，这些都增加了网站的可靠性
即时通讯	ICQ 1996 年	QICQ（QQ） 1998 年	（1）腾讯 QQ 软件最初的设计从内容、形式等方面完全仿照 ICQ （2）ICQ 在全世界拥有大批的用户，但因为不能满足中文用户的使用习惯而在中国市场受挫 （3）腾讯 QQ 在功能上进行研发创新：界面更符合中国人的使用习惯，可以发送离线消息，信息云端储存，个性化头像和隐身登录等功能深得人心

领域	国外模式及创立时间	国内模式及创立时间	比较分析
搜索引擎	Google 1998 年	百度 2000 年	（1）百度瞄准中文搜索市场，中文分词的积累和算法源于 Google （2）百度搜索的内容更加偏向于生活、娱乐和社会，Google 则更偏向于科技 （3）百度耗费流量，搜索结果大多匹配度较低，在中低层次上网者中接受度较高，Google 通过技术手段屏蔽大量垃圾网站，检索匹配度较高且占用服务器流量较小 （4）百度的竞价排名机制早期更加重视价格，近年来逐渐提升了关键词质量的权重，而 Google 则更加重视广告的质量和相关性，质量好的广告所需的点击价格可以降低
线上支付	Paypal 1998 年	支付宝 2004 年	（1）两者在付款方式上有根本不同：支付宝是担保交易方式，买方收到货需要点击确认收货，资金才会从支付宝转到卖方账户，Paypal 付款是即时到账，是先付款再发货方式 （2）两者的使用基础不同：Paypal 是基于信用卡支付体系设计的，信用卡机制在国内发展不成熟，在国内使用不方便，而支付宝是完全针对国内现状设计的，提供了良好的客户体验
社交网站	Facebook 2004 年	人人网 2005 年	（1）人人网通过自行制作应用吸引用户，Facebook 则构建了一个平台，发展关联产业来做应用 （2）在产品还没有完全成熟时过度考虑利益，导致人人网缺乏具有核心竞争力的产品
视频网站	YouTube 2005 年	优酷 2006 年	（1）YouTube 推荐算法相对优酷更加优秀，能够吸引用户不断点击和观看，优酷更加倾向于广告收入，算法上的优势并不明显，但在不够成熟的中国市场上能够存活下来 （2）广告模式上，YouTube 在广告开始后 5 秒即可关闭广告，而观看完广告才会向广告主收取费用，因此倒逼广告质量提升，以吸引人看完，同时会根据用户完整观看的广告和关闭的广告来分析以推送感兴趣的内容；优酷则首创了付费会员直接跳过广告的模式，非会员强制观看数十秒的广告，因此广告质量普遍不高，且没有根据用户喜好进行推荐，广告效果不够精准

领域	国外模式及创立时间	国内模式及创立时间	比较分析
社交网站	Twitter 2006年	新浪微博 2009年	（1）新浪微博定位是打造社交网络，Twitter定位是打造信息网络 （2）Twitter属于平民社交，新浪微博则是以关注明星、艺人等公众人物为主 （3）新浪微博发送的信息形式多样，不仅有文字，还包括图片、表情、音视频等，更加吸引人
团购网站	Groupon 2008年	美团 2010年	（1）模式上的不同：Groupon模式是每天一款，价格超低，限时抢购，是一种多方共赢（消费者、商家、网站运营商）的电子商务模式；美团提供的商品折扣不高，优势在提供服务上 （2）美团致力于完善自己的生态，不限于团购和外卖业务，推出到家、到店、酒旅、出行等业务
即时通讯	WhatsApp 2009年	微信 2011年	（1）两者都是借助手机号码作为预创建的社交网络 （2）WhatsApp仅将自己定义为通信应用，而微信则继承和发展了QQ的许多功能，将自己定义为社交应用 （3）微信自主开发了大量适合中国人使用的功能：朋友圈、表情、分享、定位、视频聊天、微信支付、城市服务、广告推送、小程序、公众号等，逐渐使其成为生活中必不可少的工具
游戏直播	Twitch 2011年	斗鱼 2014年	（1）涉及领域不同：Twitch支持28个国家和地区的语言，是全球受游戏玩家欢迎的聚集地，专注于游戏领域，斗鱼TV以游戏直播为主，涵盖了娱乐、综艺、体育、户外等多种直播内容 （2）在盈利模式上创新：斗鱼除了有Twitch的每月付费、主播模式、广告收入外，还独创了"礼物"盈利手段 （3）创新功能上：斗鱼首创了"弹幕"功能，增强了观众交流的实时感受

从表2.3中我们可以看出中国互联网在发展初期，走的是一条克隆国外的创意并进行本土化的路子，有的平台走出了自己的特色，发展得很好，比如淘宝、腾讯QQ等；有的领域互有千秋，比如Amazon与京东、Twitter与新浪微博、Groupon与美团等；有的平台则发展得不尽如人意，比如人人网等。成功与失败的原因是多方面的，从表2.3中的比较分析一栏就可以有所启发。笔者

认为目前更多的是要吸收其精华为我们所用，将其演化为我们自己的内生动力，成功的例子可以证明创新才是根本。我们应该借鉴国外成熟的发展经验和运作模式，在学习中成长，同时找到国内外政策环境、用户习惯、互联网发展阶段、技术设施配套程度、上下游产业情况等诸多不同因素，演化出符合中国互联网发展的客观实际、具有中国特色的互联网发展模式。

（2）第二阶段——从"中国模仿"到"模仿中国"

智能手机在中国这个世界第二大经济体的保有量达到了美国的三倍，在如此巨大的市场中，不仅诞生了一批具有较大规模的互联网企业，近几年也发展出了一批独具特色的互联网产品，笔者以不同领域来区分进行比较，如表2.4所示。

表2.4　国内互联网模式创新

领域	模式	创立时间	特点
移动支付	支付宝微信支付	2011年爆发式增长	（1）以移动终端为媒介进行支付，免去了携带现金或银行卡、找零、外汇兑换等诸多麻烦，十分便捷 （2）将钱包与金融紧密结合，实现了随时随地贴身理财，消除了个人理财不便的困难 （3）承担了部分交易担保和信用担保功能 （4）整合了城市服务、商业服务、卡券等多项功能，很大程度上方便了人们的生活
新闻资讯	今日头条	2012年	（1）基于个性化推荐引擎，根据用户的兴趣个性化推荐新闻、音乐、视频、游戏等，实现千人千面的个性化定制资讯 （2）根据用户所在城市自动识别本地信息并精准推送
电商团购	拼多多	2015年	（1）抓住了三、四线城市讲究实用不讲究品牌的消费者，以及经济不宽裕但社交非常丰富的学生群体，打开了中低收入人群网上购物的大门 （2）很大程度上消灭了品牌溢价，因此商品价格普遍较低 （3）通过拼单的方式，拉动了消费者的推荐热情，将消费者变成营销者，省去了大量的营销成本，客观上降低了营销溢价
共享经济	共享单车共享充电宝等	2016年爆发式增长	（1）通过互联网的方式加速信息的传播，从而提升了闲置资源使用权的流转效率，优化社会资源的配置，降低边际成本 （2）后来发展成为一种以租赁为事实的新的商业模式，降低用户的体验和使用成本，提高使用的便利性

领域	模式	创立时间	特点
短视频	快手 抖音	2017年爆发式增长	（1）满足了人们获取资讯的方式由文字向视频转变的需求 （2）短视频的参与门槛更低，所有人都可以参与到短视频的制作和传播中来，任何人都可以成为"网红" （3）短视频巨额流量成为变现的基础，多样化的变现手段让短视频更加商业化和贴近生活 （4）创造了移动互联网新的创业方式
互联网生态	微信小程序	2017年	基于微信开发的跨系统开发解决方案，提出用完即走的理念，不需要下载和安装，是当前非常新的互联网应用形态
互联网生态	阿里巴巴商业操作系统	2018年正式提出	基于数字经济，结合商业、服务、娱乐以及互联网基础设施，打通新零售与新制造以及中间环节，打造全新的企业商业运营模式

中国互联网通过三十多年的发展，实现了从无到有的建设，经历了模仿国外先进的互联网模式发展的过程，从"copy to China"到"copy from China"，不仅将国外模式移植到国内，而且经过不断地学习和成长，实现了对国外模式的超越和"中国模式"的对外输出。与此同时，中国互联网大企业如何在国外落地推广也成为新的值得深思的问题。

互联网已经在深刻改变中国的社会面貌，不断颠覆一个个传统行业，掀起一个又一个机遇与挑战并存的浪潮。

2.1.1.3　关于创建互联网平台的思考

（1）我国已经拥有互联网平台成长的土壤

截至2024年6月，我国网民规模近11亿人（10.9967亿人），互联网普及率为78.0%，近十年来复合增长率达到5.1%。国内市场上移动应用程序（App）总数量已达到265万款，种类涵盖游戏、生活服务、电子商务、办公学习等诸多方面。互联网理财的使用率达到67.3%，网络购物用户占网民总数的88.3%，95.5%的网民使用短视频应用，45.7%的网民使用过网约车……种种数据表明，在中国，互联网已经拥有了深厚的群众基础；同时我国政府在政策层面充分鼓励互联网的发展；此外，一大批互联网先驱企业已经针对市场进行了数年的摸索，积累了丰富的经验。可以说，互联网平台在国内成长的基本条件已经非常成熟，人们对互联网平台的接受度高，愿意使用优质的互联网平台。

（2）国外先进的平台运营模式要与我国国情相结合

过去十余年中，众多互联网平台的发展历程已经告诫我们，直接复制国外先进的互联网平台运营模式或许在某些国家和地区能够取得成功，但在中国特殊的历史文化背景下，照搬国外的思路是行不通的，必须结合国内的政策环境、用户需求和市场趋势进行有针对性的调整，符合我国国情，才有可能获得较快的成长。

（3）国内已经有能力开发大型互联网平台

当前国内互联网平台的发展已经走在世界的前列，在电子商务平台、线上支付平台、共享经济平台等领域甚至已经引领全球发展的潮流。目前全国IT从业人员超过2000万人并仍然以每年15%的速度增长；以BAT为代表的互联网企业纷纷成立研究院，鼓励开展基础技术和算法的研究；一大批投资机构枕戈待旦，期待新的互联网平台创业思路。一些互联网先锋不仅在国内茁壮成长，而且向海外输出。可以说，在国内目前的条件下，人才储备、技术储备以及资金储备均已达到了开发大型互联网平台的要求，并且已经形成了成功案例。

（4）互联网平台应该具有核心竞争力

"互联网+"蓬勃发展，各行各业都在"触网"的跑道上前行，众多的参与者导致互联网平台同质化现象严重，一些平台一味模仿抄袭，这样的平台是不可能长远发展的。先进技术、商业模式、运营思路、用户体验等核心竞争力是一个平台稳步成长的必由之路，是互联网企业在残酷竞争中生存和发展的护城河。

（5）互联网平台要立足长远，走规模化道路

覆盖面广、信息发布和获取的边际成本低廉是互联网平台相比传统媒体而言最大的优势。因此互联网平台的构建必须从长远的角度思考，充分发挥互联网聚沙成塔的效应，充分考虑大规模、大批量运作的实际要求，进一步降低服务成本，并提升平台流量和影响力。

2.1.2　对产业链互联网平台的基本认识

（1）产业链与互联网是最佳拍档

产业链是一个动态的链式组织。该组织依据特有的逻辑关系，由同一产业的不同企业或不同相关联的产业所构成，形成一种复杂的具有某种关联性质的网络。这种产业链网络上的节点就是产业层中最基础的构成单位——企业，企业与企业之间的互相关系（价值关系、技术关系、供需关系、空间关系）形成了网络的点对点连接。可以说，产业链竞争力已经成为国家或地区产业竞争力的重要基础，而产业链竞争力的形成是一个优化产业构成和产业活动组织模式的动态过程。也就是说，产业构成和产业活动组织模式越优化，产业的竞争力就越强，互联网正是一个绝佳的优化手段。

首先，互联网最根本的功能和价值在于连接，理论上互联网可以连接一切，因连接而成网，互联互通，功能交互。互联网的内部存在一个个有形的节点，众多节点连接起来形成一个个链接。节点与节点之间可以进行信息的传输和自我复制、自我组织以及自我繁殖，节点之间的相互作用力和影响力使整体演化出越来越多的功能。互联网节点及其衍生物是互联网最本质的构成与属性。互联网的这种构成属性与产业链的网状结构正好可以无缝对接。互联网中的节点即产业链中的企业，企业与企业之间可以通过互联网进行快速传输各类信息、突破空间地域的限制、自我调节和转换企业之间的关系、技术与知识的交流及时又快速、承载功能多样化、经济效益最大化。

其次，互联网中的诸多节点相互连接成关系网，诸多关系网又连接成平台（platform）。平台是一种有形或无形的空间，它可以促成双方或多方客户之间的交易或提供服务。互联网平台的本质特征就是网络效应，网络效应在经济学中被称为网络外部性（network externality），因为人们生产和使用信息产品的目的是更好地收集和交流信息，所以信息产品存在着互联的内在需要，而这种需要的满足程度与网络规模是密切相关的。如果网络中只有少数用户，他们不仅要承担高昂的运营成本，还只能与数量有限的人进行信息交流和分享使用经验，然而随着用户数量的增加，这种不利于规模经济的情况就会得到改善，所有用户都可能从网络规模的扩大中获得更大的利益，其网络的价值也呈几何级数增长。在这种情况下，我们认为某种产品对一名用户的价值取决于使用该产品的其他用户的数量。简而言之，就是一个互联网平台的规模越大，平台中的企业价值就会越大，所能产生的效益也就不是简单的1+1=2，而是呈指数增长。

（2）传统产业链向信息化产业链转变

传统产业链就像一个金字塔，如图2.1所示，位于底层的是整个产业链的开始端，包括重要资源和原材料的采掘及加工服务等，中间层是供应业、采购、仓储运输、加工原材料和零部件、制造成品和从事生产、服务的行业，这两层决定着某一产业的发展速度，具有原料性、基础性、联系性强的特点。产业链的上层是研发设计、核心技术及新材料研发，这一层属于高附加值、技术与知识密集的环节。一般认为，哪个企业或者哪个国家的产业结构占据了产业链金字塔的顶端，它就是产业链上的最大获利者。经济学家郎咸平教授认为产业升级的本质就是向产业链的高端迈进，并对产业结构进行大整合。

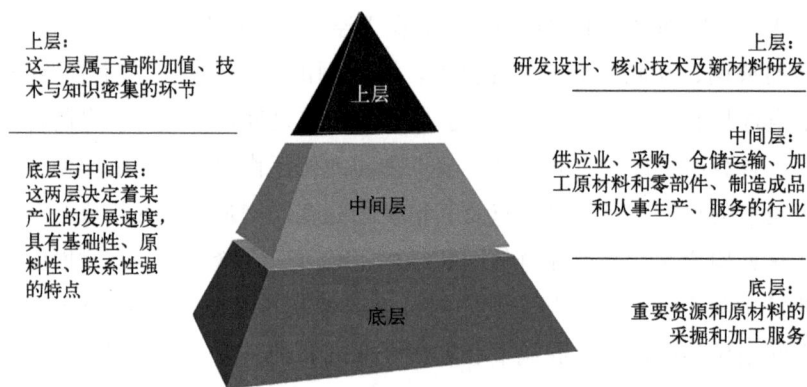

图2.1 传统产业链模式

传统产业链在信息化的狂风巨浪下受到巨大的冲击，这已经是毋庸置疑的事实了，产业链上的每一个环节和每一个企业都在经历着网络信息化的洗礼，被动地转变自身去适应时代的发展。而要实现传统产业链向信息化产业链转变，制造智能化和万物互联的技术基础就是网络实体系统及物联网。未来的产业链愿景是建立一个具备高度灵活性的个性化和数字化产品与服务的生产模式。在此模式中，传统的行业界限不复存在，继而产生出各种新的活动领域和合作形式。由于创造新价值的过程发生改变，最终产业链分工将被重组。

（3）最终实现以人为中心

当前市场竞争加剧的因素有：①对交货期的要求越来越高；②产品品种激

增且需求变化大；③市场价格战愈演愈烈；④对产品和服务的期望越来越高；⑤产品生命周期越来越短。而这些因素有一个关键点，就是都围绕着"人的需求"展开。换言之，谁能最快、最好地满足人的个性化、多样化的需求，谁就能占领市场。在传统产业链中，客户只能被动地"勉强"接受已经生产好的产品和服务，企业也很难得到准确、全面、即时的客户反馈。然而，互联网将这种不良的双向沟通彻底改变，通过互联网的特性，大数据的获取分析、智能化的制造工厂、VR 技术的展示、电子商务的普及让企业可以获取到准确、全面、实时的客户信息，进行多样化、灵活的智能生产，将符合每一个客户个性化需求的产品即时快速地送到客户的手中。产业链互联网平台的最终目标之一就是实现真正意义上的"以人为本"。

（4）完善的"生态系统"

产业链互联网平台既是提供渠道的媒介，也是提供交易机会的中间平台，它的核心价值是建立一个完善的"生态系统"。云制造是该生态系统的核心，其依托生产性服务，构建一个网上企业命运共同体：采用开放的技术体系（以便各入网企业按照统一的技术标准将自身的网络与设备接入网络，所有的网络与设备皆可在网内共享）；开放的商业模式（政府引导扶持入网，企业入网自愿、退网自由）；低成本、高效的管控与支持体系（入网不收费，交易成功需支付网络运行维护与安全保障费）。

2.1.3　创建产业链互联网平台的内外部环境分析

在当前环境下创建产业链互联网平台是否可行？创建的主旨思路和方向是什么？要解决这些问题，就需要对当前的内外部环境做一个全面的分析，得出一个切实恰当的发展策略。拟采用 SWOT 分析法与 PEST 分析法相结合来进行研究。

SWOT 分析法是由美国旧金山大学国际管理与行为科学教授韦里克提出来的，是一种全面系统的经典分析工具。SWOT 分析法是一种对研究对象的内部和外部发展情形进行比较全面、具体、系统、精确的分析方法，通过 SWOT 分析法，根据研究结果制定相应的发展战略、计划及对策等。SWOT 是英语的缩写，S—strength，W—weakness，O—opportunities，T—treats，分别译为优势、劣势、机会、威胁。

SWOT 分析法的原理是：全面研究对象内部的优势和劣势、所处外部环境的机会和威胁，运用系统性的思维方式，利用优势，把握机会，克服劣势，回避威胁，组合成不同的 SO 战略、WO 战略、ST 战略和 WT 战略，从而帮助组织实现长期可持续发展。其中，优劣势分析主要是着眼于自身企业（也可以是某一领域或产业）的实力和与竞争对手的比较，机会和威胁分析则是关注外部环境的变化及对企业（也可以是某一领域或产业）的可能影响。

PEST 则是用于分析外部宏观环境的一种经典方法。PEST 分析模型即宏观环境分析模型，从 4 个关键方面对研究对象进行分析：P 指政治环境（political factors），E 指经济环境（economic factors），S 指社会文化环境（social and cultural factors），T 指技术环境（technological factors）。

将两种分析方法结合起来研究，更加有利于全面地、详细地掌握当前内外部环境情况，有利于积极应对外部环境的状况并把握变化趋势，有利于创建后的产业链互联网平台快速进入市场，在长期生存发展中选择应对策略，及早规避环境可能带来的风险和威胁，最大限度获得投资回报。

2.1.3.1 创建产业链互联网平台的优势（S）与劣势（W）分析

（1）优势分析（strength）

① 企业迫切需要。

当前，我国的产业形态发生了深刻变化。生产组织和社会分工方式向网络化、扁平化、平台化、小微化转型，适应消费者个性化消费需求，大规模定制生产和个性化定制生产日益成为主流制造范式，企业组织边界日益模糊，基于平台的共享经济和个体创新创业获得巨大发展空间。无论企业的规模如何，都不再是信息化革命初期时的被动接受，信息化、智能化的未来趋势已经得到几乎所有人的全面认可，中国企业已经自发主动地掀起了"互联网＋"的热潮。

② 先发优势。

互联网平台企业的典型特征是符合"二八定律"，即市场占有率最多的平台企业分享 80% 的市场份额，其余同类型的平台企业分享剩余的 20% 的市场份额。比如在消费互联网领域的阿里，在即时通讯领域的腾讯，在搜索引擎领域的百度都符合这个特征。从国内和国际竞争来看，哪一方最早进入某一个产业链领域并开始良性发展，在目前的国内和国际市场的占有率上就会取得领先地位，这个领先地位有利于企业或国家在产业链里制定标准，拿到话语权，形成垄断优势。目前，各国都在大力发展产业互联网，从工业 4.0、"互联网＋"等概念正式提出到现在不过几年时间，产业链互联网平台的创建正处于初创期，抓住这个机遇是非常关键的。

③ 学术交流频繁。

各种工业协会、企业研究院、高等学府都在积极地进行各种学术交流与探讨，共同商讨国家产业互联网的未来发展之路，为创建产业互联网平台提供了智力支持。2018 年 12 月 21 日和 22 日，中国产业互联网大会暨宁波产业发展论坛在宁波召开。2019 年 5 月 13 日，腾讯研究院和北京大学国家发展研究院联合主办的"产业互联网与中国经济高质量发展论坛"暨 2019 年国家数字竞争力系列论坛在北京大学召开。大会探讨了：互联网企业如何助力传统产业升级？如何在提升国家核心竞争力中发挥积极作用？与此同时，政策制定者应该如何通过产业政策，对产业互联网的发展进行指导？2022 年由中国钢铁工业协会、上海市商务委指导的钢铁产业互联网大会在上海召开，会议中结合了创新、协调、绿色、开放、共享的新发展理念，参会者就如何利用产业互联网，实现钢铁产业链的智慧化、低碳化、安全化发展等话题进行了专题研讨。2023 年 11 月 25 日，由安徽省工业互联网协会主办的安徽省工业互联网创新发展大会在合肥召开，会议中提出推动长三角地区工业互联网技术创新、产品创新、模式创新和管理创新，提升长三角地区工业互联网的核心竞争力，为长三角地区产业转型升级提供有力支撑，共同打造长三角工业互联网生态圈。2024 年 8 月 28 日，数博会"产业互联网"高端对话在贵阳国际会议中心举行，来自国内外的业界精英以"数据创造价值，创新驱动未来"为主题进行了深入讨论。

近年来，与产业互联网有关的大会报道如雨后春笋般见诸各大网站、报纸和杂志之中。这样的交流有利于在国内形成发展共识，有利于理论体系的建立，有利于帮助各企业认清发展形势，更有利于在将来逐步实现行业标准的统一。

（2）劣势分析（weakness）

① 产业链体系难贯通。

产业链互联网平台是由节点企业连接起来的，每一个企业都希望自己做大做强，都有自己的实际利益需要满足。在传统的企业经营中，企业往往更关注自身发展及竞争对手的状况，而要打造产业互联网则需要企业家站在整个产业链的角度，同时关注上游供应商及供应商的供应商，下游本企业的客户直至终端用户，转型升级为"产业家"。"产业家"需站在整个产业的高度和格局，思考整个产业链的痛点和优化，以及如何通过为产业从业者提供服务创造新的价值，从竞争到竞合，以"利他"思维推动产业共赢。如何互利共赢是所有身处产业链中的企业都需要解决的难题。

②内部竞争激烈。

a. 龙头企业牵头，行业类型繁多。

随着产业互联网平台的蓬勃发展，越来越多的国内外行业或者企业相继入局。其中主要可以分成三派：以阿里、谷歌、微软、AWS等为代表的互联网派，以国外的GE、西门子、施耐德电气等为代表的工业派，以行业内龙头大企业牵头创建产业互联网平台的创业派。就拿目前炙手可热的"工业互联网平台"来说，几年内就如雨后春笋般冒了出来，目前国内较知名的工业互联网平台如表2.5所示。

表2.5　目前国内较知名的工业互联网平台

来源	企业	平台名称
传统制造企业孵化	航天科工	INDICS工业互联网平台
	海尔	COSMOPlat工业互联网平台
传统制造企业孵化	三一重工集团	树根工业互联网平台
	徐工	汉云工业互联网平台
IT软件企业打造	用友	精智工业互联网平台
	浪潮	M81工业互联网平台
互联网企业建立	阿里	ET工业大脑开放平台
	腾讯	木星工业互联网平台

除此之外，从产业类型来看，产业链互联网平台也很繁多，如大易有塑（塑料产业链平台）、科通芯城（IC元器件流通平台）、泰德煤网（煤炭供应链管理服务平台）、钢银电子商务（钢铁现货交易平台）等。

b. 各自为政，无统一的标准。

由于产业链互联网平台涉及行业广泛，各领域的企业都充分认识到产业链互联的战略价值，纷纷入局产业链互联。从全产业链贯通来看，经营端和销售端在几十年的互联网发展热潮中已经具备了一定的产业基础，且对统一标准的要求不高，当前位于中游的制造尤其是工业制造成为最薄弱的环节，但也是最为重要的一个环节。这也是我国大力发展工业互联网的初衷，补短板，利用互联网为手段，高新科技为支撑，智能化为导向，将全产业链打通形成优质的、可持续发展的产业愿景。然而，在互联网制造端要形成整合，统一标准就是最大的拦路虎。

当前，我国主流平台主要通过强强联合、兼并收购、开源社区、垂直产业深耕、政府合作等方式推进互联网平台能力建设、资源整合和业务扩张，逐步形成互联网工业制造端的生态，如表2.6所示。

表2.6　各行业纷纷布局互联网工业制造端

入局方式	代表企业
制造龙头企业孵化，建设自己的工业互联网	富士康、航天科工、中船工业、三一重工、海尔、美的等
传统制造业方案服务商转型为工业制造互联网解决方案服务商	华为、徐工信息、宝信、石化盈科等
软件企业强化工业机理模型，加速互联平台开发	东方国信、用友、金蝶、索为等
互联网平台龙头企业向工业制造领域拓展，推出或合作共建互联网平台	阿里、腾讯等
初创企业为解决特定产业制造领域痛点应运而生	优也、寄云、天泽智云、昆仑等

从平台发展的整体情况来看，当前全球的产业链互联网平台处于发展初期，各种平台独立研发、建设、发展、运行和服务的相关技术标准与规范都没有建立，这无法满足平台长期有序发展的需求。

在工业制造互联领域，工业互联网产业联盟早在2016年发布了《工业互联网标准体系框架（版本1.0）》，在产业互联网标准体系框架中，平台与支撑标准是重点标准化方向之一。因为平台提供服务的对象是不同的产业应用场景，其在业务需求、架构、接口、功能、应用等方面都涉及众多的关键技术，所以急需在产业互联网标准体系框架的总体指导下，针对工业互联网平台制定细化的标准框架，来明确工业互联网平台发展的总体思路、重点标准化方向、基本原则及标准化推进建议等。目前，由于数据采集接口、数据转换与互认、应用开发部署、应用系统间互操作等平台发展关键技术还缺乏统一的标准，造成了各个平台各自为战，这就制约了平台规模化发展。同时，全球产业互联网平台相关标准的竞争也在加剧，平台相关的接口协议、数据互认等标准正在成为全球标准化布局的重点，人工智能、边缘计算等创新领域的全球标准化布局的竞争也在加剧，开源理念正在向工业互联网平台延伸。因此，我国急需围绕工业制造互联网平台相关的技术标准，加快标准化进程，加紧战略布局，协同推进国内与国际标准的制定。

2.1.3.2　创建产业链互联网平台的机会（O）与威胁（T）分析

（1）机会分析（opportunities）

① 政治环境。

a. 国家政策实施，各方积极响应。

政策明确，中央主导制造升级。2020年3月6日，工信部发布《关于推动工业互联网加快发展》的通知，推动工业互联网在更广范围、更深程度、更高水平上的融合创新，培植壮大经济发展新动能，支撑实现高质量发展。2021年11月17日，工信部印发《"十四五"信息化和工业化深度融合发展规划》，提出到2025年形成平台企业赋能、大中小企业融通发展的新格局。2023年12月28日，工信部等八部门联合印发《关于加快传统制造业转型升级的指导意见》，推动工业互联网与重点产业链"链网协同"发展，充分发挥工业互联网标识解析体系和平台的作用。

产业链互联网平台利用物联网、云计算、大数据、人工智能等互联网技术，打造数字时代各垂直产业的新型基础设施，通过整个产业链的资源整合和价值链优化，降低整个产业的运营成本，提高整个产业的运营质量与效率，成为推动传统产业转型升级局部瓶颈突破、供应链整合优化、产业生态重构、协同创新与融合发展的重要路径。在各个实体产业中，通过构建产技融合协同的产业互联网平台，推动产业链优化升级、促进区域经济转型发展已成为大势所趋。

b. 地方政府引导，区域发展迅速。

区域性产业互联网平台前期推广得到了各地方政府的鼎力支持，发展较为迅速。如我国重要的先进制造业基地长三角地区，浙江省早在2017年4月即推出了"十万企业上云行动计划"，江苏省和上海市也分别于2017年12月和2018年12月印发了《加快推进"企业上云"三年行动计划的通知》及《上海市推进企业上云行动计划（2018～2020年）》。又如我国的京津冀地区，天津市和北京市分别于2018年9月及2018年12月印发了《天津市加快工业互联网创新应用推动工业企业"上云上平台"行动计划（2018～2020年）》与《北京工业互联网发展行动计划（2018～2020年）》，河北省也分别于2018年9月和

2022 年 5 月印发了《河北省企业上云三年行动计划（2018～2020 年）》及《河北省"十万企业上云"行动计划（2022～2025 年）》。在全国范围内，目前已经有 25 个省市针对制造业企业上云提出了各类发展计划，如表 2.7 所示。

表 2.7　各省市企业上云计划

省份	发布时间	文件内容
浙江	2017 年 4 月	《浙江省"企业上云"行动计划（2017 年）》
山东	2017 年 10 月	《山东省实行"云服务券"财政补贴助推"企业上云"实施方案（2017～2020 年）》
江苏	2017 年 12 月	《加快推进"企业上云"三年行动计划的通知》
湖南	2018 年 2 月	《湖南省中小企业"上云"行动计划（2018 年）》
广东	2018 年 3 月	《广东省支持企业"上云上平台"加快发展工业互联网的若干扶持政策（2018～2020 年）》
重庆	2018 年 5 月	《重庆市深化"互联网先进制造业"发展工业互联网实施方案》
河南	2018 年 5 月	《河南省"企业上云"行动计划（2018～2020 年）》
四川	2018 年 5 月	《四川省"两化深度融合，万家企业上云"行动计划（2018～2020 年）》
山西	2018 年 6 月	《山西省"企业上云"行动计划（2018～2020 年）》
福建	2018 年 6 月	《福建省加快推动企业"上云上平台"行动计划（2018～2020）》
甘肃	2018 年 7 月	《甘肃省工业互联网发展行动计划（2018～2020 年）》
江西	2018 年 8 月	《江西省人民政府关于深化"互联网先进制造发展工业互联网的实施意见"》
宁夏	2018 年 8 月	《自治区人民政府关于加快"互联网＋先进制造业"发展工业互联网的实施意见》
广西	2018 年 8 月	《广西壮族自治区"企业上云"行动实施方案》
天津	2018 年 9 月	《天津市加快工业互联网创新应用推动工业企业"上云上平台"行动计划（2018～2020 年）》
湖北	2018 年 9 月	《湖北省"万企上云"工程工作方案（2018～2020 年）》
河北	2018 年 9 月	《河北省企业上云三年行动计划（2018～2020 年）》
贵州	2018 年 9 月	《贵州省实施"万企融合"大行动打好"数字经济"攻坚战方案》
黑龙江	2018 年 11 月	《黑龙江省推动企业上云实施方案》
上海	2018 年 12 月	《上海市推进企业上云行动计划（2018～2020 年）》

第 2 章　产业链互联网平台基础理论与系统架构模式分析

省份	发布时间	文件内容
北京	2018 年 12 月	《北京工业互联网发展行动计划（2018～2020 年）》
广西	2019 年 8 月	《广西壮族自治区企业上云行动计划（2019～2020）》
辽宁	2019 年 9 月	《大连市企业上云三年行动计划（2019～2021 年）》
河南	2021 年 9 月	河南省"企业上云上平台"提升行动计划（2021～2023 年）
河北	2022 年 5 月	《河北省"十万企业上云"行动计划（2022～2025 年）》

注：资料来源于浙江、山东、江苏、上海、北京等地经信局网站、天风证券研究所。

可见，在国家的政策导向之下，地方政府积极响应，发动地域内的大企业参与其中，形成了合力，为产业链互联网平台的创建保驾护航。

② 经济环境。

a. 金融资本支持，市场规模扩大。

互联网平台一直是金融投资的热土，也是由于大量资本的支持才出现了如淘宝、腾讯这样的现象级平台企业。目前，60% 以上的世界知名企业使用的是平台型商业模式，90% 估值超过 10 亿美元的独角兽企业使用的也是平台型商业模式。随着国家政策的引领，从产业链的角度来看，金融资本必会向工业制造的互联网领域转移。消费互联网二十年，是互联网平台辉煌的二十年，在未来三十年，必将是产业平台再创辉煌的三十年。由赛迪顾问发布的《2022～2023 年中国工业互联网市场研究年度报告》指出：2022 年中国工业互联网市场规模达到 8647.5 亿元，增长率为 13.6%；在产业政策的持续推动下，工业互联网平台筑基赋能作用凸显，平台市场增长迅猛，预计到 2025 年中国工业互联网市场规模将超过 12688.4 亿元。2015～2025 年中国工业互联网市场规模及增长率走势如图 2.2 所示。

由以上数据可以看出：与互联网平台相关的项目仍旧持续吸引大量资金流入，这就为创建产业链互联网平台提供了巨大的经济支持。

③ 社会环境。

a. 迎来个性化需求模式。

生产组织和社会分工方式向网络化、扁平化、平台化、小微化转型，适应消费者个性化消费需求，大规模定制生产和个性化定制生产日益成为主流制造范式，企业组织边界日益模糊，基于平台的共享经济和个体创新创业获得巨大发展空间。从经济理论视角看，现代产业体系的效率源泉正在从规模经济主导转向范围经济主导。在网络效应的加持下，个性化得以实现，人们的生活方式从满足基本物质需求向满足精神需求转化。

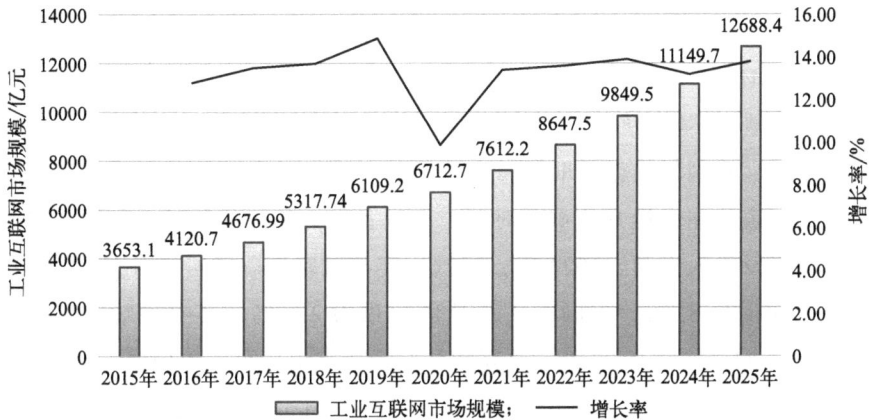

图 2.2 2015～2025 年中国工业互联网市场规模及增长率走势

b. 生活方式与互联网结合得更密切。

中国互联网络信息中心（CNNIC）发布第 54 次《中国互联网络发展状况统计报告》（以下简称《报告》）。《报告》显示，截至 2024 年，我国网民规模达 10.9967 亿人，较 2023 年 12 月新增 742 万人，互联网普及率达 78.0%，较 2023 年 12 月提高了 0.5 个百分点。我国手机网民规模达 10.96 亿人，网民中使用手机上网的比例为 99.7%。

截至 2024 年 6 月，我国 IPv6（互联网协议第 6 版）地址数量为 69080 块 /32，较 2023 年 12 月增加 1.5%；域名总数为 3187 万个，其中 ".cn" 域名总数为 1956 万个。在 IPv6 方面，我国正在多方面持续推动 IPv6 大规模部署，如网络基础设施升级，规范地址分配管理，强化追溯体系构建，安全保障能力升级，应用生态拓展，进一步规范 IPv6 地址分配与追溯机制，有效提升 IPv6 安全保障能力，从而推动 IPv6 的全面应用；在域名方面，自 2016 年以来，我国域名发展进入优化升级阶段，2018 年，我国域名技术在多个领域取得进展，像 "网域" 系列构建自主可控软硬件体系在极大程度上削减了对外依赖，中国互联网络信息中心将单节点解析性能提至千万量级 QPS（每秒查询率）来应对流量增长，还深度挖掘了关键技术筑牢安全防线，协同本地与分布式缓存、普及智能负载均衡、精进预解析提升效率。显著提升了我国自主可控，优化性能以应对高并发流量，筑牢安全防线等方面的能力。

我国互联网基础设施的建设也在不断优化，提速降费政策稳步实施，移动互联网接入流量显著增长，网络信息服务向着扩大网络覆盖范围、提升速度、降低费用的方向不断发展。出行、医疗、金融、家电、环保等行业与互联网融合程度加深，互联网服务呈现精细化和智慧化的特点。

④技术环境。

a.国内整体环境向好。

近年来，我国科技创新取得重大进展，正处于从量的积累向质的飞跃、从点的突破向系统能力提升的重要时期，已具备发力加速的基础。我国已成为全球第二大研发投入大国。2023年，我国研究与试验发展经费投入总量为33278亿元，同比增长8.1%，占国民生产总值比重为2.64%，其中基础研究经费为2212亿元，同比增长9.3%，占研究和开发经费支出比重为6.65%，同时连续6年超过6%，居发展中国家首位，超过欧盟各国的平均水平；国际科技论文总量居世界第二，国际科技论文被引量首次超过德国和英国，跃居世界第二。2023年，我国在各学科最具影响力的期刊上发表的论文数为14227篇，占世界总量的27.7%，世界排名第一。其中国际科技论文被引量为81.89万次，居世界第一。我国发明专利申请量和授权量分别为167.8万件、92.1万件，居世界第一，有效发明专利保有量居世界第三。我国有效发明专利保有量499.1万件，是世界上首个国内有效发明专利数量突破400万件的国家，居世界第一。我国与创新型国家的差距缩小，根据世界知识产权组织发布的《2017年全球创新指数报告》，我国创新排名升至第22位，比2013年提升了13位，成为前25名中唯一的非高收入经济体。根据《国家创新指数报告2022～2023》，2023年我国国家创新指数综合排名世界第10位，较上期提升3位，是唯一进入前15位的发展中国家。此外，根据《2024年全球创新指数报告》，我国在全球的创新力排名第11位，而在2023年9月27日世界知识产权组织发布的《全球创新指数2023》报告中，我国大陆创新指数位列全球第12名。

我国在载人航天和探月工程、载人深潜、深地钻探、超级计算、量子通信、高速铁路、水电装备、特高压输变电、对地观测卫星、北斗导航、电动汽车、大飞机等重大装备和战略产品方面取得重大突破，部分产品和技术开始走向世界。战略高新技术的重大突破，为产业转型升级创造了有利条件。在智能终端、无人机、电子商务、云计算、互联网金融、人工智能等领域崛起了一批具有全球影响力的创新型企业。2017年，全球研发投入最高的2500家企业中，我国有 376 家，居全球第三。

企业参与市场竞争的能力增强。企业创新主体地位明显增强，企业在全社会研发投入金额、研究人员数量和发明专利数量的占比均超过 70%。根据欧盟委员会 2023 年发布的《2023 年欧盟工业研发投资记分牌》，在全球研发投入最高的 2500 家企业中，我国有 679 家，居全球第二，研发投入金额为 2222 亿欧元，占全球总研发投入的 17.8%，研究人员数量和发明专利数量的占比均超过 70%。

b. 信息、智能技术发力。

产业链互联网是基于大数据技术和云制造技术发展成熟的互联网平台。目前，大数据技术、云制造技术都处于发展的井喷期，其各项技术环境都支持产业互联网平台发展。在近 5 ～ 10 年内大数据技术得到快速发展，在一些领域已经达到了成熟应用级别，大数据技术的发展与物联网、云计算、人工智能等新技术领域的联系变得更加紧密，物联网的发展将极大提高数据的获取能力，云计算与人工智能将深度融入数据分析体系，融合创新将会不断地涌现和持续深入。同时，云制造技术也在多个方面实现普及和应用，云制造本质上就是通过互联网将制造资源"云"化而实现资源的优化配置和共享。我国已经成为当今世界上拥有制造加工资源最丰富的国家，在此背景之下，针对制造资源分散和利用率不高的问题，可以利用信息技术、虚拟化技术、物联网等先进技术，建立面向区域的加工资源共享与服务平台，来实现区域内加工制造资源的高效共享与优化配置，从而促进区域制造业发展。

我国人工智能产业起步相对较晚，但产业规模增长速度较快，面向场景的应用数量具有明显优势，目前已经形成了包括基础支撑、核心技术和应用场景在内的三个主要架构体系。iiMedia Research 数据显示，2016 年我国人工智能的产业规模已突破 100 亿元，增长率达到 43.3%。在企业数量方面，截至 2017 年 6 月，我国人工智能企业数量为 592 家，其中基础层、技术层与应用层的比例约为 1 ：20 ：22。2023 年我国人工智能的产业规模已达到 5784 亿元，增速达到 13.9%。在企业数量方面，我国人工智能企业数量已超过 4500 家，根据《中国新一代人工智能科技产业发展报告（2024）》，我国人工智能企业中基础层占 9.93%，技术层占 22.84%，应用层占 47.81%。

我国三大运营商均以 5G 部署正式商用为目标，5G 技术现已迈入商用部署的新阶段。截至 2024 年 11 月，我国 5G 发展成绩突出。在网络建设上，基站总数达 419.1 万个，净增 81.5 万个，占比提升，"县县通 5G"，行政村通 5G 超过 90%，重点场所深度覆盖；用户端，5G 移动电话用户达 10.02 亿户，占移动电话用户半数以上，普及率超过 60%；应用拓展更是多方面取得成就，融入 80 个国民经济大类，超过 10 万个应用案例，5G+ 工业互联网项目超过 1 万个赋能传统产业，且与人工智能融合，5G-A+AI 智能手机拓宽场景，全方位推动 5G 迈向新阶段，进一步推动互联网创新创业发展，稳固全球 5G 领先地位。2019 年，基础电信运营企业将就 5G 系统试验的基站进行部署，开展 5G 系统基站与同频段、邻频段卫星地球站等其他无线电台站的干扰协调工作，确保各类无线电业务兼容共存，促进我国 5G 产业的健康快速发展。截至 2025 年 4 月末，我国 5G 基站总数达到 443.9 万个，占全球比重的 60% 以上。5G 移动电话用户达到 10.81 亿户，占移动电话用户的近六成。在全球范围内，为 95 个国家（地区）的 256 家网络运营商提供商用 5G 服务，5G 人口覆盖率约为 30.6%。

（2）威胁分析（threats）

① 国际环境。

a. 各国政府积极推动。

产业互联网是信息通信技术与工业深度融合的重要基础设施、全新工业生态和应用模式，通过人、机、物的互联互通，实现全要素、全产业链的全面连接，将推动形成全新的工业生产制造和服务模式，是第四次工业革命的重要支撑和关键基石。近年来，多数国家都在通过战略引导、资金支持、协同发展等手段，加大对其发展的支持力度。

2012 年以来，美国商务部累计投资超过 10 亿美元建立了 14 家制造业创新中心，汇聚了产学研用各方合力推动先进制造业重点领域的技术发展和产业应用。2018 年，美国国防部牵头建立的数字制造与设计创新中心（DMDII），将与产业互联网相关的技术研发及产业化作为投资重点。2019 年初，白宫发布了未来工业发展规划，将先进制造、人工智能、量子信息和 5G 列为政府支持的重点，寻求通过对现行法律法规的调整，进一步加大联邦政府在相关领域的投资，带动产业的发展。2019 年 2 月，国防部又与 DMDII 签订了 6000 万美元的合约，支持其转型为独立机构，全面推进互联网与制造业融合的相关技术研发和应用。2024 年，白宫发布指南，要求联邦机构任命首席人工智能官来管理人工智能风险。2024 年 10 月，OpenAI 以 1570 亿美元的估值完成了一轮总规模 66 亿美元的新融资，并从银行获得 40 亿美元的循环信贷，流动资金达到 100 亿美元。2024 年 12 月，埃隆·马斯克的人工智能公司 xAI 完成了一轮 60 亿美元的融资，累计融资总额达到 120 亿美元，估值翻倍至 500 亿美元。

2013 年，德国率先提出了"工业 4.0"战略，其内涵和范畴与产业互联网所代表的数字化发展方向一致。随后，这个战略得到了其他欧盟成员国的响应和支持，法国、意大利、英国、瑞典等国家都先后发布了本国的工业数字化发展计划或愿景，积极与工业 4.0 对接。波兰、意大利、西班牙等国家也都在政府预算中专门列入为产业数字化发展提供支持的内容。2016 年以来，产业数字化已经成为数字化单一市场建设的重要内容，获得了欧盟绝大多数成员国的广泛认同。为了进一步协调各成员国之间的发展进程和规划，欧盟积极统筹各成员国的发展政策。2016 年 4 月，欧盟委员会启动了数字化欧洲工业行动计划（2016～2020 年）（digitising European industry，DEI），将其作为数字单一市场战略的一部分，不断持续更新，对工业 4.0、智能工业和未来工业等各种国家工业数字化计划进行补充，利用政策工具、协调和立法权力，进一步激发所有工业部门的公共和私人投资，为数字工业革命创造框架条件，并为工业数字化发展提供了大规模稳定的资金保障，在数字化创新、数字创新中心建设、下一代电子元器件生产和欧盟云计划四大方向，累计带动 500 亿欧元的支持。2023 年 6 月欧洲议会通过《人工智能法案》谈判授权草案，并在同年 11 月法国、德国和意大利数字监管部门就《人工智能法案》框架下的未来 AI 监管达成协议，标志着欧洲看待和塑造 AI 未来方式的转折点。2024 年 5 月，欧盟国家正式批准《人工智能法案》，于 2025 年初生效并于 2026 年实施，其中某些条款将在 2024 年内生效。

2015 年以来，日本政府更加重视物联网、人工智能等第四次工业革命的技术革新与产业的融合，其中制造业更是发展的重中之重。2015 年发布的《新机器人战略》提出，建设具有高价值产品附加值的生产系统，并实现在全球范围内对数据等关键资源高效、灵活的操作和配置，这对保持日本生产技术在全球的领先地位至关重要。2016 年发布的《制造业白皮书》提出，要鼓励制造业利用信息技术来提升生产率、拓展新业务。2017 年，在德国汉诺威 CeBIT 展会上，安倍首相首次官方提出了"互联工业（connected industry）"，正式宣告日本将积极融入新一轮全球工业互联网发展大潮中。随后，日本与德国签署了《汉诺威宣言》，宣言指出两国将通过优势互补和全面合作实现共同发展。2018 年的《制造业白皮书》再次强调了"互联工业"对于日本把握第四次工业革命重大机遇的重要性。除了战略层面一以贯之的整体部署外，日本政府还为工业互联网相关技术研发、中小企业应用普及、人才培育等方面提供了大规模的资金投入。2019 年的预算概要中，日本科技领域的预算额度增长 13.3%，达 4.35 万亿日元，其中人工智能人才的预算为 133 亿日元。日本 2024 财年科学技术振兴费用达到了 1.4092 万亿日元，较 2023 年增加了 150 亿日元；在人工智能方面，为确保生成式 AI 模型的透明性和可靠性，预计将在国立情报学研究所设立研究基地，新增拨款 7 亿日元，补充预算为 42 亿日元；在科学研究基础模型的开发和共享方面，新增了 17 亿日元的拨款，补充预算为 122 亿日元。

由以上数据可以看出，各国政府都在大力支持本国产业互联网的发展，政策的导向是非常明显的，各国政府和企业势必会争先恐后地抢占未来的制高点。

b. 国际竞争白热化。

产业互联网作为信息通信技术与现代工业深度融合的产物，是全球新一轮产业竞争的热点，正成为企业间竞争和全球产业布局的新方向。当前，以 GE Predix、西门子 MindSphere、树根互联 ROOTCLOUD、卡奥斯 COSMOPlat 等为代表的工业互联网平台正成为制造业领军企业的必争之地，其实质就是基于操作系统整合各方资源和构建产业生态来巩固企业的垄断地位。近年来，制造业领军企业 GE、西门子等持续推进数字化、网络化、智能化转型，围绕"智能机器 + 工业互联网平台 +App"开展兼并与重组、业务转型和模式创新，整合用户资源、平台提供商和应用开发者，抢夺工业大数据入口的主导权，培育海量开发者，提升用户黏性，构建基于工业互联网平台的制造业新生态，进而巩固和强化它们的垄断地位。根据中研普华产业研究院的《2024 ～ 2029 年工业互联网产业现状及未来发展趋势分析报告》预计，到 2025 年，全球工业互联网市场规模将达到 1.2 万亿美元左右。目前正是产业互联网平台规模化扩张的战略窗口期，对我国而言，工业互联网平台的发展机遇稍纵即逝。

一方面，西方主导的产业互联网平台加紧进入中国市场，并在诸多领域进行战略布局。另一方面，国内又缺乏类似 GE、西门子这样的产业巨头，不具备整合控制通信协议、系统、生产装备等各类资源的能力。国内平台局限于垂直细分领域，而在数据分析平台的搭建、开发者社区建设、商业模式创新能力上还十分薄弱。在竞争中，社会资源和全球生产要素配置能力较弱，对国际产业分工、国际贸易格局与全球化影响力弱于国外的类似平台。但我国也抓住了机会，近年来重视工业互联网的发展，出台了一系列政策文件，在产业规模和技术创新等方面取得了一定的成就。

② 经济环境。

a. 世界经济存在不确定性。

近年来，我们每个人都能感受到我国所面临的外部经济环境变得更加严峻和复杂。贸易保护主义、孤立主义、逆全球化抬头，国际经济与科技竞争空前激烈，由一些发达国家主推的国际贸易和投资新规则广泛涉及知识产权、市场准入、关税、政府补贴以及国企、环境、劳工等内容，使国际经济金融形势变得高度复杂。阿根廷、土耳其等新兴经济体都陷入货币危机，全球经济出现较大不确定性，各经济体的经济增速预期都有不同程度的下调，外部经济环境总体趋紧。

b. 国内经济下行压力巨大。

我国当前经济运行仍存在不少困难和问题，2018年去杠杆工作导致信贷收缩，企业融资环境恶化，金融风险凸显。金融去杠杆带来的信贷收缩，导致民营企业和小微企业的融资难、融资贵，股市震荡下行，股权质押等问题一一显现。市场紧张情绪突出，叠加中美贸易摩擦存在巨大不确定性，导致宏观经济下行压力巨大。在持续推进对外开放的基础上，更加需要国内深化改革取得新的突破。当前金融业的市场结构、经营理念、创新活力、监管体系和服务水平与经济高质量发展的要求是不相符的，结构性的矛盾和问题仍然十分突出。解决这些矛盾的关键在于推进供给侧结构性改革，我国经济与金融的高质量发展都需要、也只能向供给侧结构性改革要动力。国内近几年经济面临着诸多压力与问题，像有效需求不足，消费和投资增长动力不够强劲；部分行业产能过剩，传统产业比如钢铁、水泥等产能相对过剩问题突出，新兴产业也存在局部产能过剩风险。社会预期偏弱，企业和居民对未来经济发展信心不足，影响经济活力。风险隐患较多，地方政府债务风险、房地产市场风险等对经济稳定运行产生影响。同时，国内大循环存在堵点，资源配置效率有待提高。此外，还面临着人口老龄化带来的劳动力减少等问题，而外部环境中，中美贸易摩擦、地缘政治风险等也增加了经济发展的不确定性。

③ 社会环境

a. 人机关系改变。

数字技术的普及，对劳动力结构转型产生了重要影响。自动化设备对劳动的替代，导致劳动力市场的两极分化，即程序化工作的需求减少，非程序化工作需求增加。由此引发以非程序化工作为主的就业增加，而以程序化工作为主的就业减少。人与机器将从以往的互补关系变成替代关系，人们将进入"与机器赛跑"的时代。

b. 适应"智能"社会。

我们经常说的产业互联网，从本质上讲就是除了要"连接"人与人、人与商品、人与信息以外，还要连接机器设备、应用系统、企业组织、社会、政府、供应商、客户等，最终实现真正的万物互联的生活。可以预见，我们的生活方式和社会结构也必然会随之改变，幸而这样的改变不是骤然发生的，它需要一定的时间。但不可避免的是这样的改变对整个社会普遍人群的知识水平结构是有要求的，因此，社会整体知识结构的提升也是一大挑战。未来，人们将不得不去适应"智能"社会所带来的一系列变革。

④ 技术环境

a. 向研发端扩张阻力大。

研发环节处于产业链的上游。在产业链打造的过程中，如果占据了产业链的上游，就意味着掌握了某一产业的核心技术，同时如果这项技术具有国际意义，那么这项技术就是先发技术，就成为公认的国际标准，在产业价值链上就具有较高的价值分量。因此对于一些高技术含量的基础性、战略性产业链，占领研发上游还具有国家战略意义。建立良性的研发机制并占据研发上游对于我国而言，首先遇到的问题是产业链向研发上游扩张并且取得成功的机会很少，因为上游往往会有先发国家设置的难以逾越的障碍，其次是需要巨额的资金投入。

产业链互联网平台是一个涵盖信息技术与工业技术的综合体系，需要全面而强大的基础支撑。我国全产业链互联网平台尤其是工业互联网建设基础还十分薄弱，体现在：平台构建能力不强，工业领域的行业机理、工艺流程、模型方法经验和知识积累不足，导致平台在功能完整性、模型组件丰富性等方面发展滞后；产业基础薄弱，平台发展所必需的智能感知、自动控制、智能装备、网络连接等基础性产业高度依赖国外；工业 App 开发能力急需提升，开源社区建设滞后，工业 App 开发与工业用户相互促进、双向迭代的产业生态尚未形成。

b. 企业间存在数据壁垒。

我国的互联网技术、云计算、人工智能产业在底层技术上的积累依旧薄弱，在计算机视觉、语音识别、自然语言处理等方面均已达到甚至超越美国的水平。但在具有自主知识产权的底层技术与理论方面的积累则比较薄弱，核心环节依然面临受制于人的尴尬局面。其中，最关键的人工智能的发展，离不开海量数据资源的训练与高效可靠的算力支撑，虽然国家和地方均出台了推动数据开放共享的相关政策，把推动政府数据与公共数据的集聚、开放、共享作为当前重点任务，但我国数据资源的开放共享程度仍然较低，企业之间存在明显的数据壁垒，数据壁垒有待破除。

c. 安全保障是重点。

2019 年以来，IoT（物联网）、5G、IPv6、卫星互联网、人工智能等技术不断发展，在为各行业带来变革机遇的同时，也出现一系列严峻的网络安全问题。一方面，边缘侧与基础设施沦为攻击热点。2022～2023 年，DDoS（分布式拒绝服务）攻击变得活跃，呈现出攻击量升高、复杂度显著提高、频率大幅增加的态势。进入 2023～2024 年，基础设施所面临的攻击威胁有增无减，云技术的广泛普及让企业遭受 DoS（拒绝服务）攻击等云风险的概率大增，攻击面持续扩大。与此同时，随着边缘计算稳步推进，海量的计算任务以及频繁的数据交互逐步迁移至用户侧设备上完成，这使得用户侧设备成为网络攻击的重点目标。回顾 2023 年瑞星报告发现，勒索软件、挖矿病毒、APT 攻击等网络安全威胁影响严重，而用户侧设备往往是这些攻击的直接或间接受害者。另一方面，近年来人工智能在各行各业得到广泛应用，与此同时安全隐患也会出现，像深度伪造技术、黑产大语言模型、恶意 AI 机器人、自动化攻击，这些正严重威胁着网络安全环境。

产业链互联网安全主要涉及控制系统、网络、数据、设备、平台、应用等方面的管理手段和防护技术，我国现有的面向公网或专网的安全技术及管理标准尚不能满足工业互联网跨网络、跨领域与跨地域的全面综合性安全保障需求。

2024 年 10 月 9 日公开发布的《中共中央办公厅、国务院办公厅关于加快公共数据资源开发利用的意见》强调要在维护国家数据安全、保护个人信息和商业秘密的前提下，推动有序开发利用。从制度建设、能力建设和过程管理三个方面提出要求，包括加强统筹管理，建立健全数据分级分类等工作体系；鼓励技术创新，支持数据加密等技术应用；强化全过程管理，确保开发利用过程可管、可控、可追溯，涉及个人信息的公共数据要严格落实《中华人民共和国个人信息保护法》。此外，2024 年 9 月 30 日公布《网络数据安全管理条例》，该条例自 2025 年 1 月 1 日起施行。可见，无论是学术界还是行业内部，整个社会对于个人信息保护的重要性都有了充分的认识，个人信息保护立法规划被提上日程，个人信息保护领域的立法空白现状将得到有效解决。

d. 统计监管制度需完善。

2017 年 12 月 8 日，习近平总书记在中共中央政治局就实施国家大数据战略进行第二次集体学习时强调，要制定数据资源确权、流通、开放、交易的相关制度，完善数据产权保护制度，加快完善数字基础设施，推动实施国家大数据战略，推进数据资源整合和开放共享，保障数据安全，加快建设数字中国，更好地服务我国经济社会发展和人民生活改善。

在数据确权领域，人民数据于 2024 年 7 月基于 108 项实质审查标准，向相关单位发放"数据资源持有权证书""数据加工使用权证书"和"数据产品经营权证书"，但整体上对数据权属定义未达成共识，数据产权转让挑战严峻，准确的数据分类与性质判定是数据权利设定和保护的根基，比如数据权属不明晰、使用规则有待细化、滥用保护及救济措施不足等问题尚未解决；与此同时，在产业链互联网安全标准方面，2024 年国家市场监督管理总局（国家标准化管理委员会）发布了 3 项工业互联网企业网络安全系列国家标准，包括《工业互联网企业网络安全 第 1 部分：应用工业互联网的工业企业防护要求》等，并于 2025 年 1 月 1 日正式实施，不过现阶段相关标准多集中于工业控制系统领域，为推动产业链互联网蓬勃发展，仍需全方位开展产业链互联网安全技术研究与标准制定工作，以契合数字经济时代的需求。

2.1.3.3 SWOT 与 PEST 联合分析矩阵

一个发展战略的制定，必须对上文所述的诸多内外部环境因素进行综合的分析，通过归纳整理，找出需要解决的主要问题。制定战略时主要考虑把资源和行动聚焦在自己的强项及有最多机会的方面，实施战略时重点解决这些主要问题。现把上文中的所有因素整合成表 2.8 的联合分析矩阵。

表 2.8 SWOT 与 PEST 联合分析矩阵

<table>
<tr><td colspan="2" rowspan="2"></td><td colspan="2">内部环境</td></tr>
<tr><td>优势（S）</td><td>劣势（W）</td></tr>
<tr><td colspan="2">外部环境</td><td>S1 企业迫切需要
S2 先发优势
S3 学术交流频繁</td><td>W1 产业链体系难贯通
W2 内部竞争激烈</td></tr>
<tr><td colspan="2">机会（O）</td><td rowspan="4">SO 战略
（1）内部优势可以利用外部机会；
（2）企业扩张型战略</td><td rowspan="4">WO 战略
（1）内部劣势导致无法利用外部机会；
（2）扭转劣势型战略</td></tr>
<tr><td>P</td><td>O1 国家政策实施，各方积极响应
O2 地方政府引导，区域发展快速</td></tr>
<tr><td>E</td><td>O3 金融资本支持，市场规模增加</td></tr>
<tr><td>S</td><td>O4 迎来个性化需求模式
O5 生活方式与互联网更密切</td></tr>
<tr><td>T</td><td>O6 国内整体技术环境向好
O7 信息、智能技术发力</td><td></td><td></td></tr>
</table>

外部环境	内部环境	
	优势（S）	劣势（W）
	S1 企业迫切需要 S2 先发优势 S3 学术交流频繁	W1 产业链体系难贯通 W2 内部竞争激烈

威胁（T）				
P	T1 各国政府积极推动 T2 国际竞争白热化	ST 战略 （1）外部环境导致优势无法发挥； （2）回避威胁型战略	WT 战略 （1）外部环境与内部能力均不乐观 （2）产业收缩型战略
E	T3 世界经济存在不确定性 T4 国内经济下行压力巨大		
S	T5 人机关系改变 T6 适应"智能"社会		
T	T7 向研发端扩张阻力大 T8 企业间存在数据壁垒 T9 安全保障是重点 T10 统计监督制度需完善	ST 战略 （1）外部环境导致优势无法发挥 （2）回避威胁型战略	WT 战略 （1）外部环境与内部能力均不乐观 （2）产业收缩型战略

通过矩阵的全面分析，可以对创建产业链互联网平台的内部优势与劣势，外部政治、经济、社会、技术上的机会与威胁形成全方位的概括。目前，全球产业链互联网正处在格局未定的关键期、规模化扩张的窗口期、抢占主导权的机遇期。很明显，虽然在创建产业链互联网平台上存在一些劣势和外部的阻力，但积极面对困难，抓住先发机遇期是重中之重，扩张性战略是必然之选。因此，加快建设产业链互联网平台是十分必要的。

2.1.4 产业链互联网平台的功能

根据前文关于产业链互联网平台基础理论的分析，我们发现：互联网最基本的功能和价值就是连接，将传统产业链中的每一个节点通过信息化的手段组合成为一个一个的关系网，诸多的关系网就连接成为平台。产业链互联网平台可以赋能传统产业链，从而诞生出基于物联网和智能制造的高度个性化和数字化的灵活生产模式，满足"以人为本"的核心理念。此外，产业链互联网平台还能够有效调动信息资源，从而构建以云制造为核心、生产服务为依托的生态系统。

基于上述要素，产业链互联网平台应当承担的功能就比较明确了，需要能够覆盖产业链的各个环节，因此可以从产业链的结构来考虑，笔者认为平台的功能应该涵盖研发生产环节、供应环节、流通环节和配套环节四个方面。

（1）研发生产环节

产业链互联网平台一方面赋能产品研发环节，借助平台使得产品研发过程的效率提高，通过更加快捷的方式更加清晰地将产品模型呈现出来，例如 3D 模型、全息投影、VR 等；平台可以帮助研发人员方便快捷地调用数据库中存在的大量产供销数据以及设计参数，并提供进一步分析数据的算法；研发过程中可以基于平台整合的上下游资源进行设计，通过专业化分工达到降费增效的目的。另一方面，在智能制造领域，产业链互联网平台通过物联网技术将生产线各个节点上的实时数据收集起来，通过内嵌在平台中的 ERP（企业资源计划）、MES（生产执行系统）等生产资源管理系统进行分析和调控，从而优化生产，达到提高加工精度、提升生产速度、降低不可控因素、满足柔性生产的需求等目的。

（2）供应环节

产业链互联网平台在供应环节主要作用于企业采购原辅材料和机械设备。通过互联网平台构建家具原辅材料和机械设备的交易场所，加速劳动对象和生产资料交易信息的流转，拓展企业采购渠道，同时组织原辅材料供应商和机械设备生产商为家具企业的转型升级提供定制化的支持服务，从而推动供需双方相互延伸和靠拢，为双方解决原辅材料和机械设备采购活动中的瓶颈问题。

（3）流通环节

流通环节是企业与市场直接接触的环节，也是企业直接产生经济效益的环节。产业链互联网平台在企业经营过程中的主要职能在于两个方面：一方面能够推动企业经营过程顺利、有序地开展，同时提升客户的体验感；另一方面是扎根市场，从市场中收集信息，从而紧贴市场发展趋势，促使企业优化产品和服务，提升企业竞争力。

（4）配套环节

企业在研发、生产和经营过程中，会有一些超出本行业领域范畴，却又必不可少的环节，例如人力资源、家具展会、金融服务、政府服务、物流售后等，这些环节虽然不是大多数企业本身所经营的内容，但对企业的发展构成重大影响，是企业研发、生产与经营之间的润滑剂。在这些配套环节中，产业链互联网平台承担的功能就是将非本行业的专业领域通过互联网的方式分包给具有专业能力的单位来实施，专业的人做专业的事，企业则可以将更多的人力、物力和财力投入到本行业生产中，有利于产业链本身的专业化发展。

2.2　产业链互联网平台系统架构模式分析

在本节中，首先明确系统架构设计是开发网站的关键步骤，从系统架构设计的出发点入手，结合系统架构的演变过程，从而明确分层、分割、分布式、集群、自动化、冗余、缓存、异步、安全是当前技术环境下可行的互联网平台系统架构模式，其目的是为第 3 章中针对家具产业链提出创建互联网平台的技术规划提供基础理论的支持。

开发一个大型网站，需要经历需求分析、系统架构设计、模块编码实现、单元测试、集成测试、部署、交付、维护和支持等阶段。其中需求分析与具体的项目涉及的行业息息相关（本书中涉及的是家具产业链），本节仅讨论互联网平台技术中的基础理论，不涉及具体行业，将需求分析放在第 3 章和第 4 章中分步骤详细研究；接下来我们要讨论的就是最为关键的步骤——系统架构设计。

用通俗易懂的语言来说，系统架构设计就是一个系统的草图，描述了构成系统的抽象组件，以及各个组件之间是如何进行通信的，是人们对一个结构内的元素及元素间关系的一种主观映射的产物，用于指导大型软件项目（包括产品类、网站）各个方面的设计，是一个系统的顶层设计。系统架构就像是大厦的地基，它决定大厦最终能建多高、能建多大，虽然我们从表象上看不见它，但它却发挥着重要作用。也就是说，在大型网站的搭建中，将系统架构设计妥当，后面的步骤就可以较为顺利地按部就班展开。

2.2.1　系统架构设计的目的

一个小型网站，比如个人网站，可以使用最简单的 HTML（超文本标记语言）静态页面来实现，配合一些图片达到美化效果，所有的页面均存放在一个目录下，这样的网站对系统架构和性能的要求都很简单。随着网站规模的不断扩大，用户的访问量逐渐增加，简单的架构就无法支撑大型网站快速发展的业务需求。

大型网站一般具有以下几个特点。

① 海量数据：需要存储、管理海量数据，数据量数以亿计，需要使用大量服务器。

② 高可用性：网站可以提供 7×24 小时的不间断服务。

③ 高并发，流量大：可以保证大量用户同时访问，比如之前在"双十一"期间，淘宝就出现了因并发用户数过高而导致的系统宕机问题。

④ 需求更新快：由于现在的产品更新和需求变更非常快速，所以发布频繁，网站要适应这种不断变化的用户需求。

⑤ 系统架构渐进式发展：网站应用程序架构的设计对于日后的升级、扩展都起着极为重要的作用，一个成熟的大型网站的系统架构并不是开始设计就具备完整、高性能、高可用、安全等特性，它总是随着用户量的增加、业务功能的扩展而逐渐演变完善的。在这个过程中，开发模式、设计思想以及技术架构都会发生很大的变化，所以大型网站应用的架构并不是一开始就能设计得很完善，而是随网站应用规模的增加而逐步重构出来的。

⑥ 层出不穷的安全问题：互联网的开放性使得大型网站几乎每天都要面对黑客攻击。

⑦ 用户分布广泛、网络情况复杂：从一线城市到乡村、从高原到盆地，用户遍布全国各地，同时网络运营商的服务质量参差不齐。

从上面大型网站的特点不难看出，随着网站用户访问量、业务数据的持续增加，对网站系统也就相应提出了更高的要求。因此，如何在有限的资源前提下，尽可能地提高系统性能、可用性、伸缩性、扩展性，并保证系统的安全性，成为系统架构设计的目的。

2.2.2 系统架构的演变

不同的网站系统有各自的业务特性，系统架构也有所不同。笔者先通过研究数据库与大型网站架构的演化过程，找出大型网站系统架构中的共用技术，为最终明确自己的系统架构设计提供基础理论支持。

（1）单一应用框架

网站建设初期由于访问量和数据量都不大，一般采用单主机模式（将应用和数据库都部署在一个服务器上），如图 2.3（a）所示。当应用系统规模增长之后，由于单主机模式的 Web 服务与数据库服务共用一台主机，无论哪一边使用资源过多都会耗尽主机资源，应用系统就难以得到响应，如果主机的硬件或者关键软件出了问题，整个应用系统将面临瘫痪。因此，增加服务器数量可以有效地提升网站的负载能力，将 Web 服务器、数据库服务器部署在独立的服务器上，这就是独立主机模式，如图 2.3（b）所示，在这种模式下数据库服务器性能成为系统稳定的关键。

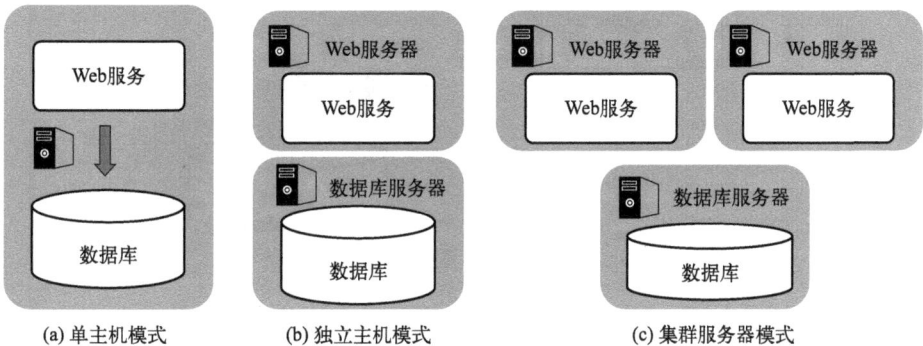

(a) 单主机模式　　　(b) 独立主机模式　　　(c) 集群服务器模式

图 2.3　系统架构早期模式

（2）垂直应用架构

随着网站的访问量加大，将应用服务器以集群方式对外提供服务，增加服务器的数量，这就是集群服务器模式，如图 2.3（c）所示。不过在这种模式下数据库服务器的扩展问题还是没有解决。

为了解决数据库服务扩展的问题，将读数据和写数据的操作分配到不同的服务器上，就是读写分离模式，如图 2.4 所示，对于查询数据请求，分配到读库（备用库）上执行；对于写数据的请求，分配到写库（主库）上执行。

（3）分布式服务架构

由于大部分网站都存在热点数据，即 80% 的访问请求最终落在 20% 的数据上，所以可以对这些热点数据进行缓存来提高用户体验。一般采用两种方法：本地缓存和分布式缓存。本地缓存是指将数据缓存在 Web 服务器本地；分布式缓存是采用独立的服务器来缓存数据，适用于海量数据以及并发度很高的场景。与此同时，对于 Web 服务器集群的任务调度，可以通过负载均衡服务器来分配用户请求，根据分发策略将请求分发到具体的 Web 应用服务器节点来处理。这种添加缓存与部署负载均衡服务器调度 Web 服务器集群的模式如图 2.5 所示。

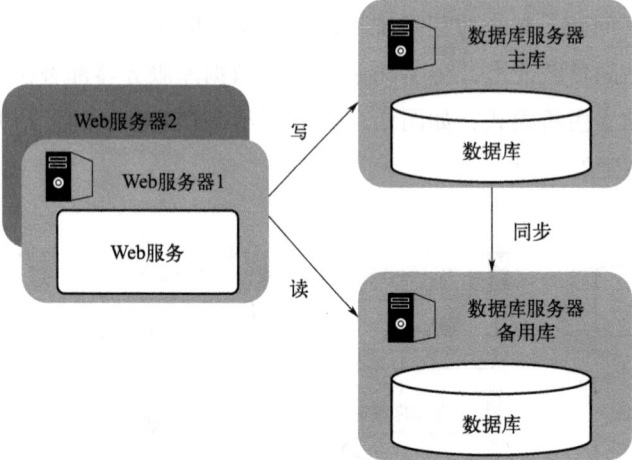

图 2.4 读写分离模式

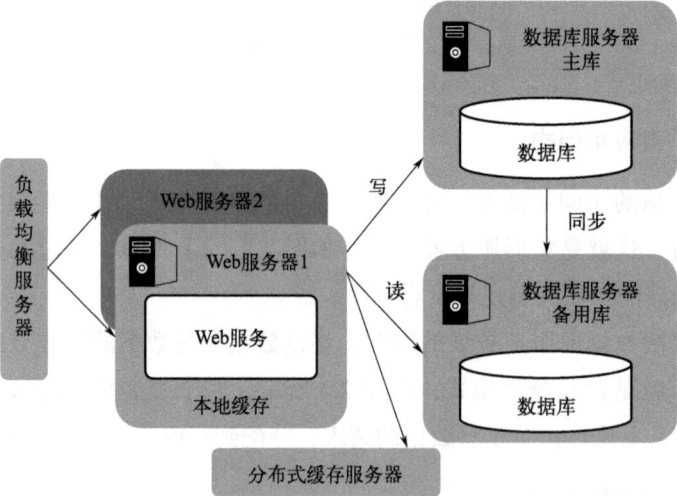

图 2.5 添加缓存与 Web 服务器集群的模式

随着数据量与访问量的上升，要进一步提高网站的负载能力，可以通过对数据库进行拆分的方法来继续扩展数据库服务器，拆分的方法有垂直拆分和水平拆分两种。

① 数据库垂直拆分。

网站应用规模进一步扩大，整个应用系统会衍生出很多个子系统，这些子系统之间虽然有一定的关联，但大部分保持业务的独立性，而这些子业务系统共享 Web 服务器集群，会因为某个业务的并发量非常大而影响其他的业务系统。此时可以将整个系统按照业务进行拆分，每个业务系统单独分开，分别部署在不同的 Web 服务器集群上，各个业务之间通过消息队列服务器进行通信，所以这时就可以按照应用程序的业务来垂直分库，如图 2.6 所示。

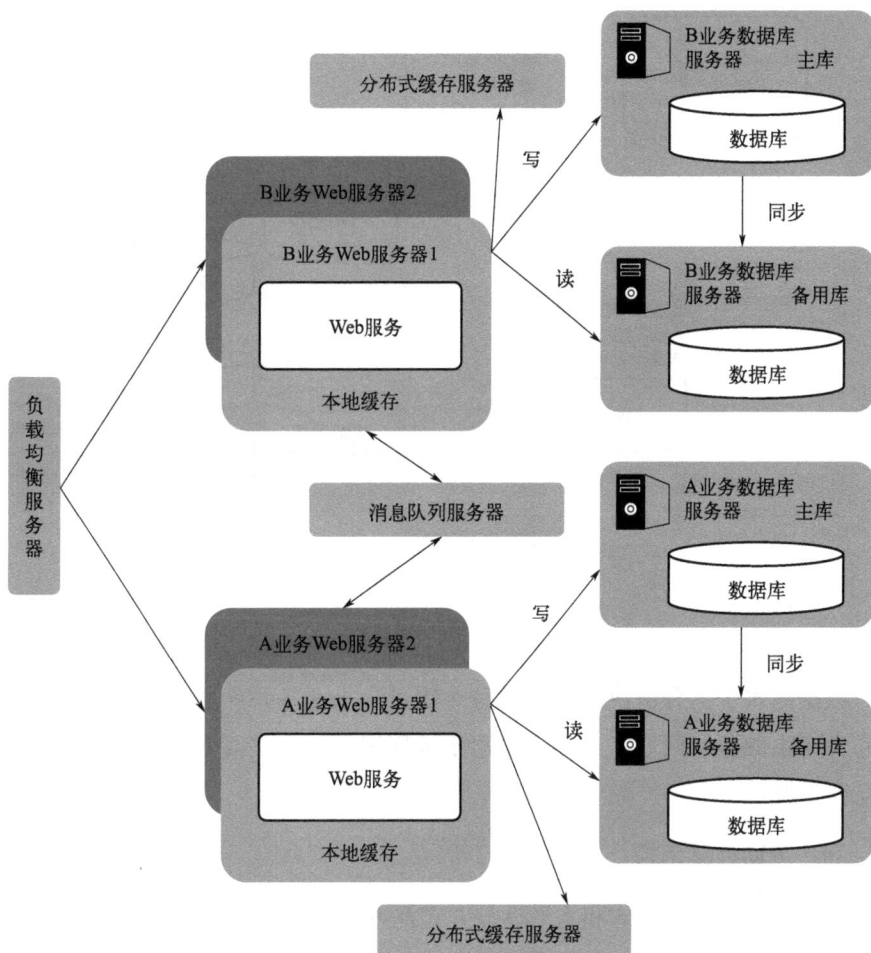

图 2.6 数据库垂直拆分模式

② 数据库水平拆分。

数据库水平拆分是指拆分后每个备用库服务器中只含有该业务的一部分数据，所有备用库服务器中的数据总和为该业务的全部数据，如图 2.7 所示。其与

第 2 章　产业链互联网平台基础理论与系统架构模式分析

垂直拆分的区别在于：垂直拆分的子业务系统的备用库服务器拥有这个业务系统的全部数据，而水平拆分后的备用库服务器中只有该业务系统的一部分数据。

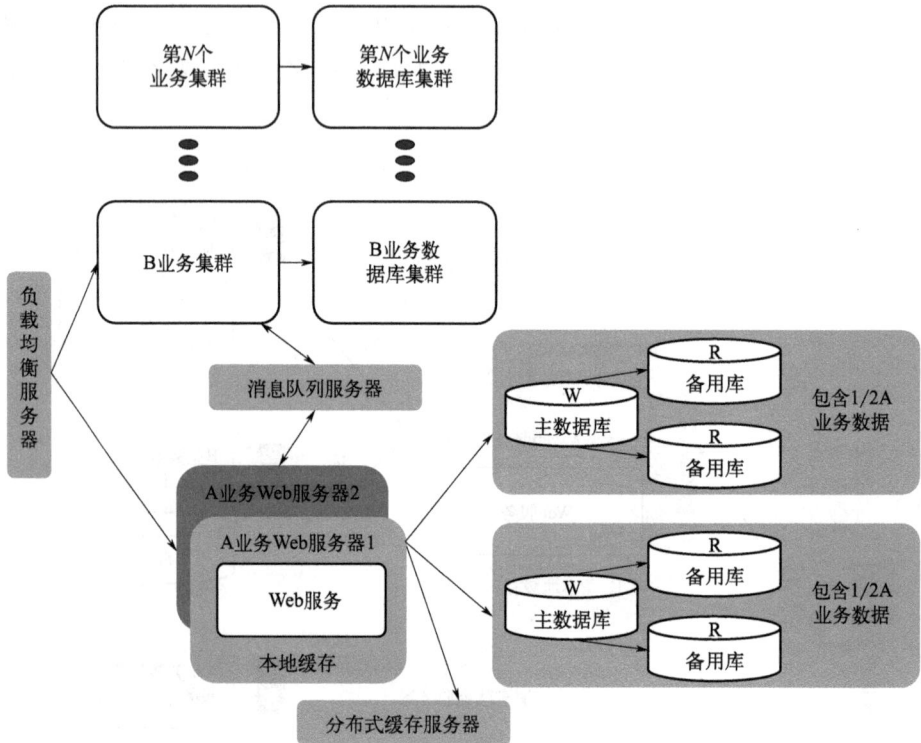

图 2.7 数据库水平拆分模式

W 表示写；R 表示读

数据库水平拆分解决了垂直拆分中因某一个业务写库数据库服务器的负载过高而产生的瓶颈问题，并且无论对于读库服务器还是写库服务器都更容易进行横向扩展。

（4）流动计算架构

数据库垂直拆分方式和水平拆分方式都可以缓解单台数据库服务器的压力，但各自都有不足。其中，在数据库水平拆分方式下，可能会有一些相同的代码，比如与某项功能相关的代码，在其他类似的功能应用中也编写有相似的代码，代码的可重复使用就成了需要解决的问题；此外，当服务越来越多，容量的评估、小服务资源的浪费等问题就会逐渐显现出来。我们通过增加调度中心来解决这些问题。这个调度中心可以根据访问压力来实时管理集群容量，提高集群

家具产业链互联网平台构建方法与实践

利用率，同时把公共部分的服务拆离出来，形成服务化的模式。在这种模式下把每项功能独立作为一个基础服务，当我们需要这项功能时只需要调用相应的服务即可，而不需要重新编写类似的代码，这就能较好地解决代码重复使用的问题，也可以有效地避免应用烦琐的问题，如图 2.8 所示。

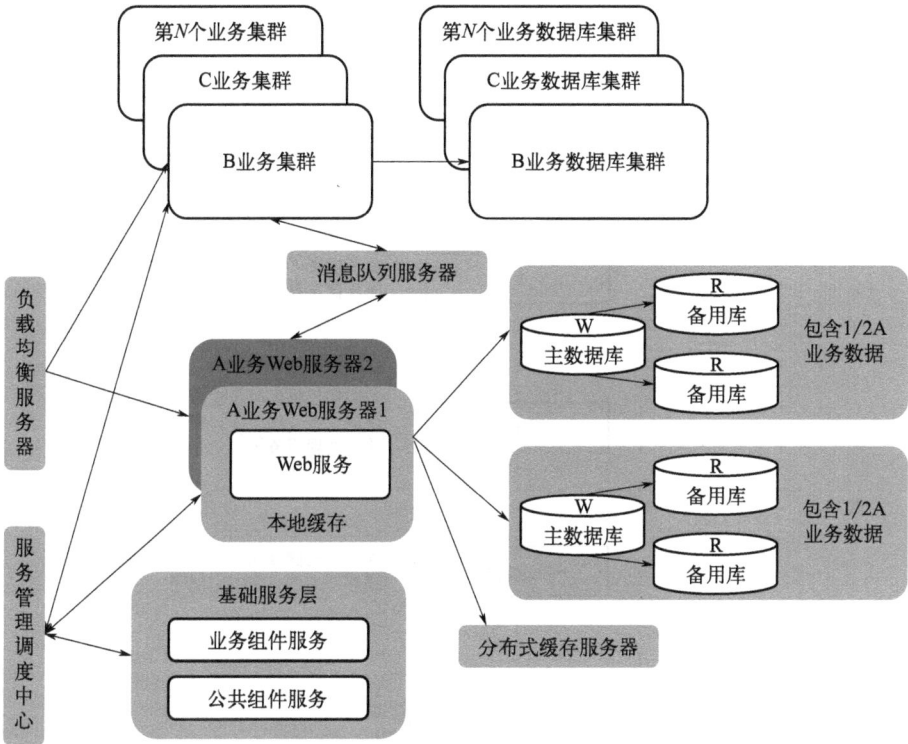

图 2.8 增加服务管理调度中心模式

W 表示写；R 表示读

2.2.3 系统架构模式

通过对大型网站的特点分析，我们明确了可以应对海量数据的存储与管理，达到高可用性，保证高并发流量大时不宕机，对更新的适应性强，系统设计灵活且可以扩展，保证系统安全性是我们做系统架构设计时的根本出发点。通过对系统结构演变的分析，我们清楚了目前系统架构发展的情况和最新的架构设计思想，从而可以明确：对一个大型的互联网平台而言，对系统架构进行分层、分割、分布式、集群、自动化、冗余、缓存、异步、安全、敏捷的设计是在当前技术环境下可行的系统架构模式。

2.2.3.1 分层

在计算机世界中分层结构无处不在，比如，网络的 7 层通信协议、计算机硬件、操作系统、应用软件都可以看作一种分层模式，在大型网站架构中也常常采用分层模式，一般将网站的软件系统分为数据层、服务层、应用层，如图 2.9 所示。

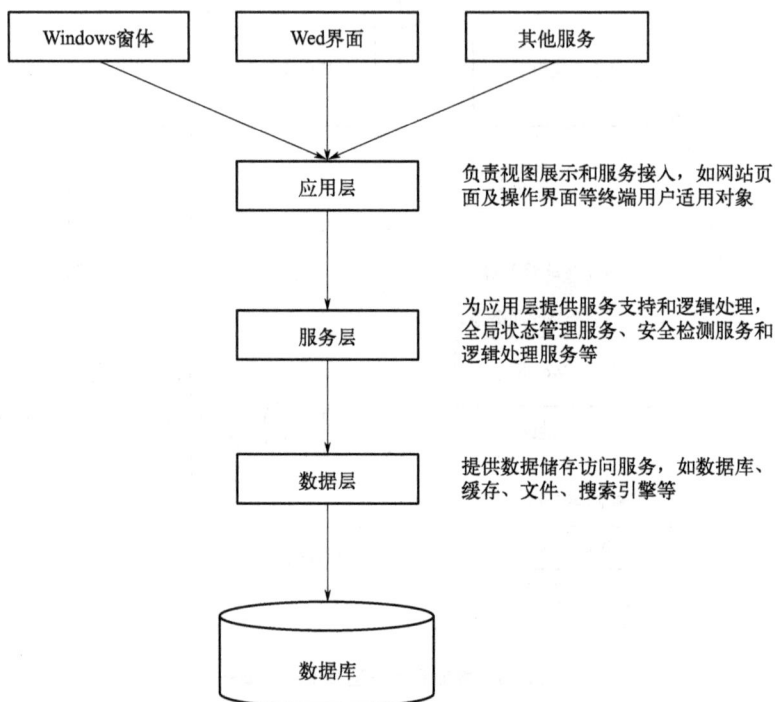

```
┌──────────────┐  ┌──────────────┐  ┌──────────────┐
│ Windows窗体  │  │   Wed界面    │  │   其他服务   │
└──────────────┘  └──────────────┘  └──────────────┘

        ┌──────────────┐    负责视图展示和服务接入，如网站页
        │    应用层    │    面及操作界面等终端用户适用对象
        └──────────────┘

        ┌──────────────┐    为应用层提供服务支持和逻辑处理，
        │    服务层    │    全局状态管理服务、安全检测服务和
        └──────────────┘    逻辑处理服务等

        ┌──────────────┐    提供数据储存访问服务，如数据库、
        │    数据层    │    缓存、文件、搜索引擎等
        └──────────────┘

        ┌──────────────┐
        │    数据库    │
        └──────────────┘
```

图 2.9 大型网站架构中的分层结构

通过分层可以让一个庞杂的软件系统分成不同的部分，有利于各自分工合作与开发、维护。在维持调用接口不变的基础上，各层之间可以根据具体问题独立演化发展的同时仍保持其独立性，其他层也不受影响。由于分层架构只是逻辑上的分层，所以在物理部署上，多层结构都可以部署在同一个物理机器上。但是，为适应网站规模（用户访问量的激增）的发展，就必须使网站拥有更多的计算资源，对已经分层的模块分离部署是必需的，即多层结构分别部署在不同的服务器上。

分层架构模式最初的目的是规划软件清晰的逻辑结构以便于后面的开发和

家具产业链互联网平台构建方法与实践

维护，但在网站的实际发展过程中，分层结构对网站支持高并发、向分布式方向发展等都至关重要。因此，在网站初建期就应该采用分层的架构，以便将来网站规模变大时能更好地应对。

2.2.3.2 分割

一个大型网站通常都会被分割成很多模块单元，这些模块单元可以根据它们的功能和业务属性进行细分。以应用层为例，可以将网站中的搜索、论坛、商城分成不同的应用模组，并部署在不同的服务器上，每一个模组交由单独的团队负责管理运营，应用业务被拆分后仍十分庞大的就再继续分割，比如商城模组就可以被进一步分解为团购业务、商家店铺业务、特卖业务等，甚至可以根据业务内容需要继续进行更加细化的分割，分割后的模组无论在逻辑上还是在物理部署上，都可以是独立的。

2.2.3.3 分布式集群

在网站的一般应用中，常用的分布式方案有以下几种。

（1）分布式静态资源

网站的静态资源是类似一些 JS、CSS、logo 图片等的资源类型，我们一般采取动静分离的策略来处理，将它们独立分布式部署并且采用独立的域名。采用动静分离策略的优点在于不但可以通过使用独立的域名来加快浏览器并发加载的速度，同时可以减轻应用服务器的负载压力。动静分离策略使负责用户体验的团队可以对静态资源进行专门的开发与维护，这样可以使不同技术工种发挥自身特长，有利于网站建设的分工合作。

（2）分布式服务和应用

对服务和应用模组进行分层及分割后再进行分布式部署，不但可以提升网站的性能、加快发布和开发的速度、降低数据库连接资源消耗，还可以提高相同服务内容的重复使用率，更加有利于业务功能的后期扩展。

（3）分布式存储

单台计算机的存储容量无法满足大型网站的海量数据需求，因此要对这些海量的数据进行分布式存储。在当前市场上，分布式部署不但应用于传统的关系型数据库，也应用于各种适合网站设计的 NoSQL（非关系型的数据库）产品。

（4）分布式计算

网站除了要处理在线业务（应用、服务、实时数据处理等）外，还要处理很大一部分后台业务（包括搜索引擎的索引构建、数据仓库的数据分析统计等），虽然这些业务用户无法直观感受到，但这些业务的计算规模是巨大的。目前，网站普遍使用 Hadoop 及其 MapReduce 分布式计算框架进行此类批处理计算，它的特点是将计算程序分发到数据所在的位置以加速计算和分布式计算，移动计算而不是移动数据。

除以上 4 种主要方案外，还有支持网站线上服务器配置实时更新的分布式配置；在分布式环境下实现并发和协同的分布式锁，支持云存储的分布式文件系统等。

2.2.3.4　集群

可以对用户访问量相对集中的某一个或几个服务器进行集群化设计，即将相同的应用部署在多台服务器上，使它们成为一个工作集群，再用负载均衡设备来使它们协同一致地对外提供服务。

2.2.3.5　缓存

在现代网站的架构设计中，缓存已经成为提升网站性能的主要手段之一，现代 CPU 运行速度越来越快的一个重要原因就是大量使用了缓存技术。大型网站架构设计在很多方面也都使用了缓存设计，主要设计方式如下。

（1）内容分发网络（CDN，content delivery network）

CDN 的设计思路是尽可能地避开互联网上有可能影响数据传输稳定性和速度的环节及瓶颈，使内容传输得更快、更稳定。CDN 系统是在现有的互联网基础之上，通过在互联网各处放置节点服务器组成一层智能虚拟网络，能够实时地根据网络流量和各节点的连接、负载状况以及到用户的距离和响应时间等综合信息，将用户的请求重新导向离用户最近的服务节点，这样就可以使用户就近取得所需内容，解决网络拥堵的问题，提高用户访问网站的响应速度。

（2）反向代理

反向代理从属于前端架构设计，因其部署在网站的前端，当用户请求到达网站的数据中心时，反向代理服务器是最先被访问的，因此它还具有保护网站安全的作用，可以通过配置缓存功能加速 Web 请求。当用户第一次访问静态内容时，静态内容就被缓存在反向代理服务器上，从而当其他用户访问该静态内容时，就可以直接从反向代理服务器返回。

（3）本地缓存

即应用程序可以在本机内存中直接获得数据，无须访问数据库，在应用服务器本地就可以直接获取需要的相关数据。

（4）分布式缓存

将数据缓存在一个专门的分布式缓存集群中，通过网络通信来访问缓存集群中的数据。

缓存设计有两点前提条件：一是被用户频繁访问的数据，就应该采用缓存设计；二是被缓存的数据必须确保在一段时间内是有效的，如果缓存数据已经失去实际意义或者过期了，反而会导致脏读，影响反馈结果的正确性。

在大型网站的应用中，缓存设计对网站数据库架构设计是十分重要的，它不仅可以加快数据的访问速度，扩大数据存储容量，还可以减轻后端应用的负载压力，因此，大型网站数据库架构的负载能力设计一般都是以应用缓存设计为前提的。

2.2.3.6 异步

事物之间的直接关联越少，彼此的影响就会越小，越便于其独立发展，因此降低软件的耦合性是计算机软件发展的一个重要目标。除了分层、分割、分布外，在网站架构设计中，异步也是降低系统耦合的方法之一。异步的意思是将一个业务的操作分成几个阶段进行，每个阶段之间通过共享数据的方式来协作执行，业务之间的消息传递是不同步的。在大型网站中如果采用同步的模式执行完一个业务模块后再处理下一个相关业务模块，处理一个完整业务的时间就会非常长，这时就可以利用消息队列实现异步来解决此类问题。

异步架构以保持数据结构不变为前提，彼此功能可以随意变化实现，两者不互相影响也不需要直接调用，这对于扩展新的功能是非常便利的。此外，它还具有提高系统的可用性、加快网站的响应速度、消除并发访问高峰等优点。

2.2.3.7　冗余备份

在一些服务器规模比较大的网站中，经过 7×24 小时连续的运行，服务器很可能出现故障甚至宕机，这时对数据的冗余备份就非常重要。

冗余备份分为冷备份与热备份，冷备份是指对数据库进行定期备份与存档保存，热备份是指实时同步地对数据库进行主从分离并存储相关数据资料。

2.2.3.8　自动化

网站的理想状态是在无人值守的情况下也可以自动化地正常运行。目前大型网站的自动化架构设计主要在发布和运维方面，具体的设计规划如下。

（1）代码管理

开发网站的工程师只需要提交开发产品的代号，系统就会自动为其创建代码分支，后期会自动进行代码的合并以实现代码版本控制和代码分支创建及合并等过程的自动化。

（2）测试与安全检测

在测试阶段，系统可以自动将代码部署到测试环境中，自动进行测试，自动发送测试报告，自动向系统反馈测试结果；在安全检测阶段，系统工具自动对代码进行静态安全扫描，并自动部署到安全测试环境，自动进行安全攻击测试，自动评估其安全性，最后还可以将工程代码自动部署到实际生产环境之中。

（3）应对突发状况

在网站运行过程中可能会遇到服务器宕机、存储空间不足、程序漏洞等突发问题。网站需要自动化监控服务器各项性能指标和应用程序的关键数据指标，并在其超出预设的阈值或有异常状况时，自动向相关人员发送报警信息。在故障发生后系统可以自动隔离集群中失效的服务器，等故障消除后，又可以自动进行失效恢复，重启相应工作并保证数据的一致性。当网站遇到超出最大处理能力的访问高峰时，可以自动拒绝部分请求和关闭部分不重要的服务，将系统负载降到安全的水平，同时可以自动分配资源，将空闲资源分配给急需的服务，扩大部署的规模。

2.2.3.9　安全

互联网的开放性使得它从诞生起就面临着各种各样的安全问题，网站的安全架构设计的目的在于保护网站不受恶意访问和攻击，保护网站的重要数据不被窃取。目前，在网站的安全架构设计方面有以下方法和模式。

① 通过手机验证码和密码进行身份认证。

② 在进行登录、交易等操作时对网络通信进行加密，网站服务器上存储的敏感数据如用户信息等也会进行加密处理。信息加密技术可分为 3 类：单向散列加密、对称加密和非对称加密。

③ 为了防止机器人程序滥用网络资源攻击网站，使用验证码进行识别。

④ 跨站点脚本攻击一般都是在请求中嵌入恶意脚本，可以通过对某些HTML 危险字符转义来防止大部分攻击；针对 SQL（结构化查询语言）注入攻击（在 HTTP 请求中注入恶意 SQL 命令），可以通过请求参数消毒、参数绑定来防止；针对跨站请求伪造（攻击者通过跨站请求，以合法用户的身份进行非法操作），可以通过表单 Token（令牌，计算机术语）、验证码和 Referer（引用）检查来防止攻击。

⑤ 对敏感信息和垃圾信息进行过滤。

⑥ 对交易转账等敏感操作，根据交易信息和交易模式进行风险控制。

总体来说，衡量网站安全架构的标准就是针对现存和潜在的各种攻击与窃密手段，是否有可靠的应对策略。

2.2.3.10　大型互联网平台系统架构模式

笔者认为一个好的系统架构设计需要在对整个网络平台构建的整体全面把握的基础上，深刻理解系统架构设计的目的与意义，来进行适当合理的创新。通过前文对大型网站的特点分析，明确了系统架构设计的根本出发点。通过对网站系统结构演变的分析，清楚了目前系统架构发展的情况和最新的架构设计思想，最后明确了一个大型网站平台需要从分层、分割、分布式、集群、自动化、冗余、缓存、异步、安全、敏捷这十个方面来进行系统架构的设计。在当前的技术环境下，这种模式可以说是较为优化的也是切实可行的互联网平台系统架构模式，这种指导思想为后面针对家具产业链的互联网平台的架构设计提供了技术理论基础。大型互联网平台系统架构模式如图 2.10 所示。

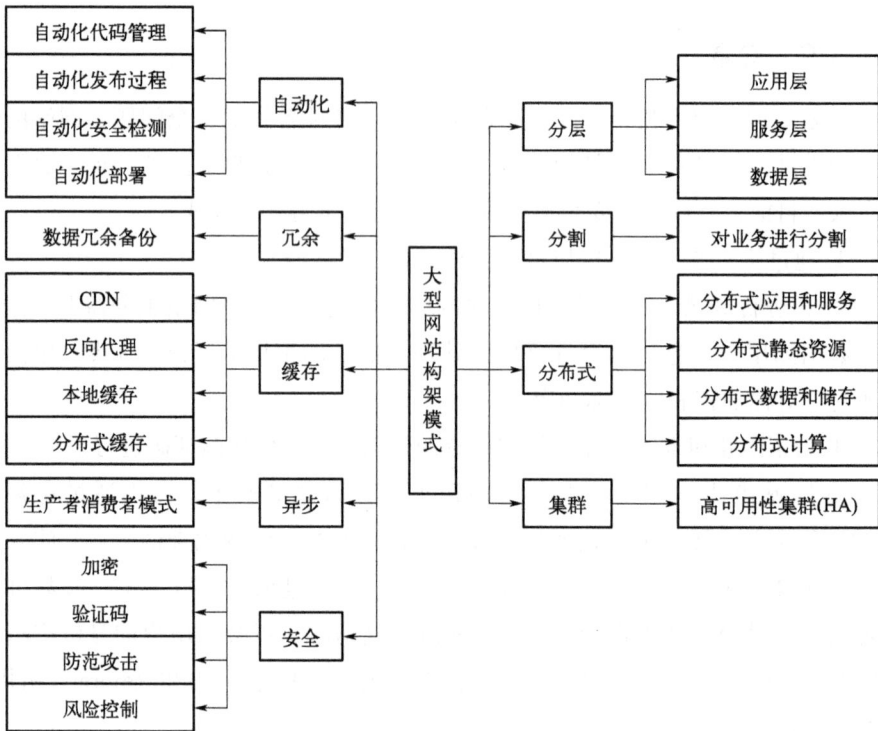

图 2.10 大型互联网平台系统架构模式

家具产业链互联网平台构建方法与实践

第 **3** 章

家具产业链互联网平台的 构想与技术规划

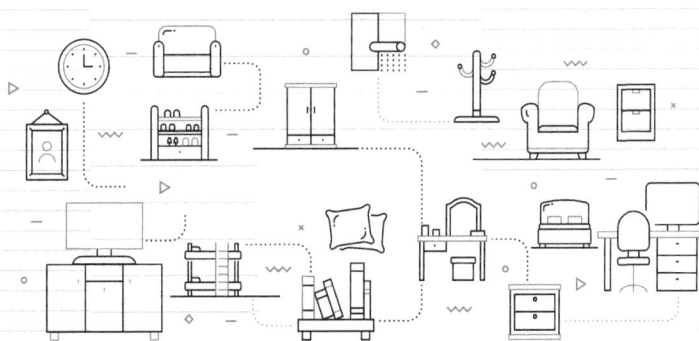

本章主要从家具产业链互联网平台的构想和家具产业链互联网平台的技术规划两个方面来进行研究分析。

家具产业链互联网平台的构想研究：从对我国家具电商平台与家具服务型平台的比较分析入手，总结各类涉家具类互联网平台的优缺点，提出创建家具产业链互联网平台的主旨思路，并在该主旨思路的指导下阐述家具产业链互联网平台应该具备的功能和核心业务，最终演化出家具产业链互联网平台的功能板块（即业务逻辑）。

家具产业链互联网平台的技术规划研究：从大型网站的性能瓶颈分析入手，以细化的系统架构设计思想为指导，提出网站的系统分层架构、物理架构、开发架构、网络拓扑结构和可拓展的物理架构具体设计方案，最后阐明创建家具产业链互联网平台的开发流程。

3.1 家具产业链互联网平台的构想

笔者认为要创建家具产业链互联网平台，就要先从研究已有的涉及家具行业的互联网平台入手，分析它们的板块功能、核心业务及优缺点，并从中吸取经验和教训，继而形成有指导意义的理论，为创建更加成熟合理的家具产业链互联网平台提供思路。

3.1.1 涉家具类互联网平台的分析

国内从第一代互联网平台网易、搜狐、新浪创立至今，互联网平台经历了三个阶段的发展：平台载体从 PC 端延伸到移动端；内容由简单的资讯向极具实际意义的功能化方向演进；涉及领域由宽泛向细分垂直发展。

目前，家具领域也诞生了一批独具特色的互联网平台。它们中有的是电商平台，主要功能是买卖家具行业内的产品；有的则是服务型平台，主要功能是提供设计服务，提供家具行业资讯服务，或提供家具展会服务等。在这里需要提出的是，笔者所分析的家具互联网平台类型不包括家具企业自有的网站，家具企业自有网站的主要内容是对自身企业的宣传并带有少量的电商销售功能，因此该类型的网站不是笔者研究的主体。笔者所分析的家具互联网平台是涉及产业链中的某一领域，能吸引较大流量、受众较广的功能性平台，下面以平台的类型作为主分类，对一些具有代表性的涉家具类互联网平台进行分析。

3.1.1.1　涉家具类电商平台

笔者将当前市场上具有一定代表性的涉及家具的电商平台（涵盖了综合电商和垂直电商、定制家具与成品家具、由纯电商向线下发展的和从线下发展到线上的），以及一些创新商业模式的具有代表性的平台进行对比分析，如表 3.1 所示。

表 3.1　涉家具类电商平台对比

平台名称	平台类型	核心业务	平台的优点	平台的缺点
极有家	家居综合电商	（1）装修服务 （2）建材产品 （3）家具产品 （4）软装饰品 （5）生活百货	（1）共享淘宝平台的流量红利 （2）较高的第三方入驻门槛和监管力度 （3）商家全部来源于淘宝，品类比较齐全 （4）全部由第三方入驻，平台不需要整合供应链	（1）O2O 模式不够深入，服务过程缺乏监管 （2）依然按照淘宝常规的产品销售模式，针对性不足 （3）平台定位低于天猫商城，入驻的商家普遍实力不强 （4）平台监管能力有限，需要商家自我约束
林氏木业	家具O2O电商	家具产品	（1）依托天猫平台，获客成本相对较低 （2）实现了产供销全链路的贯通，成本控制能力强 （3）通过 O2O 模式融合线上和线下的优势，提高成交率 （4）领先于同行的互联网技术助力精准控制和决策	（1）主营产品偏中低端，难以覆盖高端产品 （2）流量几乎全部来源于天猫，存在风险 （3）产品难以满足顾客个性化定制的需求 （4）产品设计需要兼顾长途运输和简便安装
美乐乐	家具O2O垂直电商	（1）家具产品 （2）建材产品 （3）家居家饰	（1）将互联网引流方式与传统家具销售结合 （2）以直营模式为主，服务质量容易把控 （3）自建物流体系和安全库存，缩短配送周期 （4）家居类产品配套销售，提高单值，摊薄成本	（1）流量依靠搜索引擎，方式单一且成本过高 （2）缺乏生产制造环节支撑，成本控制难度大 （3）缺乏竞争优势，模式容易被复制

平台名称	平台类型	核心业务	平台的优点	平台的缺点
丽维家	O2O定制家具电商	（1）定制家具 （2）成品家具 （3）家居用品 （4）科技产品 （5）建材产品	（1）通过O2O融合线上引流与线下体验和交易 （2）通过多个电商平台引流，渠道多样 （3）自有的生产、采购和销售链条 （4）线下门店以直营为主，服务质量可控	（1）缺乏物流体系，定制家具需要额外付费安装 （2）以板式家具为主，无法满足实木家具的定制需求 （3）线下门店选址多种多样，统一运营难度较大 （4）线下引流渠道匮乏，运营成本较高
我在家	O2O家具电商	（1）家具产品 （2）家纺家饰 （3）家用电器	（1）将已购客户转变为"生活家"，作为平台的线下体验场所开展引流 （2）自建配送安装渠道，实现"最后一公里"优质服务	（1）对于定制家具的销售支持难度较大 （2）需要预约参观，与主流购物习惯存在差异 （3）没有覆盖设计生产环节，成本控制能力有限
百安居	O2O家居建材零售商	（1）建材产品 （2）家具产品 （3）生活用品	（1）门店已经覆盖全国，线下服务质量较好 （2）从建材端切入，实现了前端的截流 （3）通过京东和天猫导入线上流量 （4）借助新零售模式开展数据分析并优化客户体验 （5）超市化的体验给予顾客较大的自由度	（1）对于定制家具产品的支持度不高 （2）没有涵盖产品的设计生产，难以控制成本 （3）主要通过门店的规模吸引自然客流，渠道单一
宜家家居	家具和家居用品零售商	（1）家具产品 （2）家居用品 （3）餐饮服务	（1）具有明显的品牌优势和宏大的卖场 （2）整合全球资源和全产业链，成本控制能力强 （3）品种齐全且配套性强的产品 （4）良好的购物体验和面向普通客户的设计理念 （5）相对其他家具卖场而言巨大的客流量	（1）产品档次偏向中低端，主要针对年轻群体 （2）对于定制产品的支持度不高 （3）线上平台相对国内其他电商平台而言发展滞后 （4）线下服务范围有限，仅能覆盖门店周边地区

平台名称	平台类型	核心业务	平台的优点	平台的缺点
唯优家居	家具租售平台	(1) 家具产品 (2) 软装饰品	(1) 以租代卖进行销售，符合部分客户的实际需求 (2) 为会议、样板间等临时的家具需求提供了解决方案	(1) 租赁模式未形成用户习惯，需要时间来培育用户的认知和习惯 (2) 缺乏必要的金融支持，支付押金的租赁模式与用户需求不符 (3) 家具回收缺乏可行的实施办法

互联网平台，尤其是电子商务平台，需要通过庞大的业务量来分摊每一笔业务的运营成本，因此流量就成为互联网平台发展的关键影响因素。极有家、林氏木业、丽维家等电商依托天猫、京东、苏宁易购等较大流量入口，通过"抱大腿"的方式进行引流。而以百安居、宜家为代表的传统线下流量大户则主要还是通过优质的客户体验吸引自然客流，并将这些客流转化到线上，运用互联网平台提升用户体验。其余几个互联网平台的流量则主要依靠自身，引流相对比较艰难，缺乏流量的支撑，这几个平台的发展就受到了制约。

在这些平台中，极有家提供的是一个供第三方商家展示和交易的场所，平台本身负责监管，而不直接提供具体的产品或服务，其他几个平台则都要通过销售具体的产品和服务获取利润来维持平台企业的运转。通常企业扩大利润空间的途径可以概括为"开源"和"节流"两个方面，互联网平台的流量和成交率就是"开源"的具体体现，"节流"就体现在企业对于整个产业链条成本的把控上。宜家通过严格地把控设计、生产、物流和销售等各个环节的成本，实现了高品质与低价格的相融。

表3.1所示的这些互联网平台重点领域是在产业链条中的销售端，虽然这些电商平台通过线上和线下整合希望能够打通销售与制造环节，对产业链升级做出了一定的努力，但从家具全产业链的角度来看都没有实现贯通，所有此类型的平台都没有涉及产业链的上游——原材料、设备等，也没有涉及企业的经营管理和产业链中的配套服务性环节。其中，林氏木业虽已打通设计、生产和终端销售环节，但物流方面还稍显不足；美乐乐对生产制造方面的把控稍显乏力；丽维家物流送装环节的缺失制约了平台的发展；我在家在销售方面进行了

大胆的创新，但在生产方面存在短板；百安居本身在家居产品流通领域拥有一定优势，但在生产方面没有布局；唯优家居侧重"以租代售"这种特殊的销售形式，在其他方面没有涉猎。

通过对这些涉家具类电商平台的分析，不难发现，流量是电商类家具互联网平台生存的根本，而打通全产业链可以扩大用户群体，吸引更大的流量，是家具互联网平台效益最大化的有效途径。

3.1.1.2 涉家具行业服务型平台

除了占据绝大多数的家具电商平台外，与家具产业关系紧密但又不以产业链中的销售端作为核心领域的服务型互联网平台也慢慢走进人们的视野。这些平台分布在产业链中的各个领域，有的只集中在某一个领域，有的则涉及多个领域。下面笔者以该类平台所涉及的领域为分类进行举例分析。

（1）办公家具领域的服务平台

以办公家具为主要服务领域的互联网平台有俱合网、租一站、小熊办公等，下面笔者以俱合网、租一站和小熊办公为例来说明。俱合网着力于搭建办公家具供需双方交流的桥梁，为 B 端客户采购办公家具提供量产产品、厂商信息、设计方案、金融支持、民用家具配套等服务，推动供需双方信息流动；俱合网则以办公家具的租赁作为核心业务，为特定场合提供办公家具产品的临时或长期租赁服务；小熊办公在办公家具的设计和定制方面优势比较明显，线下上门量房设计服务的覆盖面较广，并且专门针对 B 端客户直接提供三方报价。办公家具领域服务平台的具体情况如表 3.2 所示。

表 3.2　办公家具领域的服务平台

平台名称	平台特点
俱合网	（1）在办公家具细分领域连通了供需双方，加速信息流转 （2）服务内容涵盖了办公家具采购的各个环节，并针对 B 端进行专门服务 （3）主营办公家具，配套部分民用家具，能够实现办公场景一站式服务 （4）后期交易存在绕过平台的风险，无法实施监管和保障平台利益 （5）服务路径与常规的招投标形式相反，接受度有限 （6）平台本身功能上不能专门支持定制类工程项目
租一站	（1）在办公家具领域通过租赁的形式创立共享经济新思路 （2）办公家具租赁可能涉及的数量往往较大，平台库存和物流压力比较大 （3）为适应更多的使用场景，产品款式往往简单，缺乏特色

平台名称	平台特点
小熊办公	（1）为采购方提供办公家具设计、生产一站式服务，专业度比较高 （2）引进大量第三方参与服务，平台为轻模式，但服务监管难度较大 （3）能够通过遍及全国的第三方企业实现上门量房设计定制服务 （4）整合多个第三方厂家进行三方报价，满足 B 端业务的实际需求

（2）定制家具服务领域

快定制和阿拉私家分别从设计端和渠道端构建的角度，对定制家具这个细分领域展开服务。前者侧重于对设计师端进行建设，通过会员体系为设计师提供设计所需的灵感和素材，以及设计定制家具产品所必需的工具，并为设计提供落地相关的配套服务；后者从渠道着手，一方面通过技术手段建立应用程序，发展设计师或普通客户开展定制家具推广众包业务，基于人脉拓展市场，另一方面借助金融领域的优质资源，引进银行作为第三方开展金融服务，并基于银行、地产商和中介的渠道进行推广，为合作门店带来流量。定制家具领域服务平台的具体情况如表 3.3 所示。

表 3.3　定制家具领域的服务平台

平台名称	平台特点
快定制	（1）为设计师提供一个定制家具设计全流程一站式服务平台，设计可以直接落地 （2）平台内包含能够吸引设计师的素材、学习资料，使设计师具有一定"黏性"
快定制	（3）平台直接对接软装资源，为设计师解决软装整合的难题 （4）该平台绑定一家生产企业，产品自由度较低，局限性较大
阿拉私家	（1）通过互联网金融的方式为消费者提供专门针对家具产品的信贷服务 （2）借助技术和金融手段为 B 端赋能，发展众包业务，作为推广渠道 （3）通过银行、房产中介等渠道为门店开展全媒体引流推广 （4）将银行作为第三方提供可靠的交易保障，打消客户的顾虑 （5）借助金融的手段解决家具销售问题的模式还没有被市场完全接受

（3）原辅材料和机械设备服务领域

有关原辅材料和机械设备服务的平台比较多，有专门针对家具的，也有较为通用的。表 3.4 中列举了以真木网、中国木材网、家具机械采购平台和 JJCL亚洲家具材料网为代表的 4 个涉及家具原辅材料和机械设备的平台，其中真木网和中国木材网为第三方提供了一个发布产品信息或需求信息的场所，用户通过分类检索的方式搜索到相关信息并与有关方面进行对接。除此之外，真木网通过线上平台搭建了以拍卖为实质的"木材快卖"板块，促进了木材资源在国内的优化配置。中国木材网在木材百科、企业招聘、展会等方面有所布局，涵盖的内容更为丰富，对于新手而言比较友好。家具机械采购平台和 JJCL 亚洲家具材料网主要采用垂直电商的运作模式，可以直接在线上进行售卖。相对而言，家具机械采购平台主营家具机械设备及配件、辅料，配套的服务包括行业展会、资讯、招聘等信息，也提供第三方品牌入驻的服务。JJCL 亚洲家具材料网则以销售家具产品零部件或半成品为主要业务，具备开展对外贸易的优势。4 个平台各自的资源点、创新点和涵盖范围有所差异，但专业程度都比较高，面向以 B 端客户为主的特殊群体。

表 3.4　原辅材料和机械设备服务领域的平台

平台名称	平台特点
真木网	(1) 在木材贸易细分领域连通了买卖双方，加速信息流转 (2) 通过线上拍卖机制，实现了木材交易模式的创新 (3) 后期交易存在绕过平台的风险，平台利益难以保障 (4) 第三方在平台上发布信息，信息真实性存疑
中国木材网	(1) 整合买卖、资讯、百科、展会、招聘等多项服务，集成内容丰富多样 (2) 木材知识相关栏目对于平台访问者具有学习和工具意义，能够提升用户黏度 (3) 大部分内容为第三方发布，信息真实性存疑，同时平台自身利益难保障 (4) 整合的产业资源比较零散，且仅限于木材交易，产业链指导意义不足
家具机械采购平台	(1) 整合了机械产品销售、新闻资讯、展会和招聘资源，内容比较丰富 (2) 大部分产品采用自营模式，产品品质把控能力比较强 (3) 对于资源整合能力要求比较高，产品丰富度相对不足 (4) 没有构成核心竞争力，商业模式容易被复制 (5) 作为纯粹的电商平台，产业链结构仅限于销售领域，成本控制能力不足 (6) 平台内容专业性较强，缺乏必要的引流和客户留存手段
JJCL 亚洲家具材料网	(1) 专业从事家具原辅材料的线上交易和批发业务，专业度较高 (2) 业务范围涉及外贸范畴，具有整合国外相关资源的能力 (3) 整合了资讯信息和展会信息，具有一定的配套服务能力 (4) 采用联盟化的运作模式，确保货源信息可靠

(4) 设计服务领域

设计服务方面的平台中，酷家乐是一家主要通过自行研发的 3D 云设计技术生成家装效果图，同时借助 VR 技术实现全景呈现的技术型平台，其变现的主要方式是收集当前市面上 90% 以上的小区户型，一方面为家装企业、家具企业赋能，提供云设计解决方案，另一方面通过云设计方案中的产品搭配直接拉动第三方产品的销售。几案网创造了一个家具设计师的交流学习平台，以原创设计为核心，分享行业前沿资讯和新锐设计，并基于"互联网 +"将设计师与企业连接起来，致力于解决当前设计与市场需求错位的问题。牛犊秀平台同样是以加强企业与设计师之间的联系为主要目的，区别在于牛犊秀平台更加侧重于学生设计师群体，关注艺术设计类高校与企业之间的校企合作，并通过平台的资源为学生设计师提供设计作品打样落地的服务，具体情况如表 3.5 所示。

表 3.5　设计服务领域的平台

平台名称	平台特点
酷家乐	（1）从装修设计切入，在家装前端对产品销售实施截流 （2）将产品以直观的效果图形式虚拟呈现在消费者自己的户型中 （3）通过多种虚拟呈现形式为企业赋能，打通 B 端渠道 （4）产品需要建模并导入平台，技术要求高，成本高，且存在知识产权风险 （5）平台本身对于供应商产品信息的真实性监管难度大 （6）效果图与实物可能存在较大差异，造成货不对板的情况
几案网	（1）构建了专业化的家具设计平台，整合设计师、素材、招聘、竞赛等信息 （2）构建设计师圈子，促进企业与设计师之间的合作 （3）平台着力于营造设计师聚集地，对于设计的相关配套服务涉及较少 （4）平台本身受众面太窄，影响平台的流量
牛犊秀	（1）"互联网 + 校企合作"本身对于资源整合要求高，该领域尚属"蓝海" （2）紧紧抓住学生群体的设计潜力，布局知识产权领域，专业性较强 （3）与市场还存在距离，经济效益还不明显，因此在生产企业中的话语权不大 （4）行业大环境还不够重视知识产权，难以规避中小企业的不正当竞争

（5）家具资讯服务领域

该领域的服务型平台以提供家具行业内的各类最新资讯为主要服务内容，这一类的互联网平台有 77° 家具头条、家具采购网、家具迷等。77° 家具头条App 是一个基于移动端的微平台，其特点非常突出，就是整合发布全球家具产业链资讯信息，并配套提供家具展会、家具项目招投标及人才招聘服务，更新速度快，脉络非常清晰，对于新时代下的家具人而言具有重要的参考意义；家具采购网汇集了大量政府家具采购招标信息，对于企业投标政府工程项目具有重要的指导意义；家具迷主要为家具消费者提供咨询服务，并且建立了一套较为完善的平台知识体系，对于消费者认识家具具有重要的作用。具体情况如表3.6所示。

表 3.6　家具资讯服务领域的平台

平台名称	平台特点
77° 家具头条	（1）整合汇总了全球家具产业链资讯，参考价值高 （2）平台配套了展会、招标、招聘等咨询服务，具有较强的实际意义 （3）只有移动端平台，部分家具人尚未形成用户习惯 （4）基于平台开发的工具性质的应用较少，用户黏度不高
家具采购网	（1）作为政府采购信息网的一个分支平台，资源比较丰富 （2）平台在政府家具招标基础上整合了家具资讯信息，具有一定的参考意义 （3）将家具招标划分为标讯、大标追踪、中标排行等板块，专业性较强 （4）平台以提供资讯为主，缺乏引流和客户留存的手段
家具迷	（1）从卖场、品牌的角度整合了家具和家装资讯信息，具有较高的参考意义 （2）平台构建了一套较为完整的知识体系，具有教育意义，对用户留存有益 （3）平台包含了微信端，具有较强的传播意义 （4）主要目标群体是家具消费者，定位比较明确

（6）家居物流领域

"最后一公里"一直以来是家具行业的一个痛点，家具产品大件、易损、需要安装、售后复杂的特点令一般的物流企业望而却步，因此一批专业化提供家具产品送装服务的平台应运而生，比如日日顺、万师傅、一智通、能装能送、师傅帮、万装网、修达达等。比较有代表性的是万师傅、日日顺和一智通。万师傅平台通过类似于滴滴出行的接单模式，将体力与技术相结合的家居产品送货安装需求派单给经过平台简单培训、具有专业技能的师傅，通过众包的模式快速实现业务的全国铺开。平台只负责管理，相关服务由师傅自行完成，这种轻资产的运营模式比较方便，但对师傅的监管能力不强，服务水平参差不齐。日日顺是海尔集团建设的物流综合服务平台，采用重资产模式在全国各地建设中心仓库，发展 HUB 仓库和服务点，从而大面积铺开，实现仓储网、配送网、服务网、信息网四网合一，通过智慧物流体系提供专业化的家具等大件产品的送货服务。同时，该平台还将家具产品的安装和售后进行集成，为具有一定规模的家具商家提供一站式交付服务。一智通通过信息系统连通了商家、承运商和安装师傅，推动了信息在三方之间的流转，以轻资产的模式实现了家具交付的全流程服务。家居物流领域平台的具体情况如表 3.7 所示。

表 3.7 家居物流领域的平台

平台名称	平台特点
万师傅	（1）集中社会资源专业化提供家居送装售后服务 （2）采用接单模式，师傅根据自身技能水平和工作时间灵活开展服务 （3）引入金融机制，提供售后保障 （4）服务范围覆盖大部分家居产品，能够切实解决用户的痛点
日日顺	（1）依托海尔集团的品牌背书和资金实力构建遍布全国的物流网络 （2）从事家电、家居类大件产品的一体化交付服务，专业度较高 （3）依托配送车辆建立起送装一体化运作机制，并能够提供简单的售后服务 （4）借助先进的物流大数据系统实现资源的优化配置 （5）相比一般物流而言费用较高，对于中小品牌以及个人缺乏优势
一智通	（1）通过信息平台打通了商家、承运商和安装师傅，推动三者信息的流通 （2）安装师傅采用接单模式，开展工作的时间灵活 （3）能够为商家提供一体化的产品交付服务 （4）实际的落地服务全部依赖第三方，轻资产模式，监管难度较大 （5）业务承载能力难以有效保障，高峰时段容易出现延迟

（7）综合性平台

综合性家具平台是整合了多项资源，从多个领域对家具产业链的 B 端或 C 端展开服务的平台。此类平台对于资源整合能力要求比较高，各项功能之间需要存在数据关联，产品设计上也需要专门针对用户体验进行优化。目前此类平台多以资讯作为切入点，融合多项服务，最终以 B2B 服务作为主要盈利点。例如中国家具网整合了家具产业各类资讯信息，向门户网站的发展思路靠拢，分类信息及配套服务关联家具产业链的供需关系、企业、产品、招商、招聘、设计等各个领域，平台上的家具销售链接直接指向天猫平台，简化运营，平台本身通过提供有偿的商业咨询和技术服务实现盈利；家具行业信息平台打造了一个综合服务 App，整合了家具行业的资讯、供求、展会、招聘等面向 B 端客户的信息资源，也提供面向 C 端客户的产品定制服务，还通过收录企业、品牌和产品信息，为 B 端客户提供了一个较为便捷的企业宣传手册。第一家具网通过建立移动端平台，整合行业资讯、代运营、商业咨询、产品销售等针对 B 端或 C 端客户的服务，并通过移动端优秀的可传播性进行推广。但此类平台的通病在于本身仅对家具从业者具有一定意义，平台所链接的资源还无法形成贯穿整个家具产业链的信息流，同时流量严重不足，缺乏用户留存的手段，主要盈利点也并非来自平台的经营，因此更趋向于"官方网站"而丧失了平台的"链接"属性。综合性家具平台的具体情况如表 3.8 所示。

表 3.8　综合性家具平台

平台名称	平台特点
中国家具网	（1）以家具行业分类资讯为主，提供综合服务 （2）平台涵盖供需、企业、产品、招商、招聘、设计等多个领域 （3）平台除发布信息外，还能提供部分有偿商业服务 （4）平台中的销售链接直接引流到天猫平台，实质上平台仅作为展示场所 （5）面向的用户群体较窄，且缺乏必要的客户留存手段，流量不足
家具行业 信息平台	（1）以手机 App 的形式整合了资讯、供求、展会和招聘信息，比较广泛 （2）能够为消费者提供个性化定制服务 （3）收录了品牌、企业和产品信息，构建了一个便携式的企业宣传册 （4）既包含行业资讯和服务，也包含产品销售，但用户群体不够清晰
第一家具网	（1）整合行业资讯、公众号运营、产品销售、咨询服务等多个功能 （2）借助微信公众号和移动端平台建立，传播属性比较强 （3）通过跨平台的方式整合了招商和制造相关资源 （4）主营业务针对 B 端客户，针对 C 端客户的销售仅通过微信吸引力不足 （5）建立了一套知识体系可供参考，但检索内容存在较大不便

通过对以上涉家具类服务平台的分析可以发现，此类平台专注于某一个点，在这个领域中具有明显的优势地位，专业化程度较高。但通过比较不难发现，这些服务型平台虽然各自深耕互不相同的领域，但在某些方面上存在共同的缺陷，这些缺陷主要表现在平台本身过于专业，受众群体数量较小；且平台本身功能单一，价值感不明显，除了业务需要以外，没有其他方式实现用户留存；各个平台分属于不同的企业，平台之间互不相通，难以形成大数据流。这些缺陷构成了此类服务平台发展的天花板，最终制约了平台和企业的发展。

3.1.1.3　涉家具类互联网平台的研究总结

从上文对涉家具类互联网平台的研究中我们不难看出，这些平台或从事电子商务，或帮助设计落地，或提供专业资讯，均在其所布局的领域取得了一定的成就。但站在家具产业链的角度来看，目前此类互联网平台对家具产业链的推动作用有限，存在以下几个方面的不足。

① 由于家具产品长周期、低复购的特殊属性，这些平台的关注度普遍比较低，也缺乏必要的用户留存手段，平台生存的命脉——流量得不到有效的保障。

② 这类平台主要集中在家具的销售领域、设计领域以及资讯领域，有关家具生产制造的平台多为企业内部平台，专注于家具供应链的平台也比较少，有的涉及产业链中的几个方面，但目前还没有一个平台能够打通家具全产业链。

③ 相关平台普遍目的性过强，对于圈外人员不具备教育意义，即便对于家具业内人员而言，这些平台的产品终生价值（LTV）、活跃度、使用时间、平均用户收益（ARPU）等指标都非常有限，难以成为有价值的工具。

④ 国内家具产业仍然以中小型企业为主，绝大部分企业建立的互联网平台无法互联互通，造成了产业链各个环节的隔离，不具备普适性，对于产业链的提升作用有限。

3.1.2 创建家具产业链互联网平台的主旨思路

随着大数据、云计算、物联网、人工智能等信息技术的不断发展，新一轮科技革命和产业变革已经开始，产业的转型升级已经从企业内部创新转变为跨领域多主体创新网络，制造业互联网化已经成为大势所趋。从产业链稳定发展的角度来看，建设一个能够贯通行业各个环节的互联网平台，对于传统产业"互联网+"转型升级具有很强的推动作用。

从家具产业链互联网平台建设的意义和其应当发挥的效能来考虑，并借鉴目前涉家具类平台建设和运营经验，笔者认为应当立足家具行业的实际情况，建设覆盖产供销各个主要环节，对大多数家具企业具有普遍适用性，汇聚家具产业链各方面资源，对家具行业从业人员和普通用户皆有吸引力的涵盖家具全产业链的综合性互联网平台。

该平台应当满足三个基本要求：①平台功能能够覆盖家具产业链产供销各个主要环节；②面向大多数家具企业，而不只针对某种特殊类型的家具企业；③具备融合产业链各种不同资源，进行深度内容运营的能力。

产业链是人们通过关联产业的社会生产，将自然资源集中、运输和加工成为产品并转移到消费者手中的全过程。根据上述三项要求，基于家具行业的实际情况，并结合笔者在家具产业链一线进行相关研究的经验，首先应当将家具产业链按照社会生产的分工进行拆分。

家具产业链依据行业上下游关系可以划分为四个主要环节，即研发生产环节、供应环节、流通环节和配套环节。其中研发生产环节主要涵盖了家具及其零部件的设计研发和生产制造两个方面，负责将家具从原材料转变为具体的商品；供应环节主要包括生产所需原辅材料和机械设备的生产、供应；流通环节主要指家具产品生产出来以后在市场上进行流通的过程，例如传统的家具流通环节是通过展会发展经销商，经销商租赁销售场所，再通过经销商销售给消费者的过程；配套环节则是在家具产、供、销三大主干环节以外与产业链发展息息相关的配套服务，例如科研领域的校企合作、人力资源方面的人才招聘、企业生产过程中受到政府职能部门监管的事项、企业发展过程中需要的金融资本服务以及家具原材料、零部件和成品在各个环节中流转所需要的物流售后服务等。笔者对相关环节进行了简要的梳理，得出创建家具产业链互联网平台的主旨思路，如图 3.1 所示。

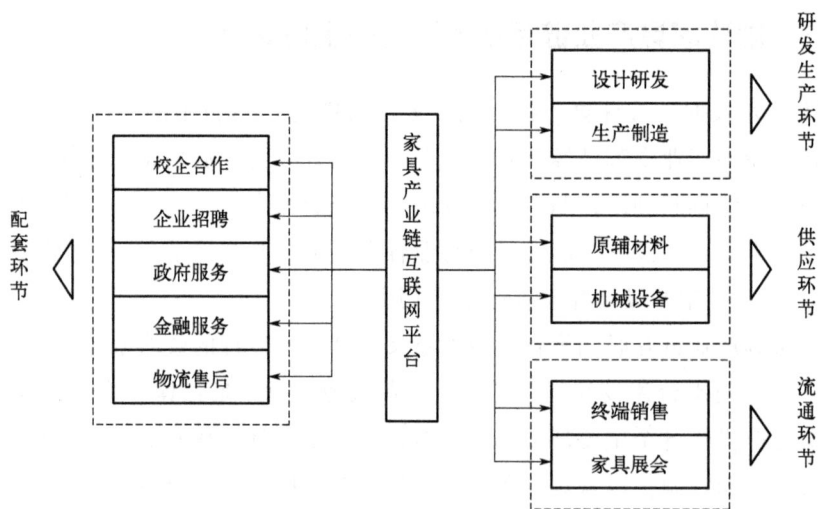

图 3.1 创建家具产业链互联网平台的主旨思路

3.1.3 家具产业链互联网平台业务逻辑分析

以上文中拟定的创建家具产业链互联网平台的主旨思路为依据，接下来从研发生产环节、供应环节、流通环节和配套环节这四个方面来阐述家具产业链互联网平台应该具备的功能和核心业务，最终演化出家具产业链互联网平台的功能板块（即业务逻辑）。

3.1.3.1 研发生产环节

研发生产环节主要涉及的工作是产品的设计研发与生产制造。

（1）设计研发

设计研发方面的主要职能是设计师基于一定的需求和相关的资源，通过设计软件将产品设计出来的过程。在互联网新常态下，大数据已经成为产品开发的重要依据，大数据的具体内容包括市场数据和企业数据，此外，资讯信息也是影响市场和企业的重要因素。设计的主体是设计师，在家具领域，最主要的设计师包括负责产品外观和功能的造型设计师，以及负责设计产品内部结构，将设计方案与材料、人工、设备协同，落实为量产产品的结构设计师，此外，部分家具产品的设计还需要平面设计师和空间设计师的参与。设计师进行设计时需要一定的参考资料，例如家具设计风格、家具材料、参考尺度标准、著名品牌以及民用、户外、办公等不同使用场景中的家具产品应当具备的特点等，以往这些参考资料往往需要设计师自行进行收集和整理，其实效性、准确性、严谨性都存疑。当前，家具设计师工作中最主要的工具就是各类设计软件，主要有定制家具或者活动家具专用的设计软件，以 3DS MAX、CAD、Photoshop为代表的通用工具软件，以及能够直观感受家具实物效果的渲染软件、VR 软件等。产品的设计研发规划分析如图 3.2 所示。

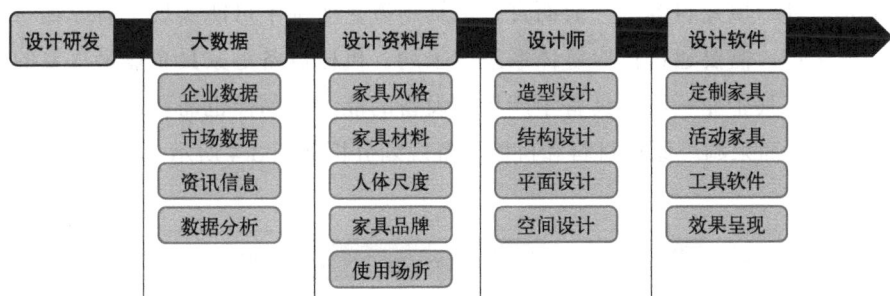

图 3.2 产品的设计研发规划分析

（2）生产制造

生产制造是家具企业的工作重点，主要包括组织管理、开发管理和生产管理三个重要体系。组织管理主要针对工厂的人员、岗位和架构进行管控；开发管理是站在企业层面对产品进行设计，或者将设计图纸转变为符合企业生产条件的工艺图纸，再进行打样生产，管理产品的深化设计、成本控制和试产；生产管理是对产品的大批量生产进行调控，实现高质量、高效率和低成本的生产，主要涉及的工作内容是原辅材料管理、生产计划安排、生产物料统筹、工时工价控制、投入产出分析等。目前这些生产管理过程大多通过企业内部的 ERP、MES 等相关软件来实现。生产制造规划分析如图 3.3 所示。

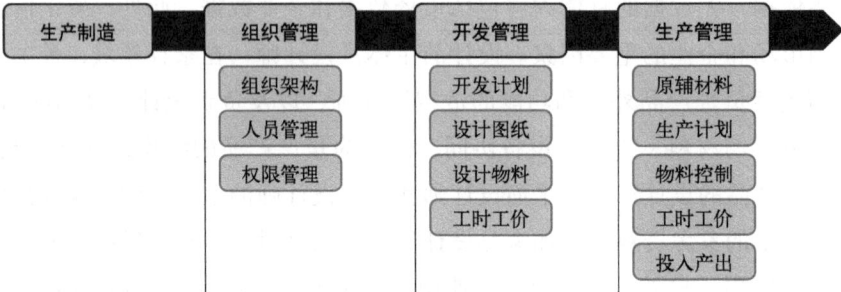

图 3.3 生产制造规划分析

3.1.3.2 供应环节

供应环节关系到企业正常运转所需的原辅材料和机械设备的采购。

家具的原辅材料种类繁多，从材质上分类包括天然木材、人造板材、金属材料、有机材料、竹藤材料、玻璃、织物、皮革、石材、涂料、胶黏剂、五金、电子元器件、填充料等。一般而言，家具制造企业都不可能实现所有原辅材料的自行生产，需要通过供应链体系进行采购。机械设备是家具企业最重要的生产资料，家具企业一般不具备生产机械设备的能力，同样也需要通过供应链向设备生产厂商采购。原辅材料和机械设备规划分析如图 3.4 所示。

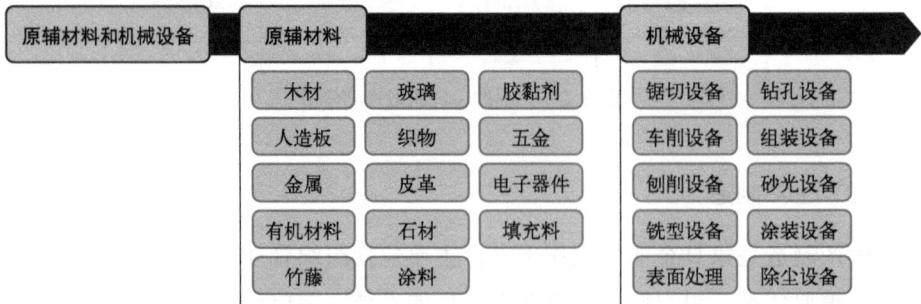

图 3.4 原辅材料和机械设备规划分析

3.1.3.3 流通环节

家具产品出厂后就要进入市场，通过各种渠道流转起来，最终到达客户家中。流通环节主要包括家具展会和终端销售。

（1）家具展会

国内市场上家具零售主要有直营和经销两种模式，直营模式由生产厂家直接销售，经销模式则通过全国各地的家具经销商向消费者销售。对于经销模式，家具展会是家具厂家招募经销商的最重要渠道，也是家具行业发展趋势的风向标、家具行业从业者进行沟通和交流的重要平台。全球家具界已经形成了十余个具有巨大影响力的家具展会，涉及家具展会的服务包括展会介绍、参展品牌、便捷服务、观众报名、展商报名等。家具展会规划分析如图 3.5 所示。

| 家具展会 | 展会介绍 | 参展品牌 | 便捷服务 | 观众报名 | 展商报名 |

图 3.5 家具展会规划分析

（2）终端销售

终端销售是家具最终出售给消费者的环节。通常消费者都是到形形色色的家具店挑选家具，因此针对家具店就有专门的门店管理和市场拓展工作；在"互联网+"的浪潮之下，涌现出一批线上销售家具的模式，其中团购和众筹两种模式最具吸引力。除此之外，在信息时代下对终端销售的管理手段也更进一步，一系列有关订单、客户、财务、市场等方面的信息系统逐步上线，成为营销管理的重要工具。终端销售规划分析如图 3.6 所示。

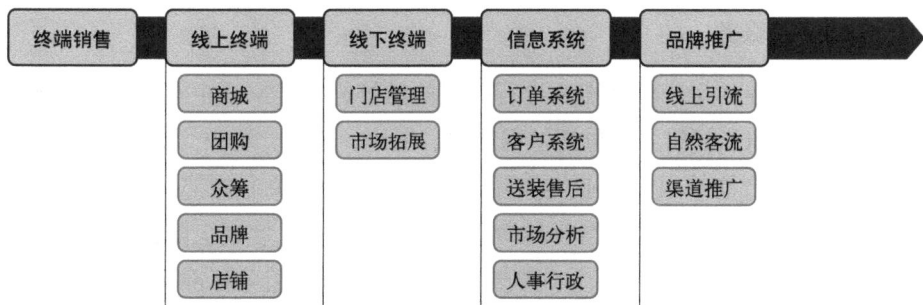

终端销售	线上终端	线下终端	信息系统	品牌推广
	商城	门店管理	订单系统	线上引流
	团购	市场拓展	客户系统	自然客流
	众筹		送装售后	渠道推广
	品牌		市场分析	
	店铺		人事行政	

图 3.6 终端销售规划分析

3.1.3.4 配套环节

配套环节虽然不是家具产业链最核心的部分，但却是家具产业链平稳有序和长远发展的重要保障。

（1）校企合作

校企合作是产业链中重要的人才实践培养模式，也是国内家具企业与高校合作的重要方式。学校需要企业帮助建立校外实践基地，开展实践教学活动；企业可以从校企合作中谋求解决某些科研课题的途径。高校和科研机构中的很多行业专家也能够为企业生产提供指导性意见。另外，近年来学校教师和企业教师开设的理论和实践公开课受到工程类学生和企业职工的欢迎，这个项目也应当成为校企合作的重要内容。校企合作规划分析如图 3.7 所示。

（2）企业招聘

人才一直是企业发展的根本，除了自我培养以外，招聘也是企业获取人才的重要渠道。根据招聘形式的不同，可以划分为职位招聘、专场招聘和高端人才招聘三种基本类型。企业招聘规划分析如图 3.8 所示。

图 3.7 校企合作规划分析

图 3.8 企业招聘规划分析

（3）政府服务

政府对企业的生产活动需要进行一定的监管，对于家具企业而言，主要发生关联的政府职能部门主要包括知识产权、工商、环保、税务、消防、安监等。目前还没有平台能够根据产业链实际情况梳理清楚相关职能部门的办事流程，企业在办理相关事务时往往需要耗费大量时间和精力，客观上降低了企业的行政效率。作为一种工业产品，家具产品需要达到国家相关标准的要求。此外，一些高端产品还需要达到国际标准或行业标准，通过家具产业链互联网平台将家具相关标准进行归类汇总，对于相关标准的查阅、普及以及产品品质的提升，都具有重要意义。政府服务规划分析如图 3.9 所示。

图 3.9 政府服务规划分析

（4）金融服务

金融是企业发展到一定阶段以后无法绕开的关键环节，通过金融的方式解决资金问题，是企业发展的必然选择。家具产业链互联网平台建设的初衷之一，就是要连接与家具相关的各种资源，金融服务就是其中的一种。通过平台进行投资和融资，以及开展各种金融活动，能够大大激发产业链活力，调动企业积极性，从而在经营过程中投入更多的精力。金融服务规划分析如图 3.10 所示。

图 3.10 金融服务规划分析

（5）物流售后

物流售后体系是连接家具产业链的纽带，承担的职能主要有城市与城市之间的长途物流（包括国与国之间的进出口转运）、城市内家具产品的短途配送、产品的仓储、卸货和上下楼等搬运服务、家具产品的安装、产品的售后服务等。完善的物流仓储体系能够确保产品快速、完好地运抵目的地，并提供良好的送装售后服务。物流售后规划分析如图 3.11 所示。

图 3.11 物流售后规划分析

3.1.4 家具产业链互联网平台基本架构

通过对家具产业链实际情况进行分析，可以划分出家具产业的四大核心环节——生产环节、供应环节、流通环节以及配套环节，在此基础上进一步细化成为包含设计研发、生产制造、原辅材料和机械设备、终端销售、校企合作、企业招聘、家具展会、政府服务、金融服务、物流售后 10 个板块。考虑到平台建设的实际意义和相关功能的重要性，结合目前家具产业链的具体发展，经过整理和归纳，将类似的项目进行合并，对不准确的板块命名予以调整，最终整理出以六大板块为核心的家具产业链互联网平台基本架构，如图 3.12 所示。

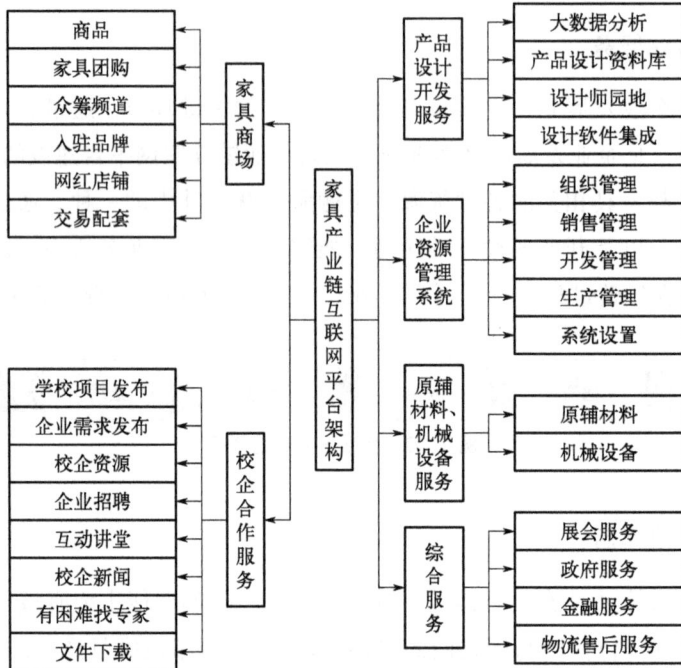

图 3.12 家具产业链互联网平台基本架构

3.2 家具产业链互联网平台的技术规划

3.2.1 家具产业链互联网平台的技术架构设计方案

本书在 2.2 节中明确了分层、分割、分布式、集群、自动化、冗余、缓存、异步、安全是现代大型互联网平台系统架构中较优的设计模式。本小节将从网站的性能瓶颈分析入手，以细化的家具产业链互联网平台系统架构设计思想为指导，提出本平台的系统分层架构、物理架构、开发架构、网络拓扑结构和可扩展物理架构的具体设计方案。

3.2.1.1　网站的性能瓶颈分析

性能是大型网站中重要的要素之一。网站性能最直观的说法就是访问速度的快慢，这也是用户的真实体验感受。简单来说，用户从输入网址按下回车键到看见网页的快慢就是性能的体现。而用户访问一个网站的运行过程远不止如此，从用户输入网站域名开始，通过 DNS 解析，找到目标服务器的 IP，其请求数据经过互联网到达目标服务器，然后目标服务器收到这个请求数据，进行处理（包括执行程序、访问数据库与文件服务器等），处理完成后将响应的数据经过互联网返回到用户浏览器，浏览器得到结果进行计算渲染，最后显示给用户。整个运行过程中都体现着网站的性能。

影响网站性能的因素有很多，主要有以下 4 个方面。

（1）网络负载

① 公网负载。

公网就是广域网（wide area network，WAN），是连接不同地区局域网或城域网计算机通信的远程网络。公网负载直接关系到公网网络中承载的流量以及网络设备承载的用户数量。

② 内网负载。

内网就是我们平常说的局域网，局域网可以是独立封闭运行的，也可以是和公网相连接的。内网与公网的连接需要网络地址转换（network address translation，NAT）协议，通过它来实现内网的 IP 地址与公网的 IP 地址之间的相互转换。

内网负载直接关系到内网网络中承载的流量以及网络设备承载的用户数量。

（2）Web 应用服务器性能

反映 Web 应用服务器性能的数据包括：①客户端数据，主要包括服务器响应时间、网络传输速率、请求失败的比例；②服务器端数据，主要包括 CPU 资源占用率、可用内存数、磁盘 I/O 速率、与数据库的连接速率。

这些性能数据可以反映服务器的性能及其瓶颈所在，例如，当网络传输数据太慢时，网站带宽也许是服务器的瓶颈；当 CPU 占用率时常保持在 75% 以上时，说明 CPU 性能是服务器的瓶颈。

（3）数据库服务器性能

① 数据库参数配置。

数据库可被视为电子化的文件柜——存储电子文件的处所。数据库中都会安装一个管理系统，具有存储、截取、安全保障、备份等基础功能，数据库有的是免费开源的，有的是收费闭源的，不同种类的数据库在功能、易用性、部署的难易程度上也不相同。可见，配置什么样的数据库是十分重要的一步。

在实际应用中，数据库的选用原则一般是：如果业务量少、业务较简单，可选用桌面数据库，如 Access 之类的数据库，即通常所说的 F/S（文件 / 服务器）模式；如果网站初具规模，业务量较大，则建议使用 VFP+MS-SQL，即通常所说的 C/S（客户机 / 服务器）模式；如果是大网站，业务流量大，数据库访问频繁，则建议选用 InterDev+MS-SQL 数据库，即 B/S（浏览器 / 服务器）模式。

② 服务器硬件性能（CPU、内存、磁盘）。

CPU 的选择主要考虑需要多少数量和它的频率是多少。不同的使用场景需要不同的选择，要根据网站的规模和其他配置来决定。

对内存的选择，通常注意以下问题：服务器所支持的最高内存；主板支持的最大内存频率；每个通道的内存做到相同品牌、相同颗粒、相同频率电压、相同校验技术、相同型号。

磁盘的配置可以从存储容量、传输速度、访问时间、主轴转速、物理尺寸等方面来选择。

③ 数据结构的合理性。

数据结构指的是计算机存储和组织数据的方式。常用的数据结构有线性表、队列和栈、树（重要的有二叉树、B+、B-、排序树、平衡树等）、图等，合理的数据结构设计也会提升数据库服务器性能。

（4）应对不同的性能瓶颈采用不同的 Web 应用处理方式

① 静态页面。

由标准的 HTML 标示语言构成的静态 HTML 页面不需要服务器端进行即时运算来生成。当对一个静态 HTML 文档发出访问请求后，服务器端只是简单地将该文档传输到客户端，整个传输过程仅仅占用了很小的 CPU 资源。因此，静态 HTML 页面的访问瓶颈就是网络带宽、磁盘 I/O 以及 Cache（高速缓冲存储器）。

② 动态页面。

服务器解析动态页面必须在其传输到客户端前进行，这样会给应用服务器增加额外的性能消耗，如果还要访问数据库，则会进一步增加数据库服务器的性能消耗，所以相对于静态页面，动态页面还有一些额外的瓶颈：应用服务器的性能和数据库服务器的性能。

3.2.1.2 系统架构设计

为提升家具产业链互联网平台的高并发性能，提高开发效率及运营效率，笔者主要按以下几个思路进行规划设计。

（1）系统要实现负载均衡

负载均衡（load balance）的主旨是将任务分摊到多个操作单元（Web 服务器、FTP 服务器、企业关键应用服务器和其他关键任务服务器等）上进行协同执行来完成工作任务。负载均衡的方法就是对系统中的负载情况进行动态监控与调整，尽量减少或消除系统中各个节点上负载不均衡的现象，具体实现方式是将过载节点上的任务转移到其他轻载节点上，尽可能实现系统各节点上的平衡，从而提高系统的吞吐量。笔者从以下三个层面来实现整个系统的负载均衡。

① 四层交换负载均衡。采用 LVS（Linux virtual server，Linux 虚拟服务器）来实现软件的四层交换负载均衡，采用负载均衡器来实现硬件级的四层交换负载均衡。

② 通过第三方软件来实现负载均衡，实现页面请求缓存。反向代理服务器集群通过 Nginx（engine x，HTTP 和反向代理 Web 服务器）实现，同时静态页面和图片的缓存通过搭建 Squid（高性能的代理缓存服务器）集群来实现。

③ 通过 Web 服务器的配置来实现负载均衡。即通过 NLB（network load balance，网络负载平衡）或是 APR（application request router + Web Farm + Url Rewrite）将客户请求均衡的分给 IIS1（IIS，internet information services，互联网信息服务器）、IIS2 等去处理。

（2）Web 应用开发架构思路

① 使用 MVC 三层架构进行 Web 应用开发。

MVC（model view controller）是模型（model）、视图（view）、控制器

（controller）的缩写，MVC 的主旨是用一种数据、业务逻辑、界面显示分离的方法来组织代码，将业务逻辑聚集到一个部件里面，这样在改进和个性化定制界面以及与用户交互的同时，就不需要再重新编写业务逻辑。它十分适合用于大型的、可扩展的 Web 应用的开发之中，它强制性地将应用程序的输入、处理和输出分开，将其划分为模型、视图和控制器三个核心部分，使它们各司其职，各自完成不同的任务，最重要的是其中任何一部分的修改都不会影响到其他两部分。MVC 的体系结构如图 3.13 所示。

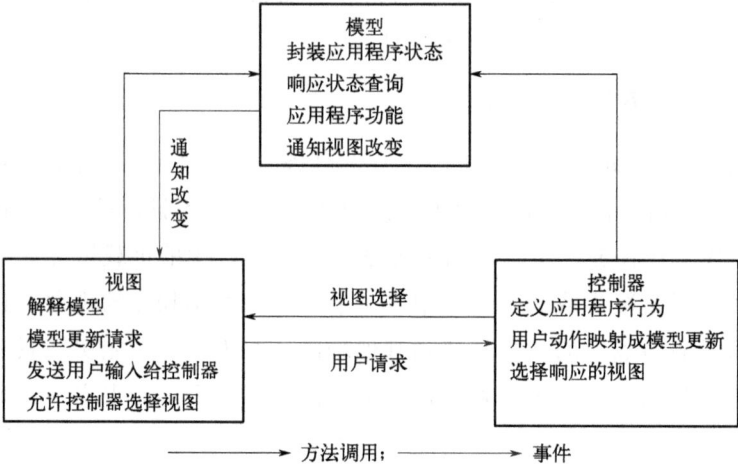

图 3.13 MVC 的体系结构

使用 MVC 模式的好处在于开发人员只需将大部分精力集中到实际业务逻辑的处理上，这样有利于快速且有效地开发出 Web 应用程序。在这种模式下，控制逻辑、用户显示和业务处理逻辑是互相分离的，如果业务需求发生变化，则主要修改用于处理业务逻辑的组件即可，这就更加便于系统的维护和升级。

② 为减少动态数据访问，页面尽可能静态化，考虑采用第三方开源的 CMS（内容管理系统）来生成静态页面。

消耗最小、效率最高的就是纯静态化的 HTML 页面，所以我们尽可能使网站上的页面采用静态页面，这种方法虽然简单但也是最有效的。大型网站往往包含着大量的内容并且更新的速度十分频繁，我们不可能全部通过手工操作把所有这些更新都变成静态页面，要解决这个问题就需要 CMS。CMS 可以将最简单的信息录入自动生成静态页面，还具备权限管理、频道管理、自动抓取等功能，拥有一套高效、可管理的 CMS 对于一个大型网站来说是必不可少的。

家具产业链互联网平台构建方法与实践

③ 采用 ASP.NET 配置实现页面缓存，采用 Redis 实现数据缓存。

缓存技术的应用是非常广泛的，这个优化网站性能的策略在 2.2 节已经讨论过。缓存技术的作用是提高系统（网站）的执行效率。对于页面缓存和数据缓存，笔者考虑分别使用 ASP.NET 和 Redis 来实现。

页面缓存的作用就是让客户端将某些访问过的内容保存到本地磁盘上，使用 ASP.NET 制作出 aspx 静态页面，当客户端在短时间内再发送同样的页面访问请求时，就可以直接使用，而不用去数据库调用。

在提高网站性能上，除了本地缓存外，更加需要部署的是分布式缓存。分布式缓存运用独立的缓存服务器来进行数据的存储，可以存储海量数据，适应高并发同时访问。笔者使用 Redis 来实现分布式缓存技术，考虑因素主要有两点：Redis 有丰富的数据结构，简单易用，有 hash、list、set 以及功能丰富的 string 的支持；Redis 单点的性能也非常高效；Redis 数据存储节点可以无限动态扩展，当数据量增大时，可增加节点来提供更好的服务；当数据量减少时，动态减少节点，降低企业运营成本。当节点发生故障时，可以动态监测发现故障节点，并将该故障节点的数据转移到正常节点上。

④ 采用独立的图像服务器集群来实现图片资源的存储及 Web 请求。

对于 Web 服务器来说，不管是 Apache（世界使用排名第一的 Web 服务器软件）、IIS（一种 Web 网页服务组件）还是其他容器，图片都是最消耗资源的，于是笔者考虑采用页面与图片分离的策略，这也是一般大型网站都会采用的策略。大型网站都有单独的甚至是多台图像服务器，这样的部署既可以降低提供页面访问请求的服务器系统压力，还可以保证系统不会因为海量图片的问题而崩溃，在应用服务器和图像服务器上可以分别进行不同的配置优化。

（3）数据存储的设计思路

① 笔者将数据库进行拆分处理，预留负载分离接口，可根据业务类型进行分离，把生产数据库和查询数据库分离，拟采用 Always On（可用性组功能）实现数据库的高可用性。

关于数据库的拆分在 2.2 节中已经讨论过，根据网站业务板块性质的不同来进行水平拆分是对系统架构的优化方式之一，通过上一节对家具产业链互联网平台业务逻辑的分析确定了六个业务板块，在这里就可以在生产数据库和查询数据库分离为组内结构的基础上将整个数据库集群拆分成六个部分（也可以根据业务量的情况再具体拆分）。

② 采用高效的网络文件共享策略，采用图像服务器来实现页面的图片存储。

网络共享文件是一种新型的共享模式，也就是说用户可以通过网络共享计算机的资料，可以说是相当的方便。网络文件共享方式包括网上邻居、映射网络驱动器、通过 UNC（universal naming convention，通用命名规则）路径来共享文件以及通过命令来共享文件等。

网上邻居，这应该是最容易也是最常用的方法，但它依赖"网络客户端"服务的正常运行，并且易受到病毒破坏。

映射网络驱动器，它可以将本地驱动器号映射到网络上的任何共享资源，这样无论从 Windows 用户界面还是从命令行，都能更加便捷地访问共享资源，每个映射驱动器在"我的电脑"中都有一个图标，并且在 Windows 资源管理器的左窗格中列出，Windows 系统其实提供了多种映射驱动器的方法。

通过 UNC 路径来共享文件：基于 UNC 路径的 IP 形式来访问，例如在"开始"菜单下的"运行"输入"\\192.168.0.8"，但前提是在网卡、协议、连接都没问题的情况下；基于 UNC 路径的名字形式来访问，例如在"开始"菜单下的"运行"输入"\\server"，前提是基于 UNC 路径的 IP 形式（如"\\192.168.0.8"）来访问没有问题；基于 UNC 路径的 DNS 名称来访问，例如在"开始"菜单下的"运行"输入"\\server.mcse.com"，前提是基于 UNC 路径的 IP 形式（如"\\192.168.0.8"）来访问没有问题。

通过命令来共享文件，这种方法主要是利用net use命令（一种计算机语法）来完成，而它也是唯一采用手工输入命令来完成的方式，即回到以前的 DOS 状态下，通过 DOS 命令查看、复制网络上的共享资源。

现在很多网站上都有海量的图片，在网页传输中图片占据了主要的数据量，成为影响网站性能的主要因素。因此很多网站都会将图片放到一个虚拟目录中，将图片存储分离出来。另外配置一个或者多个服务器来存储这些图片，而在网页上的图片则是用一个 URL 地址来指向这些服务器上的图片地址，通过这样的处理后网站的性能得到了明显提高，图像服务器（image server）的概念也就产生了。本家具互联网平台也考虑使用基于网络映射的图片文件管理，通过集群负载均衡对外提供图片浏览服务。

图像服务器有以下优点：分担 Web 服务器的 I/O 负载，将耗费资源的图片服务分离出来，提高服务器的性能和稳定性；能够专门对图像服务器进行优化，为图片服务设置有针对性的缓存方案，减少带宽成本，提高访问速度；提高网站的可扩展性，通过增加图像服务器，提高图片传输的能力。

（4）不同网络用户访问时的处理思路

① 不同网络服务商的接入速度问题通过引入 CDN 来解决，此方法一般只能解决静态页面的访问问题。

CDN 代表了一种基于秩序与质量的网络服务模式。简而言之，CDN 是一个经过策略性部署的整体系统，包括负载均衡、分布式存储、网络请求的重定向与内容管理 4 个要件，其中内容管理和全局的网络流量管理（traffic management）是 CDN 的核心。以用户就近性和服务器负载的判断为基础，CDN 可以确保内容以一种极为高效的方式为用户的请求提供服务。

② 通过镜像技术在不同运营商机房部署服务器来解决不同网络服务商接入速度不同的问题。

镜像是大型网站常常采用的提高数据安全性和性能的方式，镜像技术可以解决不同网络接入商和地域带来的用户访问速度差异，比如 ChinaNet 和 EduNet 之间的访问速度差异就促使许多网站在教育网内搭建镜像站点，对数据进行实时更新或者定时更新。

3.2.1.3　总体架构

上文主要从网络负载、Web 应用服务器性能、数据库服务器性能、对不同的性能瓶颈使用不同的 Web 应用处理方式这四个方面明确了网站的性能影响因素，以及笔者如何应对的想法，在此基础上提出了具体的系统架构设计的思路。

（1）如何部署负载均衡

实现硬件级的四层交换负载均衡拟采用负载均衡器，实现软件的四层交换负载均衡则拟采用 Linux 虚拟服务器；反向代理服务器集群拟采用 Nginx 实现，静态页面和图片的缓存拟搭建 Squid 集群来实现；Web 服务器的配置拟通过 NLB 或 APR 进行。

（2）如何进行 Web 应用开发

拟采用 MVC 三层式架构进行 Web 应用开发；为了减少动态数据的访问，网站中的页面尽可能静态化，对交互性要求很高的网站业务板块拟采用 CMS 来生成静态的内容页面；页面缓存拟采用 ASP.NET 技术来实现，数据缓存则采用 Redis 实现；图片资源的存储及 Web 请求拟通过搭建独立的图像服务器集群来实现。

（3）如何部署数据存储

根据业务类型将数据库进行拆分，在预留负载分离接口的前提下把生产数据库和查询数据库分离开，数据库的高可用性拟采用 Always On 来实现；拟采用高效的网络文件共享策略，页面的图片存储拟采用图像服务器来实现。

（4）如何应对不同网络用户访问

拟用内容分发网络（CDN）、镜像技术来解决不同网络服务商的接入速度差异问题。

3.2.1.4 总体架构模型图

笔者在分析影响网站性能因素的基础之上，基于家具产业链互联网平台网站系统架构设计的总体思路指导，提出了该网站的系统分层架构、网站的物理架构、网站的开发架构、网络拓扑结构、可拓展的物理架构五个具体的网站架构设计方案。

（1）网站的系统分层架构

该平台系统按不同功能分为负载均衡、Web 服务、数据存储三层，如图 3.14 所示。

① 负载均衡层：a.实现硬件级的四层交换负载均衡拟采用负载均衡器，实现软件的四层交换负载均衡则拟采用 Linux 虚拟服务器；b.反向代理服务器集群拟采用 Nginx 实现，静态页面和图片的缓存拟通过搭建 Squid 集群来实现。

② Web 服务层：a.采用 MVC 三层式架构进行 Web 应用开发；b.为了减少动态数据的访问，网站中的页面尽可能静态化，对交互性要求很高的网站业务板块拟采用 CMS 来生成静态的内容页面；c.页面缓存拟采用 ASP.NET 技术来实现，数据缓存则采用 Redis 来实现；d.图片资源的存储及 Web 请求拟建独立的图像服务器集群来实现。

③ 数据存储层：a.根据业务类型将数据库进行拆分，在预留负载分离接口

的前提下把生产数据库和查询数据库分离开，数据库的高可用性拟采用 Always On 来实现；b.采用高效的网络文件共享策略，页面的图片存储拟采用图像服务器来实现。

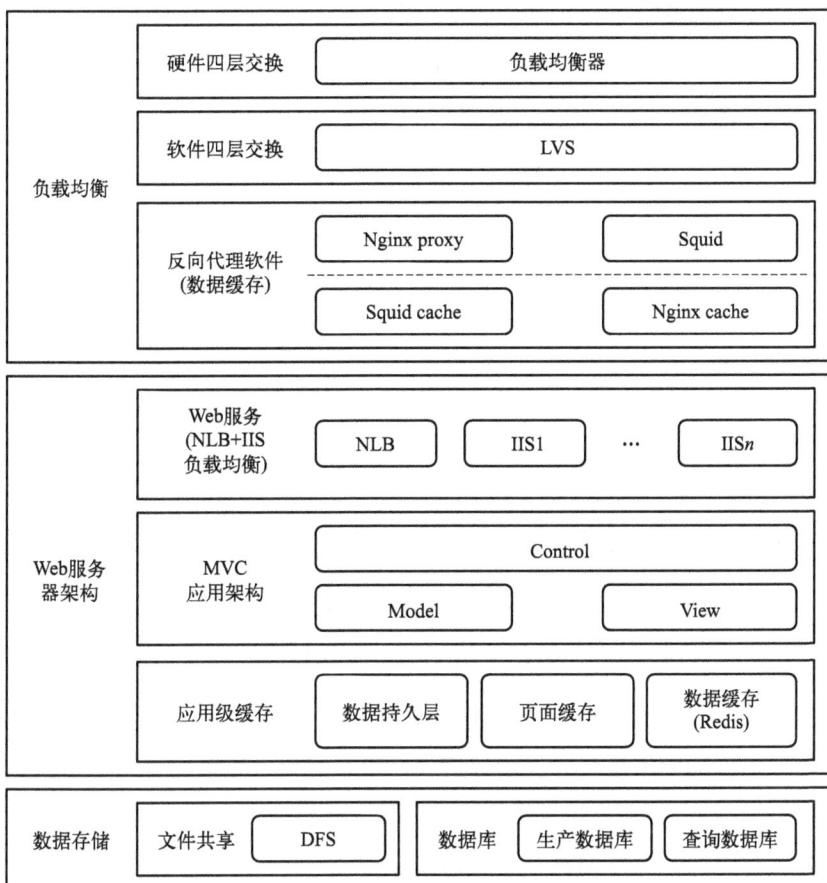

图 3.14　家具产业链互联网平台的系统分层架构

（2）网站的物理架构

网站物理架构上将负载均衡层分为硬件四层负载均衡器和反向代理服务器集群，将 Web 服务器、数据库服务器和静态资源服务器划分为服务器管理集群，从而方便各专业运维团队进行运行维护，如图 3.15 所示。

（3）网站的开发架构

从开发维护角度可以将软件分为通信层、消息中心、业务层、持久层、数据层，如图3.16所示。

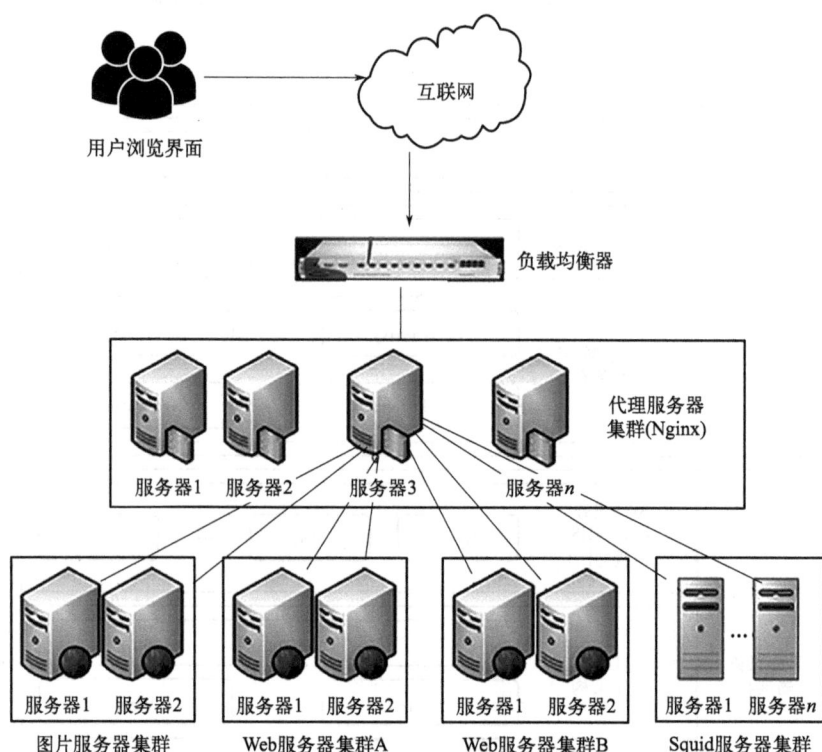

图 3.15 家具产业链互联网平台物理架构

① 通信层的作用是对底层的通信属性进行编码，它描述了与通信双方有关的一组属性参数，包括消息发送/接收者的指定、通信进程的标识等。

② 消息中心具有低耦合、可靠投递、广播、流量控制、最终一致性等一系列功能。

③ 业务层应用MVC架构，使用微软 ASP.NET 技术引擎，实现高效响应；使用 Redis 缓存技术实现数据高速访问。

④ 持久层是把数据保存到可掉电式存储设备中。持久层是负责向一个或者多个数据存储器中存储/获取数据的组件和一组类。

⑤ 数据层负责数据的存取，根据业务类型将数据库拆分和预留负载分离接口，且把生产数据库和查询数据库分离开，为实现数据库的高可用性采用 Always On 技术。采用高效的网络文件共享策略来实现静态资源快速响应。

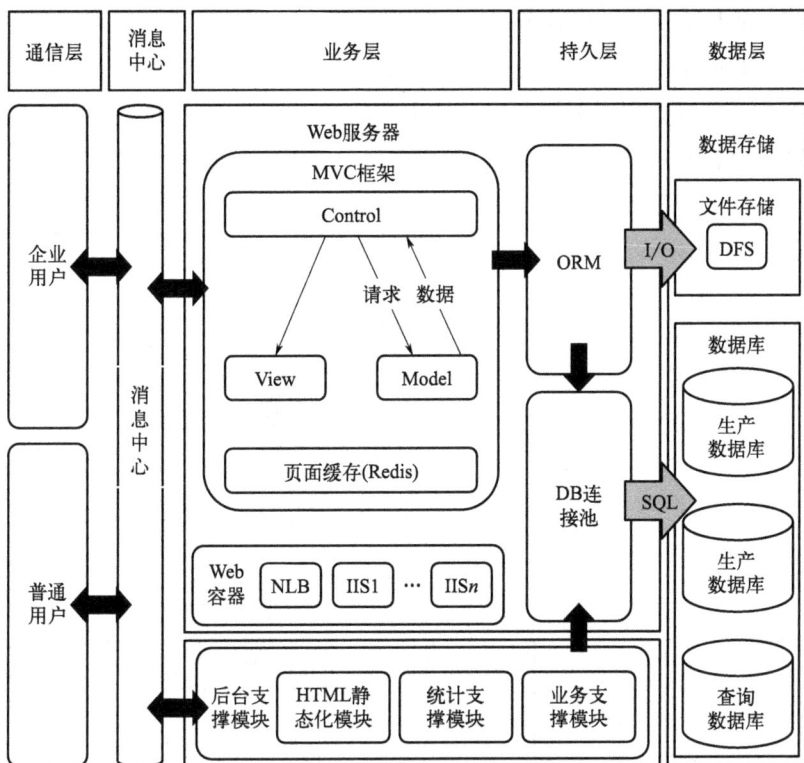

图 3.16 家具产业链互联网平台开发架构

（4）网络拓扑结构

家具产业链互联网平台的网络拓扑结构如图 3.17 所示。

① 保障平台服务拟用双交换机、双防火墙做网络冗余。

为了保障平台平稳运行，即使某台设备或者网络链路发生故障，其他设备也可以自动接管故障设备的工作，不会影响网站的整体运行，拟用双千兆交换机分别接在 2 台防火墙上，并根据业务及真实服务器的数量来随时增加交换机。

为保障平台的服务，即使任何一个防火墙或者互联网发生故障，都可以自动将流量切换到另一个端口，保证网站的正常运行，等待设备或网络恢复后又可以自动恢复，本平台在设备之间采用 VRRP（虚拟路由冗余协议）的前提下，拟采用双防火墙、双线路、双网接入的方式来实现。

② 为实现网络流量的负载均衡，拟采用硬件设备负载均衡器。为了保障平台服务器资源均衡的使用，本平台拟使用硬件设备负载均衡器将网络流量均衡

地分担到 Web 服务器集群各节点服务器上。

③ 为了实现软件级的网络负载均衡拟采用代理服务器。

④ 本平台将数据库服务器拆分成生产数据库集群和查询数据库集群来实现生产读写与后台查询统计的分离，数据库拟用 Always On 技术进行负载分担。

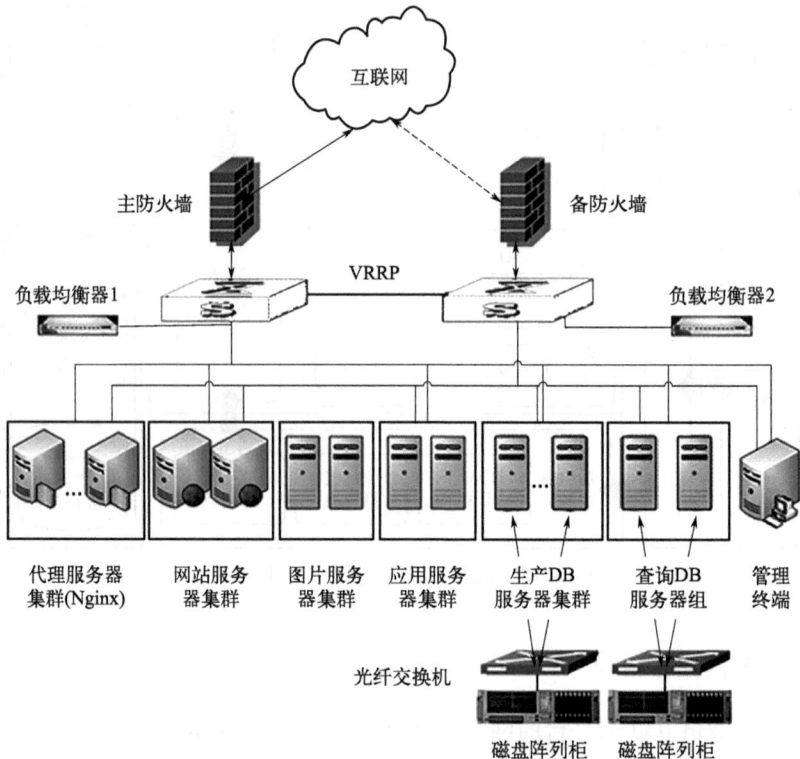

图 3.17　家具产业链互联网平台的网络拓扑结构

（5）可拓展的物理架构

对于一个充分考虑拓展性的系统来说，根据业务量的发展来进行硬件系统的建设，无疑是最高效的方法。因此，在注册用户数低于 50 万并且访问并发数少于 1 万时，可以使用 1 个可扩展的物理架构来建设，通过增加 Web 服务器、少量增加负载均衡代理服务器（APR+NLB）来实现无缝扩容。当业务增长到更高层次时，再考虑增加硬件负载均衡和 Nginx 等投入费用更大的负载均衡设备。而这个扩展过程可以在简化架构上进行设备接入，不会对系统正常运行产生影响，如图 3.18 所示。

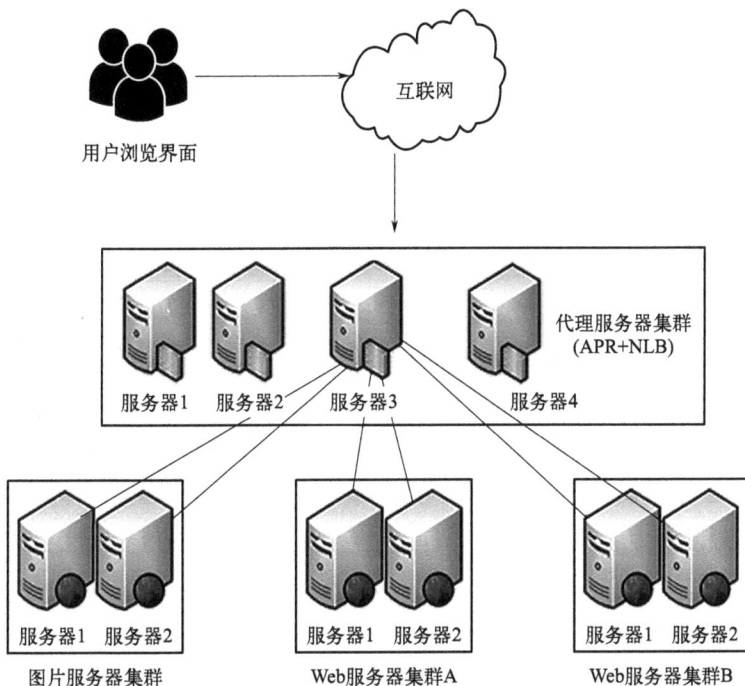

图 3.18 家具产业链互联网平台可拓展的物理架构

3.2.2 家具产业链互联网平台的开发流程

经过对家具产业链互联网平台的业务逻辑的分析，确定了产品设计与开发服务，企业资源管理服务，原辅材料、机械设备服务，综合服务，校企合作服务，家具商城共六个主要的板块，同时也细化了平台的整体架构方案，包括网络平台的系统分层架构、网络平台的物理架构、网络平台的开发框架、网络拓扑结构、可拓展的物理架构。在此基础之上，按大型网络平台的开发步骤来创建家具产业链互联网平台。

搭建一个大型的网络平台需要经历需求分析、系统架构设计、模块编码实现、单元测试、集成测试、部署、交付、维护和支持等阶段。具体来说，分以下步骤进行。

3.2.2.1 需求分析

前期的网络平台需求分析是设计和开发网站的关键性第一步。它的工作主要包含确定网络平台的定位与功能，根据建设网络平台中的内容、费用、技术、测试、维护等做出相应的方案。它对网络平台的建设起到了计划和指导的作用，同时对网络平台的内容和维护起到定位作用。在方案制定中需要重点关注建设网络平台的目的、网络平台的定位、功能需求、内容和风格特点、页面结构层次等一系列问题。在进行全面充分的调研后，要编写详细的规划书与需求报告，这些资料有助于后期的开发设计。

本书创建的平台定位是大型产业互联网平台，针对的产业是整个家具产业生态链，目的是为家具产业链上的各个环节提供服务，为生产企业、原材料生产商、政府相关机构、相关专业高校的师生、设计师、家具买家和卖家等提供一个公共平台。

该家具产业链平台的六个板块的详细内容将在第4章中重点介绍，页面风格设定为大气、简约又不乏时尚，静态与动态交织展示。页面结构层次为多层次、导航跟随、多方位链接展示页面，六个板块的页面功能设计也将在第4章中进行分析研究。

确定家具产业链平台的业务板块是十分重要的环节，因为它与网络平台的后端开发是紧密联系在一起的，可以说是具有指导性作用，通过明确业务逻辑才能够对网络系统架构进行性能上的规划、数据库的分割布置、Web服务器集群的设置等；确定家具产业链平台的具体内容和风格才能进一步设计UI，根据UI进行HTML页面制作，CSS网站样式编写，JS程序编写，进而收集和填充页面内容，这些都会直接影响用户交流页面的呈现效果。

3.2.2.2　系统架构设计与编码的实现

这两个步骤都属于网站的后台开发，网站后台也称为网站的管理后台，用于管理网站前台的所有操作。由于前端开发完成的只是单纯的网站页面，基本不具备功能性，所以需要对网站后台进行开发，以实现网站的功能。

要进行网站整体系统架构设计，包括网站的系统分层架构、网站的物理架构、网站的开发框架、网络拓扑结构、可扩展的物理架构，这些基础理论和基本思路已经在上文中进行了分析，这个过程就是对网站后台开发的主体框架的建设过程，是指导思想，而之后网站后台的开发所要涉及的编程，也可以说是实现架构的具体实现手段。现在常用的网站后台编程语言包括ASP、PHP、JSP、NET等，每种开发语言都各有优势，需要根据开发网站的不同需求，选择合适的编程语言进行后台开发。具体的编程工作一般交给专门的程序员去完成。

3.2.2.3 单元测试与集成测试

在建设的过程中要对网站的单元进行单元功能测试，最后再进行整体测试。在建设中进行单元测试是十分必要的，这样可以随时使用验证和测试来规范代码，并能避免一些错误，从而提高开发效率。

当网站建设好后要进行的相关测试包括：首先要进行网站的功能测试，包括链接是否正确，表单提交数据是否符合要求，表单数据是否与数据库数据类型一致；然后要对网站的性能进行测试，要测的项目包括连接速度、连接数量的压力测试，此外还要进行客户端的兼容性测试和安全性测试，经过相关测试后就可以将网站发布到 DEB 服务器上，供用户浏览。

3.2.2.4 部署与交付

一般认为测试与部署、交付并不是完全的先后关系，更为提倡的是持续交付与部署的观念。持续交付更像是一系列的实践，其目的是以几乎连续的方式向用户交付软件。这些实践保证了代码可以快速部署到生产环境中，同时保证业务应用按预期运行。具体来说，就是一旦开发人员认为少量代码已经准备就绪，就可以将代码发送给质量保证（QA）团队进行测试和监控。由于应用基本上采用小批量单独发送的方式，QA 团队可以快速检查代码，并找出可能出现的错误。在 QA 团队进行这种评估的同时，构建的成果也发送到生产环境中，经过严格测试后发布更改的结果。在完成所有评估后，可以轻松部署软件。

如果等到一个阶段都完成了才向下一个阶段交付，就会导致所有的问题在最后才爆发出来，这会导致解决问题的成本十分高昂，甚至还有可能无法解决；反之，如果我们在完成单元测试后，就把代码部署到连接数据库的环境中来进行更多的自动化测试，确定代码没有问题后再继续手动部署到生产环境中，这样就可以确保后续工作的顺利进行，也可以及时避免重大问题的产生。

持续交付使新功能的引入能够以快速且可靠的方式实现，这对于试用新特性并立即看到客户如何反应极有帮助。通过逐一提出新的想法，可以知道该想法是否明确地传达了预期的行为，而且能够看到它是否正确运行，而不必发布大型的新系统。

3.2.2.5 运维阶段

平台建成之后的更新与维护是我们必须要注意的问题。如果一个平台网站能够保持更新内容，保证内容质量，那么用户不仅会觉得网站有新鲜感，还会觉得平台中的内容是及时有效的。用户若能在平台里找到他们需要的有用的内容，说明平台中的内容对他们有用，而这是保持平台用户黏性和活跃度的关键。长此以往，平台用户就会不断增加，不仅用户获得了帮助，建立平台的目的也能得到实现。否则平台长期不进行内容更新，用户便会大量流失，不仅如此，平台的口碑和承载的品牌形象也会受到影响，所以一个建设好的网站必须有专人对其进行内容的更新和运行的技术维护，这样才能吸引更多的浏览者，才有可能达到创建平台网站的目的。

第 **4** 章

家具产业链互联网平台的
业务板块研究

通过第 3 章的研究，笔者确定了本次开发的家具产业链互联网平台由六个功能板块组成，分别是产品设计与开发服务，企业资源管理服务，原辅材料、机械设备服务，综合服务，校企合作服务，家具商城。本章将对这六个板块的理论基础分析、详细需求分析、子板块功能设计等内容进行研究和论述。

4.1 "产品设计与开发服务"板块

4.1.1 对家具产品设计与开发的认识

家具产品是在家具产业链中的最终呈现，它与消费者的关系是最为亲密的。消费者通过家具产品的外形感受家具造型之美，通过家具产品的使用体验家具的功能之美，通过家具产品的价格了解家具的价值（包括附加价值），并通过这些体验最终形成对家具产品的认识，进而有了对家具品牌的印象。其中，有的产品可以获得消费者的认可而占领市场，而有的产品则不能获得消费者的认可，导致最终被淘汰，甚至影响了一个品牌和家具企业的存亡。因此，新产品的开发对家具企业而言是十分重要的，而新产品开发能否成功则取决于家具产品前期的设计开发阶段。为了提炼出"产品设计与开发服务"板块的功能，笔者对目前家具产品设计与开发的情况进行了总结。

（1）自主品牌意识增强，设计水平有待提高

我国家具产业通过前期的资本积累，实力越来越强，现在许多有实力的家具企业正在进行产业升级，打造工业园，做自己的品牌，从代工到自己做品牌，从做低端品牌到往高端品牌发展。不少企业会去请国外或国内的设计师来协助其进行产品开发，而一些有实力的大企业会专门组建家具设计部门，并有意识地将该部门的功能从过去的"绘图"功能真正转变成"原创"功能。应该说，经过几十年的发展，特别是近几年，国内的家具企业都已经意识到没有自己的设计，就会影响产业的提升以及品牌的塑造，因此都开始注重原创设计，希望形成自己的品牌效应。

当前市场上的家具产品令人眼花缭乱，呈现出的是"混乱的繁荣"。世界顶级的家具品牌中有不少是由中国制造的，但是在国际家具展览上几乎看不到

家具产业链互联网平台构建方法与实践

中国品牌的身影。制作工艺方面我国已经达到了能够打造世界顶级产品的水平，但是因为设计的落后，对家具设计理念的把握不准确，我国的家具产业在国际市场上始终难以掌握发言权。

（2）原创小众品牌大量涌现，在困境中前行

虽然，国内家具产品风格比较"混乱"，在国际上也没有有影响力的著名家具设计大师，也没有能够代表中国实力的家具品牌，但值得庆幸的是，有许多独立创作人、设计师投入到家具原创领域，并致力于改变我国的家具设计现状，一时间涌现了大量的小众原创品牌。其中有一些品牌也得到了部分消费者的认可，有了一定的知名度，比如：2014年成立，基于互联网创业的"造作"（ZAOZUO）品牌，其品牌声称有100多位全球设计师，产品色彩明艳，走北欧风格路线，售价相对较高，产品如图4.1（a）所示；以中式风格见长的"失物招领"品牌，主打怀旧情怀，产品如图4.1（b）所示；2013年底设计师童浩创立的"熹工房"品牌，产品识别度较高，有巧思，且拥有自己的精细木工坊和匠人，产品如图4.1（c）所示。除此之外，还有"吱音""本土创造""居也""Zz design""自然家"等带有强烈个人风格的家具原创品牌。

(a)"造作"8点实木软椅　　　(b)"失物招领"如月梳妆台　　　(c)"熹工坊"氧气小书柜

图4.1 小众原创品牌产品示例

原创品牌的这种开拓精神是值得肯定的，它们是我国家具设计真正走向世界的先行者。但不可回避的是，当下原创品牌的开发仍然面临着许多困境：①消费者从只想买性价比高的产品到愿意为设计理念和生活方式买单需要一个转变的时间；②由于是小批量生产，所以供应链把控弱，成本高，交货期长，产品很难标准化，所以产品的质量容易受到质疑；③原创品牌的小件产品很容易被"山寨作坊"盯上，知识产权未能得到有效保护，这对原创品牌来说是致命的；④市场还未形成规模，新兴原创家具品牌所占市场份额还很低。

（3）消费者需求转变，带动设计开发新趋势

① 个性化追求增多，定制家具火爆：随着我国经济的腾飞，人们的生活水平越来越高，消费者的需求从满足于温饱向追求个性转变，这种内生的动力正是近年来"定制家具"火爆的原因。目前，在定制家具领域可谓是群雄逐鹿，大量的定制家具企业、定制家具集群、定制家具理论研究项目层出不穷，这种新的模式带动了专门适用于定制家具的设计和开发方式。

② 审美能力提升，本土设计崛起：随着时代的进步和我国教育的整体提升，国民的素质得到了大幅度的提高，已经从追求审美向懂得审美过渡，尤其是在一些大城市中出现了许多具有高审美能力和内省精神的消费者，他们一般都具有追求更高、更好、更丰富的生活方式的能力，这就给新的设计方式带来发芽的土壤，特别是遇上"80后、90后"消费升级的商业机遇期，本土设计将会迅速崛起。

（4）从"盲目"开发到"精确"开发

传统的家具设计与开发不可能做到消费者需要什么就设计什么，一般都是通过设计师的一些市场调研，"盲目"地去开发一些家具产品。在这样的模式下，新产品开发成功的概率非常低，同时，开发环节与后面的生产制造环节各自为政，这也导致了家具产品开发的复杂性和不确定性。值得庆幸的是这种情况已经悄然发生了改变，近年来，随着国外先进理念的进入，国内学者的大力研究，尤其是互联网技术、信息化、数据化的进入，许多企业已经在家具设计开发中实践应用了这些先进的理念，并取得了很好的效果。

① 引入全生命周期理念。

家具产品生命周期的概念是指家具产品从最初的产品开发到被市场淘汰的全过程。这种理念的主要观点就是不把家具设计与开发割裂对待，而是从产品的整个生命周期（开发期、导入期、成长期、成熟期、衰退期）来考虑问题，从整体来制定策略和把握方向，然后再对不同的时期进行详细考虑。

② 引入设计管理理念。

设计管理可以理解为对设计活动的组织与管理，是借鉴和利用管理学的理论对设计本身进行管理，即设计管理是在设计范畴内实施的管理。这种理念的核心就是改变设计开发无组织和无管理的盲目状态，用现代管理学的理论对设计人员及设计过程进行有计划和有组织的管理，让开发过程可控，让开发的产品可预期。目前，设计管理在企业中体现得最多的就是在各大家具企业的 ERP 系统中。

在这一指导思想下又发展出一些有益的家具设计开发的理念，比如门径管理方法（SGS）、面向制造和装配的设计策略（DFMA）、以用户为中心的新产品开发方法、基于同步工程（SE）的新产品开发方法等。

③ 开发各种设计平台（软件）。

在前期的设计开发中，消费者的真实想法的获取是最大的难点之一，但这在信息化与互联网技术迅猛发展的当下已经不再是问题了。大量的参考数据可以从网络大数据中获取，甚至数据的分析也可以被详细具体、可视化地呈现出来。设计与生产、制造不再是分割开的，而是通过在设计开发阶段就对设计图形进行赋值，出具图纸的同时，数据自动提取形成家具生产工艺表单，同时提取制造数据并与家具制造机器（如 CNC、各种自动化机床等）进行对接转换。比如魏杰介绍了一种产品设计研发管理一体化平台——Solid Works，软件功能分为四个部分：三维设计平台（Solid Works CAD）、三维设计验证平台（Solid Works Simulation）、数据管理平台（Solid Works EPDM）、后期发布平台（Solid Works Composer）。李一浩介绍了一种针对家具网络化协同设计的系统，主要功能是实现一个产品开发团队（包括异地团队），在计算机通信网络提供的分布式协同环境支持下，以群体工作目标为核心，并行、协同地完成设计产品的过程。陈哲介绍了一种覆盖家具设计全流程的敏捷化设计平台——Think Design，软件功能覆盖实木家具产品研发的概念和造型设计、拆单和结构设计、二维工程出图、无缝集成 CAM 软件与数控加工设备、工艺设计 BOM 无缝集成企业 ERP 系统等。

除此之外，据笔者所知，目前已有许多同行正在致力于此项研究的实践。虽然大多还处于研发阶段，但可以看到在信息化时代家具设计开发的方式与方法都有了很大的创新，家具设计与生产制造一体化的时代正在来临，家具智能制造已初具雏形。

4.1.2　家具产品设计与开发服务板块的详细需求分析

"产品设计与开发服务"板块需要提供什么内容，需要什么样的功能是我们必须考虑的问题，要解决这个问题首先要把握的就是该板块的服务对象有哪些，他们的需求是什么。必须明确的是，本平台是第三方服务平台，立足于为不同的家具行业主体提供所需要的服务是我们的创建准则。因此，在进行需求分析时，要紧紧围绕这个主旨展开。

（1）市场资讯调查需求

针对家具企业的设计开发部门来说，市场资讯调查是前期开发的第一步，设计开发要从实践角度来进行有效的市场调研，并以资讯的搜集与整理为前提。要能够从大量的信息与资料中找出有价值的信息，将这些有价值的信息加以对比分析，进而对市场信息进行准确的定位与分析，来保证最后设计能够成功。在完成资讯的搜集与整理以后，还要将所有的资讯进行定量与定性的分析，编制出分析图表，做出专题研究报告，编写出图文并茂的新产品开发市场调研报告，供制造商和委托设计客户的决策层作为决策参考及设计立项依据。

（2）设计构思需求

当企业决策层制定好了设计开发的定位之后，就需要设计师发挥其个人或者团队的创造性思维来设计符合定位且适销对路的产品。此时要逐步展开、逐步加深、反复推敲、苦思冥想、奇思妙想、古今中外、海阔天空地不断捕捉灵感的火花，不断寻找设计创新的突破口。设计师通常需要获得大量的古今中外已有家具的图片来从不同角度进行灵感的寻觅，取其精华弃其糟粕，从前人的设计作品中获得创新的动力和来源。

（3）设计师展示与交流需求

在业界除了企业设计师外，还存在不少优秀的独立设计师，依靠口口相传，但"酒香不怕巷子深"在互联网信息化的时代已经完全行不通了。设计师们需要一个展示他们作品的舞台，企业也需要一个挖掘人才的窗口和发现好产品的路径。

一个优秀的设计师，无论是在进行产品设计开发还是在日常的设计练习时都绝不是孤立的，故步自封是不可能设计出优秀的作品的，只有保持丰富而大量的行业内交流，才能更快地提升设计师自身的能力，才能清楚自身的优势与劣势，看清努力的方向，在自身能力提升的同时，也可以使整个家具设计行业都获益。

（4）设计工具的需求

产品的设计开发离不开具体的设计和制图工具，这些工具有一些是通用程度较高的常规软件，而有一些是专业性较强的家具设计（或者室内设计）软件，还有一些则是自主研发的创新软件。将这些行业内的软件集中起来，既可以方便业内使用者的学习和下载，也可以为行业内创新型的软件提供一个展示的平台。尤其是后两种软件工具，对企业、对个人都具有很大的广告效应，能更好地促进此类工具开发的更新和相互合作。

4.1.3 "产品设计与开发服务"板块的功能设计

根据上文对家具设计与开发的基本认识理论分析以及需求分析，拟定了以下四个子板块来实现"家具设计与开发服务"板块的功能。

（1）大数据分析子板块

针对市场资讯调查需求，拟在"产品设计与开发服务"板块下设置子项"大数据分析"，用大数据分析来进行功能实现。"大数据分析"主要整合了家具行业智库、互联网数据平台以及自主的大数据分析功能。

行业智库是一种智慧决策及执行系统，指由专业机构及各行业专家组成，涉及多领域，为企业经营决策者在处理研发、制造、人力资源、营销、法律、财务、金融、公共关系等方面的问题提供最佳理论、方法、策略、思想或相关第三方服务的综合性机构。目前，已经有一批智库平台在互联网上为企业提供决策服务，将家具行业内的信息整合起来，可以为设计开发提供业内最新和最全的资讯，为家具设计开发提供一些有益的解决问题的思路和方法。

互联网数据平台主要指的是一些已经形成规模并且资源丰富的可以提供数据查询与分析的平台，如阿里指数、百度指数、搜狗指数等。

专为企业内部数据提供服务的大数据收集与分析功能是由本平台运营方提供的企业内部数据管理方案。"大数据分析子板块"的功能设计如图4.2

所示。

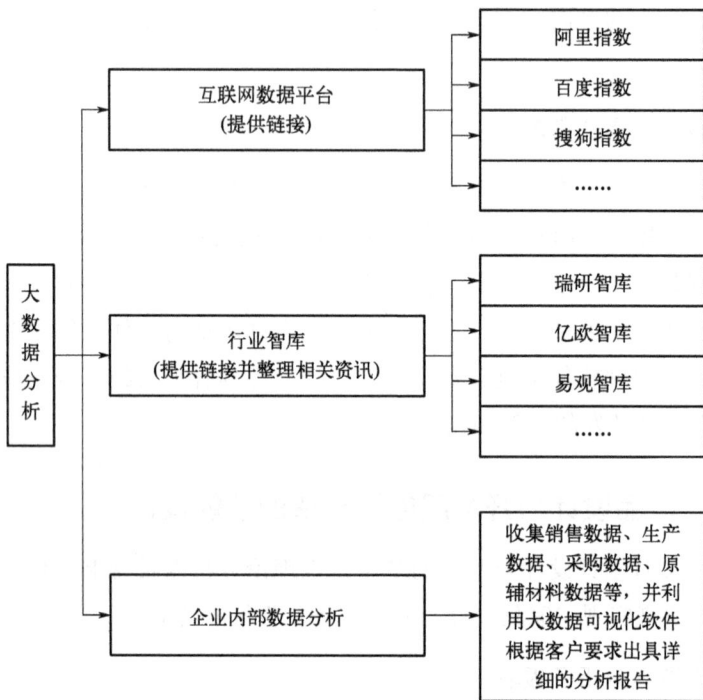

图 4.2 "大数据分析子板块"的功能设计

（2）产品设计资料库子板块

针对设计构思需求，拟在"产品设计与开发服务"板块下设置子项"产品设计资料库"。该资料库从类型、风格、材料、家具品牌、使用场所五个大方向对家具产品进行收集与分类，拟通过页面上的资料库分类筛选区域实现该项功能。产品设计资料库分类指南如图 4.3 所示。

（3）设计师园地子板块

针对设计师展示与交流需求，拟在"产品设计与开发服务"板块下设置子项"设计师园地"，其功能主要为：①推荐优秀的设计师；②将设计师和他的设计产品进行展示；③为设计师和广大的家具设计爱好者提供专业的论坛；④加入论坛的使用者之间可以通过发起集体讨论和单独聊天（私聊）进行交流。设计师园地子板块的功能设计如图 4.4 所示。

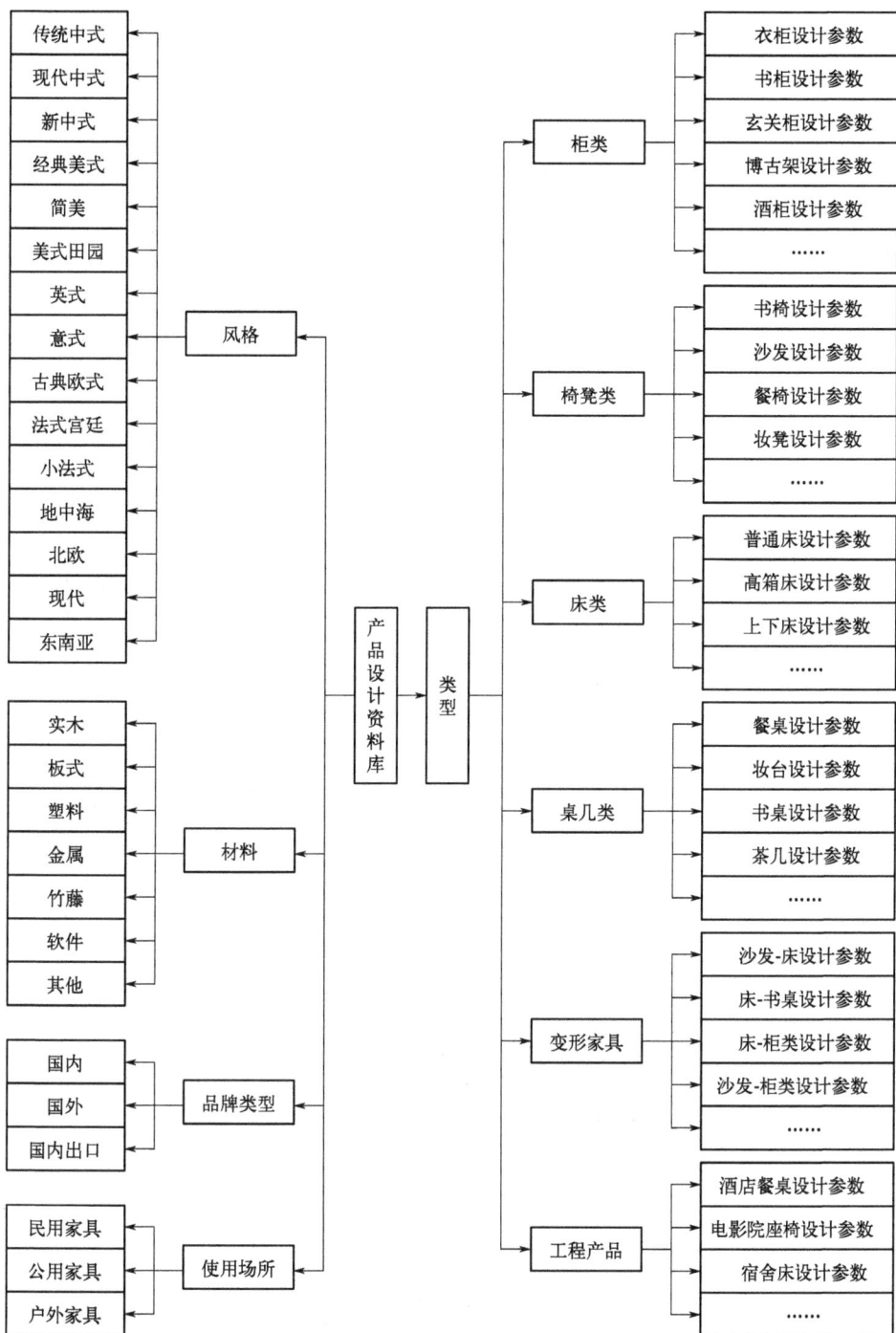

图 4.3 产品设计资料库分类指南

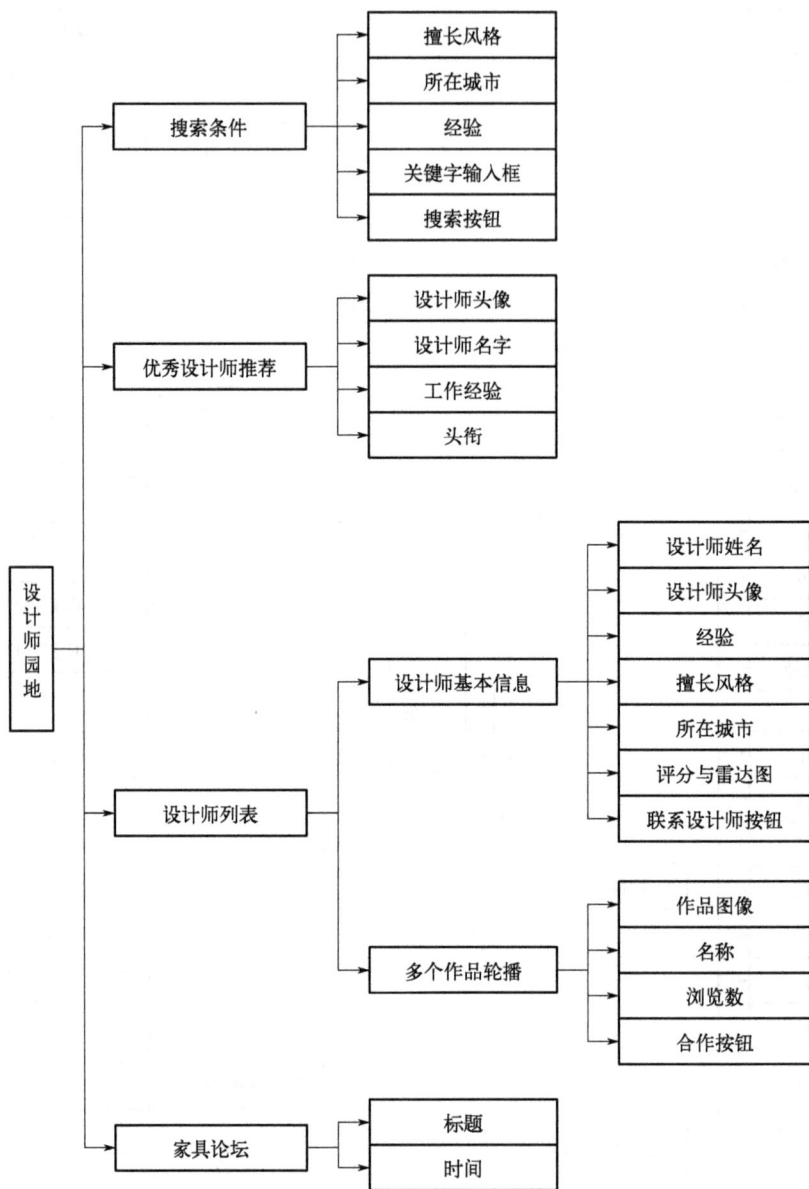

图 4.4 设计师园地子板块的功能设计

4) 设计软件集成子板块

针对设计工具的需求，拟在"产品设计与开发服务"板块下设置子项"设计软件集成"。将设计软件按外观设计、结构设计、云设计、定制设计、创新设计开发软件五个类别进行分类筛选，方便用户找到需要的设计工具。点击某一个软件工具的图标，进入该软件工具的详细介绍页面以及下载页面。该子板块能为设计师和家具设计爱好者提供便捷集中的工具介绍和下载服务，除此以外，创新设计开发软件分类的主要意义在于为国内创新软件研究提供一个展示和合作的平台。设计软件集成子板块的功能设计如图 4.5 所示。

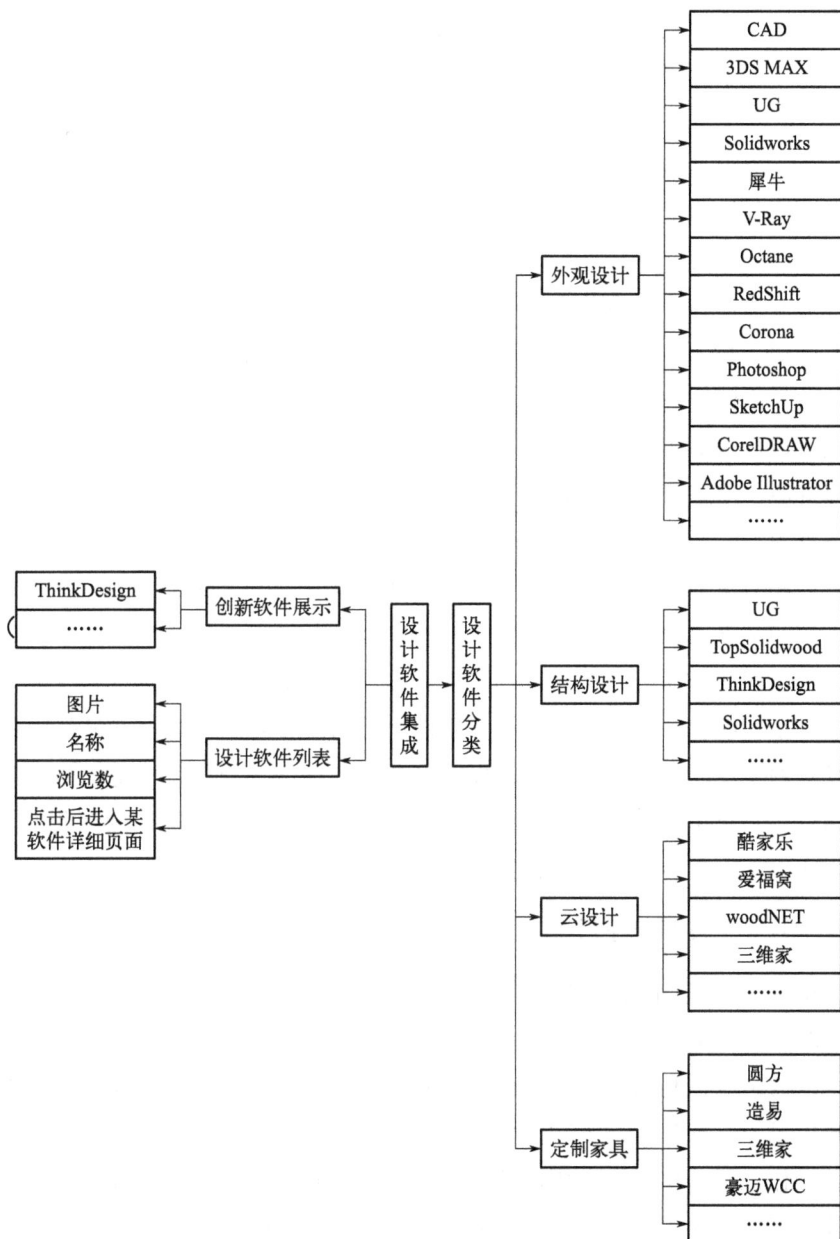

图 4.5 设计软件集成子板块的功能设计

4.2 "企业资源管理服务"板块

4.2.1 对企业资源管理的认识

(1) 企业资源

企业资源是指任何可以称为企业强项或弱项的事物，任何可以作为企业选择和实施其战略的基础的东西，如企业的资产组合、属性特点、对外关系、品牌形象、员工队伍、管理人才、知识产权等。

企业的资源可以分为内部资源和外部资源。企业的内部资源有人力资源、财力资源、技术资源、管理资源、信息资源、内部环境资源、可控市场资源。企业的外部资源有行业资源、市场资源、产业资源、外部环境资源。此外，资源也可以分为无形资源和有形资源。无形资源主要包括时空资源、技术资源、品牌资源、信息资源、文化资源和管理资源等；有形资源主要是指实物资源和财务资源，它们是企业经营管理活动的基础，一般可以通过会计方式来计算其价值。相对于有形资源来说，无形资源似乎没有明显的物质载体而看似无形，但它们却是支撑企业发展的基础，并且能为企业带来无可比拟的优势。

从上面的企业资源概念我们可以看出，企业资源包括的信息量巨大，数据纷繁复杂，组织关系千头万绪，涵盖面广泛，粗放式的管理模式显然跟不上时代发展的步伐。为了企业的长远发展和顺利的转型升级，就一定要与信息化技术结合，来对企业资源进行高效、有益的管理，这与国家提出的两化融合（信息化和工业化高层次的深度结合）战略不谋而合。

(2) 企业资源管理系统

企业资源管理的需要与信息化技术结合的产物就是企业资源管理系统（ERP），也称为企业资源管理规划。ERP的目标是通过系统的管理思想与计算机技术的结合，利用计算机与信息技术，为企业管理层以及各级员工提供包括统筹协调、信息管理、决策分析等功能的管理平台。ERP涉及企业几乎所有的业务操作流程，包括物流资源管理、财务资源管理、人力资源管理、信息资源管理、客户管理等多个子系统，通过各个子系统间的相互协调运作来提高企业整体的管理与决策效果。笔者通过对大量文献的阅读与研究，结合自身工作经验，对 ERP 系统在国内的发展状况做了一个大致的梳理。

① 西方舶来品的中国本土化。

ERP 是一个由美国著名管理咨询公司 Gartner Group 于 1990 年提出的企业管理概念。但其理念和系统的发源还可以追溯到更早的时间，因为 ERP 并不是一个全新的系统，它实际上是由 20 世纪 70 年代的物料需求计划（MRP）和 80 年代的制造资源规划（MRP Ⅱ）逐渐演进而成的。国外的 ERP 系统大多数是将目标用户定位在大型企业。由于 ERP 系统的发展时间长，技术相对先进，软件功能比较完善，所以能够较好地将管理理念与软件技术结合在一起。

ERP 系统经过 20 多年的发展，已经较为成熟。ERP 软件在经历了媒体和厂商的大力推广后，ERP 产品的应用从概念上讲已经得到了普及，ERP 产品所能带来的信息整合功能已经被许多企业用户普遍接受，国内企业对 ERP 软件的需求巨大。

ERP 的实施主要有以下几种方式：一是以企业为主导，依据自身的情况，选择 ERP 软件商进行开发，开发过程全权交由 ERP 软件厂商完成；二是企业用户通过自己的信息化职能部门（如信息中心）在 ERP 软件厂商的技术支持下开展企业原有系统的升级；三是由 ERP 软件厂商主导开发，直接为企业提供"终端＋产品＋服务"一体化的集成产品服务包；四是完全开发和部分开发，大企业由于资金投入较为充分，会选择完全开发和一次性到位，而中小企业往往会基于自身资金投入的多少来分步骤、有选择性地开发 ERP 系统。

② 实施过程中充满困难与阻力。

国外的 ERP 系统虽然比较成熟，却无法照搬到国内使用。原因在于：在国外，大多数 ERP 系统都是将目标用户定位于大型企业，因此软件功能普遍大而全，其中很多功能模块对国内中小型企业来说基本是无用的，而要配合软件完成大而全的软件部署，企业配套软硬件的成本就会很高，最为重要的是，国外 ERP 系统中的一些管理思想并不完全符合中国特殊国情下各行各业的业务特点。所以，ERP 在国内实施就需要从根本管理思想上符合我国行业特点，需要有针对性地对某一行业甚至是某一家企业进行开发，而不能只是针对大企业，普适性地开发。

国内的 ERP 系统实施有以下共性问题：信息化的基础较差，企业业务重组难度大，有价值的信息获取难度大，企业内部组织责权和边界划分不清，材料清单（BOM）的建立既艰难又费时，基本资料编码混乱，ERP 选型不当，没有一个很好的 ERP 实施团队。

③ 新时代下的新使命。

随着"互联网+"和移动互联时代的到来，ERP 系统的开发被赋予了新的意义和内容。首先，ERP 系统将从内部系统转向内外部互联，大平台和远程控制、异地多团队协作将发挥越来越重要的作用；其次，更多的大数据、智能技术将与管理融合在一起，在 ERP 系统中扮演重要角色；最后，5G 时代和现代办公模式的转变（越来越多的企业员工希望通过移动互联网方便地处理业务），将促使 ERP 软件厂商研发适用于移动环境的新型 ERP 软件。

新兴的 SaaS（software-as-a-service，软件即服务）服务模式，将对 ERP 系统的发展和未来产生冲击，这种服务模式的思路是：提供商为企业搭建信息化所需要的所有网络基础设施及软件、硬件运作平台，并负责所有前期的实施、后期的维护等服务，企业无须购买软硬件、招聘 IT 人员、建设机房，只需通过互联网即可使用信息系统。可以说该模式是企业资源管理的云端新模式，也是互联网时代新的企业资源管理思维升级。

4.2.2 家具企业资源管理服务板块的详细需求分析

我国家具产业在生产规模、从业人数、出口总量等方面均居世界首位，不愧为全球家具制造大国，是一个名副其实的世界工厂。但如果从现代企业制度的建立到现代管控机制的实施，从生产方式的现代化到信息化，从产业链的完善到专业化生产，从资源利用到企业生产效率等方面与世界先进国家的家具产业相比均有较大的差距，而利用 ERP 系统来提升家具企业的资源管理能力则是与信息化接轨的方法之一。针对家具企业来开发 ERP 系统首先要明确的一点是：不可能有一劳永逸、适合所有家具企业的系统，好的 ERP 系统开发无论用什么方式来实施，都是要有针对性地为具体的某一家家具企业来量身打造。因此，这里所提到的需求分析是一些家具企业中普遍存在的、最重要也是最需要的信息化管理功能。

（1）组织管理需求

组织管理子系统的主要目的是协调企业业务流程和职能。企业资源管理系统将企业中重要的内部业务流程整合成统一的组织管理子系统，以提升组织的决策水平和协调能力。所有现代的组织都具有分级性、专业化分工性，不同的部分使用明确的工作规范来达到效率的最大化，组织管理子系统的需求就是提供企业的组织分级、分工的情况，提供事务流程的方案和工作规范，对企业内的工作人员进行管控。

（2）销售管理需求

销售部门在企业的供需链中处于市场与企业的供应接口位置，直接面向终端客户来实现企业的资金转化并获取利润，为企业提供了发展的动力，实现了企业的最终社会价值。销售信息管理子系统应该具有的功能需求有：提取销售数据，提供市场调研分析；销售下单管控和相关表单的设置；全面的商品出入库记录和库存记录；店面调拨管控和相关程序与表单的设置；商品退货管控和相关程序与表单的设置；售后管理和相关程序与表单的设置；销售结算管控和相关程序与表单的设置。

（3）开发管理需求

新产品开发管理子系统是以企业理念和经营方针为依据，制定设计政策与策略，确立设计战略与设计目标，提供良好的设计环境，有效利用设计部门的资源，建立完善的企业设计管理体系，协调设计部门和企业其他部门以及企业外部关系，使设计开发能够更好地为企业的目标服务。开发管理系统应该具有以下功能需求：帮助设计开发人员进行开发计划的排单（包括编号、制定规则、完成周期等）；对具体的开发计划进行过程管控（包括风格、数量、周期、材料配套、试制样品、成本核算等）；对使用材料的出入库和采购进行管理。

（4）生产管理需求

家具企业的生产信息十分复杂，生产人员操作不当，或者管理者与生产者沟通不畅，都可能给企业带来巨大的经济损失。生产信息管理子系统应该具有以下功能需求：系统可以按照客户要求的家具品类、名称编号、数量以及交货日期来统筹安排各个工序的生产任务；下达生产计划书到各个对应的工厂中的生产工序班组；各个工序班组按照生产计划书安排合适的机器以及合理的时间进行生产；可以对生产任务进行分解，与仓库部门进行交互式车间领料操作；可以根据生产任务的优先级别进行生产任务排序。

4.2.3 "企业资源管理服务"板块的功能设计

为家具企业提供企业资源管理服务或者说进行 ERP 系统开发是该板块的功能。该板块不是一个开放性质的板块，只有通过平台开发了 ERP 系统的企业才可以进入并进行相应的资源管理操作。因此进入该板块时会出现企业认证页面，只有输入正确的用户名与密码后才可以进入相应的 ERP 系统。下文中介绍的

ERP系统子板块的功能设计由于涉及商业机密，仅对组织、销售、开发、生产这四个管理子系统中的部分功能设计进行示例说明。

（1）组织管理子系统功能

在对家具企业的内部组织情况的数据和信息全面掌握的基础之上，整理和分析组织管理系统需求后，组织管理子系统的部分功能设计如图4.6所示。

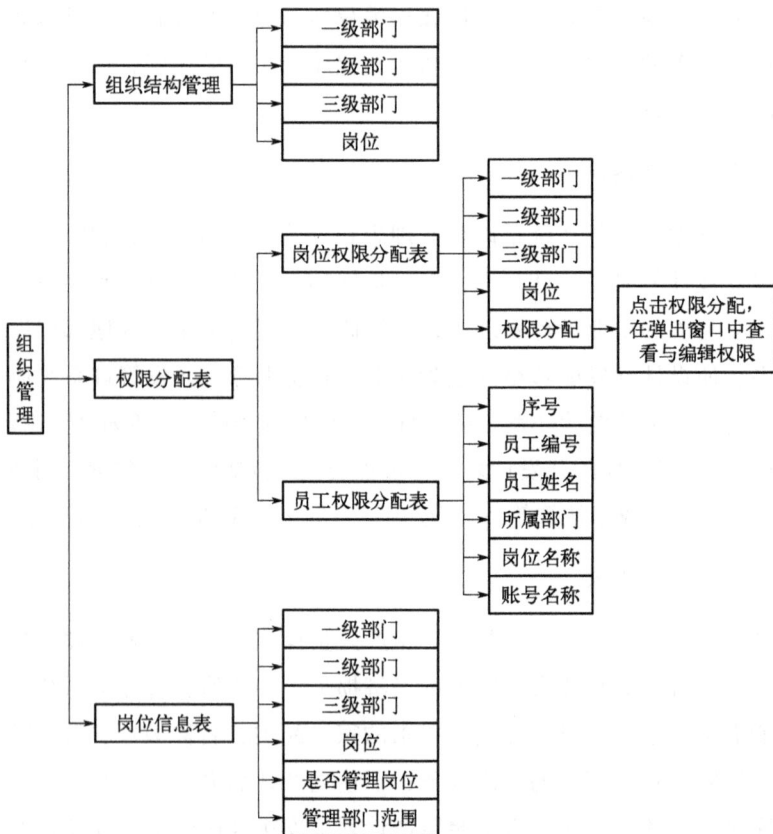

图 4.6　组织管理子系统的部分功能设计

（2）销售管理子系统

在对家具企业的销售相关数据和信息全面掌握的基础之上，整理和分析销售管理系统需求后，在销售管理子系统下面拟定出十个分项：市场调研、销售下单、商品入库、商品出库、商品库存、店面调拨、售后管理、商品退货、销售结算、市场管理。下面仅以市场调研和销售下单的功能设计为例来进行说明。

① 市场调研分项功能设计。

由于市场调研分项的下级菜单较多，图中仅展示了"款式分析表"的表单功能内容。市场调研分项的功能设计如图 4.7 所示。

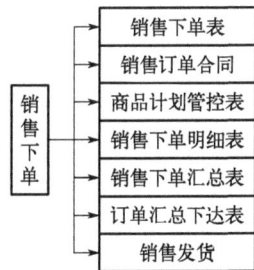

② 销售下单分项功能设计。

销售下单分项根据需求，下设销售下单表、销售订单合同、商品计划管控表、销售下单明细表、销售下单汇总表、订单汇总下达表、销售发货七个方面的功能设计，其中每个一级菜单根据实际需要包括多级子菜单。销售下单分项的功能设计如图 4.8 所示。

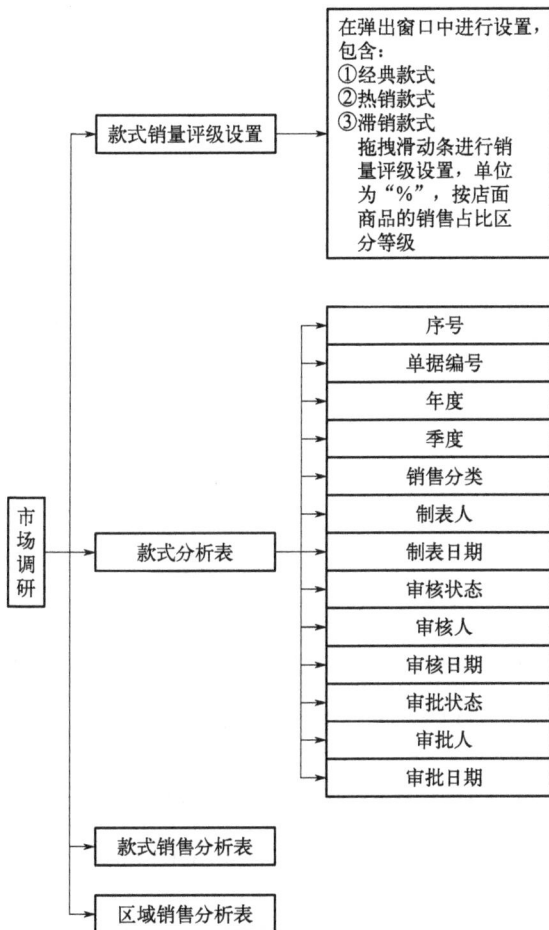

图 4.7　市场调研分项的功能设计　　　　图 4.8　销售下单分项的功能设计

由于此分项的下级菜单较多，仅以"订单汇总下达表"来进行二级菜单功能设计展示，订单汇总下达表的功能设计如图 4.9 所示。

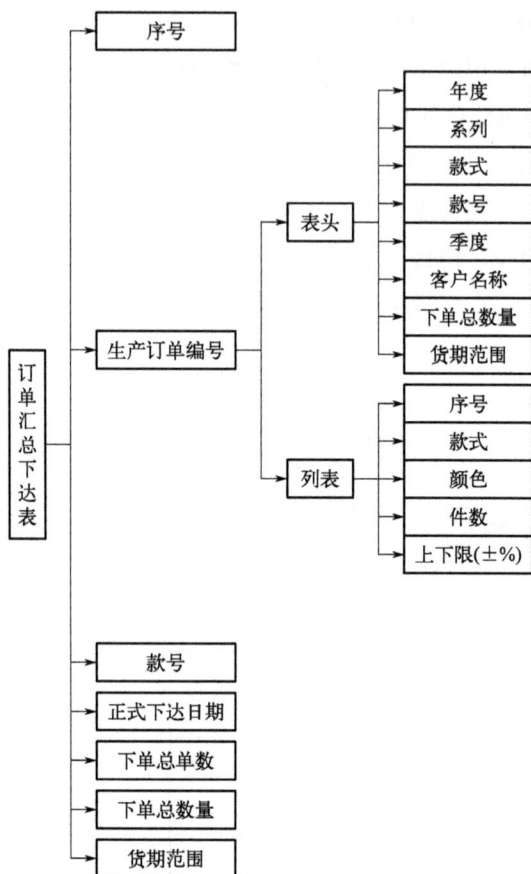

图 4.9 订单汇总下达表的功能设计

(3) 开发管理子系统

在对家具企业的设计开发相关数据和信息全面掌握的基础之上，整理和分析设计开发管理系统需求后，在开发管理子系统下面拟定出四个分项：开发计划管控、设计开发、设计材料申购入库、样品款式工序工时工价表。

下面仅以设计开发分项的功能设计为例进行展示说明。设计开发分项包括两个主要内容：设计开发任务进度表和样品材料用量表，如图 4.10 所示。

① 设计开发任务进度表。

设计开发任务进度表需要的功能有：开发的款数有多少，款式是什么样的，某一款式的颜色是什么，开发多少数量，总开发件数，设计效果图的计划完成与实际完成情况，样品的材料用量的管控等。设计开发任务进度表的功能设计如图 4.11 所示。

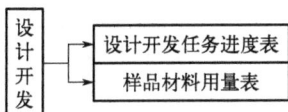

图 4.10 设计开发分项的功能设计

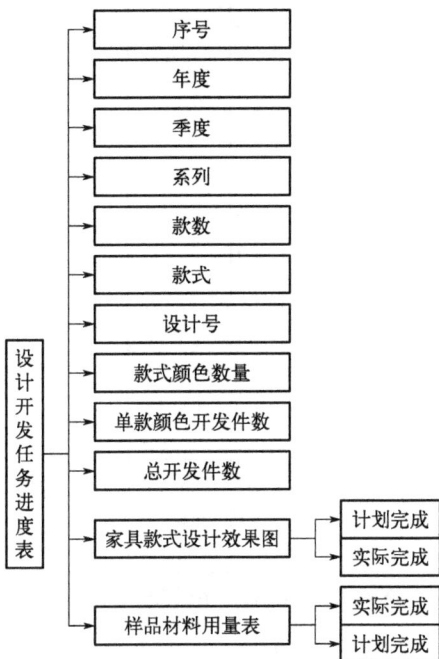

图 4.11 设计开发任务进度表的功能设计

② 样品材料用量表。

样品材料用量表需要的功能有：开发款式的单据编号，对应的系列是什么，款式是什么样的，某一款式颜色的选用记录，样品的尺寸记录，审核过程控制等。样品材料用量表的功能设计如图 4.12 所示。

（4）生产管理子系统

在对家具企业的生产相关数据和信息全面掌握的基础之上，整理和分析生产管理系统需求后，在生产管理子系统下面拟定出五个分项：采购管理系统、生产计划系统、物料控制系统、工时工价系统、投入产出系统，如图 4.13 所示。由于下级菜单较多，仅以采购管理系统和生产计划系统的一级菜单功能设计为例进行说明。

① 采购管理系统一级菜单功能设计。

采购管理系统一级菜单需要的功能有：订单材料的用量记录，材料采购需求记录，采购过程的控制以及过程中的工作流程管理，采购过程中所涉及的资金流管理，对购入材料与配件的检验和责权，不合格材料的统计记录和操作规范，对最后所有购入材料的入库流程和信息记录管理等。采购管理系统一级菜单的功能设计如图 4.14 所示。

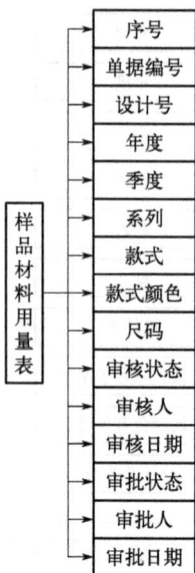

图 4.12 样品材料用量表的功能设计

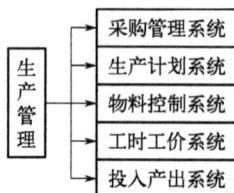

图 4.13 生产管理子系统的功能设计

② 生产计划系统一级菜单功能设计。

生产计划系统一级菜单需要的功能有：生产计划管控，生产计划排单，生产车间人员、业务流程等的管控，制定生产车间的详细派单方案，对生产中的工序任务过程、时间、地点、机器设备、人员的管理，生产班组的任务完成进度管理等。生产计划系统一级菜单的功能设计如图 4.15 所示。

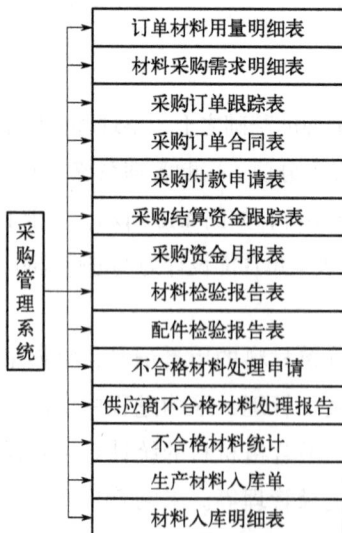

图 4.14 采购管理系统一级菜单的功能设计

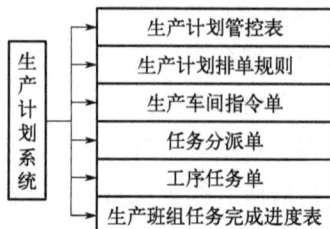

图 4.15 生产计划系统一级菜单的功能设计

家具产业链互联网平台构建方法与实践

4.3 "原辅材料、机械设备服务"板块

4.3.1 对原辅材料、机械设备服务的认识

原辅材料是原材料和辅助材料的合称,原材料是产品生产的主要用料,辅助材料是使主要材料发挥应有的性能而添加的用料。对于大多数以生产制造为主要业务的企业而言,原辅材料的采购是生产活动的开端,是决定整个企业生产活动效益的关键环节;机械设备是家具制造中必不可少的劳动资料,其精度、寿命、加工效率等因素都对家具产品的质量起到关键性的影响。原辅材料与机械设备都是家具企业生产活动的基本组成部分,是企业赖以生存的根本因素之一。

家具产业链互联网平台中的"原辅材料、机械设备服务"板块设立的目的就是为平台的用户提供一个原辅材料采购和销售的交易市场,为用户提供机械设备的买卖场所。

(1) 对家具原辅材料的认识

家具企业所需的原辅材料多种多样,没有哪一家企业能够做到所有原辅材料都自行生产,因此需要涉及原辅材料的采购。对于原辅材料采购的把控,可以分为成本控制和品质控制两个重要方面。

原辅材料的成本控制是影响企业利润率、决定企业盈利目的是否能够达到的重要因素,对原辅材料成本控制构成影响的决定性因素包括采购规模、供求关系的偏向以及供需双方的关系等。

原辅材料的品质直接影响加工过程中的成本控制难度以及所生产产品的品质,每一种类型的原辅材料都有不同的质量控制标准,国家相关标准对此也设定了一些较为基础的要求。

从某种意义上说,原辅材料的价格与品质是一对矛盾,在正当的商业行为中,两者永远呈现此消彼长的相对状态,不可能完全调和。因此在选用原辅材料的过程中需要结合家具的设计思路、实际使用场景和消费者的需求综合考虑,选用与产品设计、企业生产和市场需求最为匹配的原辅材料,而不是一味地追求低成本或者高品质。

当前，家具原辅材料市场经过几十年的发展已经逐步趋向稳定，形成了一定的规范和秩序，从近年来家具企业的原辅材料采购行为来看，目前家具原辅材料的市场状况主要呈现五个方面的特征。

① 原辅材料采购全球化趋势加剧。

受限于国内以木材为主的优质原材料资源稀缺及相关政策因素，众多家具生产企业将目光投向了海外，大规模引进国外优质树种用于家具生产制造。例如深受国内原创家具设计师喜爱的北美黑胡桃、在儿童家具方面用途非常广泛的芬兰松以及实木家具新兴木种乌金木等都是国外引进原材料的代表。此外，一些高端产品所用的石材也大量采购国外原料，例如产自印度的雨林啡、巴西的帝王玉、意大利的紫水晶等。对于家具辅料，国内家具生产厂家在高端产品上往往采用进口品牌的五金件，例如德国的 Hettich、Hafele，奥地利的 Blum，意大利的 Ferrari 等，相比国内的家具五金件，进口产品往往形式新颖、经久耐用，同时具有很强的品牌优势。随着国内市场的兴旺，这些五金品牌也逐步在国内设立工厂。

② 供需双方之间还存在隔阂，资源优化配置受阻。

原辅材料供应商普遍处于行业的最前端，从事材料的初级加工工作，因此普遍不具备较高的知名度，企业规模普遍也不大，很难对这些供应商的综合实力有一个比较明确的认识；多数家具企业开展采购活动时往往需要通过人脉网络或者实地探访的原始方式，效率低且对供应商的了解不够深入。家具企业大批量需要的产品难以找到多家供应商进行对比，而小规模采购的需求在物流等配套上的成本又较高，无法形成购买力；原辅材料供应商则苦于缺乏销售渠道，资金链长期被占用，库存积压比较严重。这种供需双方之间的沟通障碍已经严重影响家具企业采购行为的高效开展。目前虽然有一些平台已经在进行相关的工作，但是面临两大难点：其一是平台本身影响力不足，流量较少，汇聚资源的能力极为有限；其二是这些平台普遍只针对某一类材料，例如木材、石材等，没有综合起来实现一站式服务。

③ 信息不对称造成的问题比较突出。

所谓信息不对称，是指交易过程中买卖双方对于货品所了解到的信息不同，在家具原辅材料采购中主要是供应商了解的信息普遍多于家具企业，双方为了各自的利益，在博弈的过程中，家具企业明显处于不利地位。家具企业需要控制成本，供应商为了保证利润往往就在产品品质上做文章，行业乱象也就由此而生。以天然木材为例，其品质主要体现在树种、产地、心边材、早晚材、缺陷等级等参数上，其中树种商品名和产地混乱是品质问题的"重灾区"，一些供应商往往给一般木材冠以"某某檀"或者"某某胡桃""某某花梨"之名以次充好，令人误认为是高价值木材，或者将 A 地出产的木材冒充 B 地出产的同名木材。木材是一种对气候敏感的天然材料，产地不同，品质也存在较大差异。

④ 采购流程主要依赖大量人工来完成。

家具企业中的采购事务主要通过企业间采购人员的沟通交往来完成，每一个人都有自己的情感、思维和利益关系，传统的采购制度对采购过程中的监管非常乏力，往往只能通过结果进行把控，这种事后监管的方式对已经造成的损失难以起到预防作用。

⑤ 对于珍稀木材资源的认识还普遍不足。

以红木为代表的珍稀木材属于稀缺资源，而国内市场对于此类木材资源的需求缺口很大。从行业现状来看，根据《红木》（GB/T 18107—2017）中对红木范围的定义，国标红木共有 5 属 8 类 29 种，而人们对于红木的了解仅限于檀香紫檀（小叶紫檀）、大果紫檀（缅甸花梨）、降香黄檀（海南黄花梨）、交趾黄檀（大红酸枝）等金字塔顶端的木材，对于其他红木或者类似红木的木材价值缺乏概念，导致了优质木材被廉价销售、上等材料遇到下等做工、好材料因为没有识货人而积压等现象。这种情况就导致了大量珍稀木材资源的闲置与浪费。

（2）对家具机械设备的认识

机械设备是家具行业最主要的生产资料。对于量产的家具产品而言，机械设备的精度直接决定了产品的品质以及设计意图的实现；机械设备的寿命直接决定了生产制造过程中的成本，进而间接影响产品的价格；机械设备的加工效率决定了生产产品所需的周期，高效的机械设备有助于提升产能从而摊薄生产成本，为企业创造更多利润。从当前国内家具生产企业对于机械设备的应用情况来看，存在以下三个具体特征。

① 国内家具企业的机械设备自动化程度还比较低。

截至 2018 年底，国内家具制造企业已有 6200 余家，总产值 4 万亿元，但规模最大的家具制造企业占比还不足 1%，绝大多数家具制造企业为中小型企业。由于家具制造的门槛较低，从业人员素质普遍不高，因此大多数家具制造企业对于机械设备的运用还停留在采用单一的设备结合人工进行加工的阶段，企业仍然走劳动密集型路子，技术含量较低，效率也不高。受限于经营者的思维、经济实力以及天然木材的各向异性，实木家具生产线的自动化程度还很低，几乎所有工序都需要人工参与，只有少数规模较大的家具制造企业拥有半自动生产线，个别定制家具企业才建成了对人工依赖程度较低的全自动生产线。

② 不同企业对于机械设备的应用程度差距比较大。

中华文化源远流长，明清家具是世界家具史上璀璨的明珠，也是手工加工的巅峰代表。作为明清家具的传承，以福建仙游、浙江东阳、广东中山为代表的红木家具产业仍然以手工为主，作坊式运作，工匠们看材下料，与古法的区别只在于应用了部分电动工具代替手工工具以提高效率、降低劳动强度，中大型机械设备的应用较少。而以广东顺德、佛山为代表的中小型现代家具产业聚集区，多以中小型家具制造企业为主，生产初具规模，主要通过人工操作中小型机械设备，好处是一种设备多重功能，可以根据生产的产品及时调整，比较灵活；缺点是生产线需要大量人工干预，生产效率不高，生产过程风险难以控制，工人劳动强度依然较大等。目前国内仅在欧派家居、维尚家具等大型板式定制家具生产企业中可以见到专业化、自动化程度比较高的生产线，在生产效率上有了质的飞跃，但加工的原材料限制在质地均匀的人造板材和经过精心挑选的少数实木材种。

③ 物联网、人工智能在家具生产中的应用初见端倪。

随着"中国制造 2025""互联网＋"战略的提出，国家已经从政策层面为传统制造业转型升级指明了方向。与此同时，在信息技术深刻变革着中国社会方方面面的大背景下，以 BAT 为代表的互联网巨头纷纷发力工业互联网基础设施建设。当前，物联传感、人工智能等先进技术在消费类电子产品、汽车、生物医药等领域已经取得了重大突破，传统制造业与互联网新技术的交集正在扩大，一批具有前瞻性的家具企业也在进行相关的探索。青岛某知名家具生产企业 2018 年对生产线进行全面升级，并携全新的智能生产线生产的简美、新中式板木结合家具产品亮相深圳时尚家居设计周暨深圳国际家具展，获得广泛好评。由此可见，这些新技术在家具产业中的广泛应用指日可待。

新时代下，生产技术仍然是企业发展的重要推动力，机械设备的革新是企业降低生产成本、提高生产效率的重要支撑，机械设备的先进性是企业硬实力的具体体现。随着 5G 时代的到来，万物互联已经成为必然趋势，预计针对不同的家具类型与不同的生产工艺需要的木工机械的研发将会更加受到家具企业的重视。

4.3.2 原辅材料、机械设备服务板块的详细需求分析

原辅材料、机械设备服务板块设立的初衷是解决企业在获取劳动对象和劳动资料过程中存在的现实问题，打破信息不对称的局面，帮助企业实现资源的最优配置和最大化运用，推动传统家具产业转型升级。这个板块最主要的服务对象是家具制造企业和原辅材料、机械设备供应商，作为第三方服务平台的一部分，原辅材料、机械设备服务板块实质上就是要构建一个 B2B 服务平台，因此这个板块的详细需求就应当从 B2B 实际业务出发进行分析。

4.3.2.1 原辅材料服务详细需求分析

（1）家具企业采购原辅材料的需求

原辅材料采购是几乎每一个家具生产制造企业都要经历的一个环节，在这个环节中，通常家具企业根据需要确定采购方案，并安排采购部门相关人员执行。采购人员通常需要借助人脉或者通过其他信息渠道了解到原辅材料的供应资源，并实地探访，深入了解供应商的实力、资质以及产品本身的品质，双方通过一番博弈确定供货价格，签订供货合同。

对于某些长期大批量采购原辅材料的家具企业而言，出于成本控制的考虑，会要求供应商对原辅材料进行一定程度的定制，例如直接加工成为家具企业所需的特殊规格、按照企业的要求调整原辅材料的参数等。

从原辅材料品质上看，一些大型家具企业往往在合作前和交货时对原辅材料进行抽检，以确保原辅材料达到企业的要求。对于红木等珍稀树种原料，还会要求供应商进行鉴定，以保障企业的利益。

对于一些采购量不大的家具企业和设计机构来说，采购过程往往比较曲折，这些企业没有专业专职的采购人员，需要消耗大量精力寻求资源；同时由于采购量不大，容易影响到供应商的生产批量，因此供应商积极性不高，议价空间不大，价格趋向于零售价；此外小批量采购原辅材料所产生的物流、仓储等相关费用占比较高。

（2）供应商供应原辅材料的需求

原辅材料市场不是一个完全的卖方市场，绝大多数原辅材料供应商都不具备垄断能力，因此供应商除了依托所供应的产品品质可靠、供应稳定、技术领先来吸引家具企业以外，还需要专人进行市场拓展，主动发展 B 端客户。在这种场景下，供应商就需要通过一定的品牌推广行为来获得更高的知名度，同时业务人员也需要广泛收集家具企业的信息，了解他们的真实需求，以便提供家具企业真正需要的产品和服务。

当前国际形势复杂多变，市场环境存在众多不确定因素，政治、军事、市场等都有可能成为供应商供货不稳定的原因。对于众多中小型供应商而言，如果不能较快清理库存，很容易导致资金链断裂。一般来说，这类库存产品具有数量明确、价格较低、不能长期供应等问题，因此难以与中大型家具企业展开合作。这个问题一直以来制约着家具原辅材料市场的稳定发展。

4.3.2.2　机械设备服务详细需求分析

（1）家具企业采购机械设备的需求

机械设备是家具企业最重要的生产资料，通常情况下家具企业无法生产机械设备，因此在新增、更换机械设备时往往涉及机械设备的采购。在大型家具企业中，机械设备的采购一般情况下由设备部负责，首先确定机械设备的必要功能和基本的技术参数，然后通过各种途径寻找设备生产厂家，实地考察设备详细情况，并达成购买意向，签订采购合同，生产厂家将设备运抵企业车间并协助安装和调试。这个流程中搜寻机械设备生产厂家是最为费时费力的工作，家具行业从业者对于机械设备和机械行业的认知程度普遍不高，因此在寻找相关设备资源以及正确认识设备性能方面存在困难。

在家具企业响应"中国制造 2025"国家战略的潮流下，要实现家具制造业转型升级，其生产设备也面临重大的调整，机械设备革新是企业升级的必然要求，这就意味着需要一大批根据企业、市场现状和时代要求定制的专用机械设备。就当前家具行业从业人员对于机械设备的理解，以及家具企业的具体生产能力来看，显然达不到机械设备研发和生产的水平。

从长远角度来看，物联网、人工智能技术推动传统制造业向"新制造"升级，在未来的制造业中，机械设备本身已经不再是只具有"手"和"脚"的"提线木偶"，而已经具备了"眼睛"和"神经"，成为能够自主判断思考的

"人"；机械设备在生产线中也不再是弱关联的个体，而是通过物联网相互连接的整体。家具企业对于智能制造技术的需求也与日俱增，对于大多数传统家具企业来说，智能制造意味着需要重新规划和引进全套生产线，以实现效率、产能、能耗、品质、排放等多个方面的均衡。

（2）机械设备供应商提供设备和服务的需求

机械设备的好坏是决定一个家具制造企业能否生存的关键因素，企业在采购时往往会对比多家机械设备生产商的产品，与之相对的，为了促成交易，机械设备供应商也会绞尽脑汁为企业提供高质量的产品和完善的售后服务。

针对中小型家具企业，机械设备供应商提供的设备主要是已经成熟的常规设备，比拼的是机械设备生产商生产制造的能力，高性能、多功能、长寿命是此类设备追求的关键目标；而针对中大型家具企业，这些企业往往具有较强的研发能力，产品款式、工艺等方面也比较新颖，一般的机械设备已经无法满足这类家具企业的需求，机械设备供应商需要同样具备较强的研发能力，专门为这些具有一定规模的家具企业定制机械设备，甚至直接参与到家具企业的生产线设计过程中，帮助定制全套生产设备。

此外，机械设备供应商还需要通过一定的渠道进行推广，或是宣传其机械设备的品质，或是宣传其完善的后期服务，或是宣传其背后的研发实力等，总之就是为了让家具企业对自己有一定的认识。

4.3.3 "原辅材料、机械设备服务"板块的功能设计

根据上文对原辅材料和机械设备服务的基本认识理论分析以及需求分析，拟定了以下几个子板块来实现"原辅材料、机械设备服务"板块的功能。

（1）原辅材料商城子板块

"原辅材料商城"子板块是根据家具企业采购原辅材料的需求设立的，主要功能是给原辅材料供应商发布商品以及家具企业查找和购买相关商品提供一个平台，因此从逻辑上拟将该板块划分为上述两个部分，具体功能设计如图4.16所示。从商品信息的准确性、检索的便利性出发，对于发布商品时填写的商品信息进行统一的要求，其中商品标题、商品图片、商品价格和商品详情由供应商自行上传，平台仅做格式、大小和字数限制；其余商品参数由平台

提前录入，供应商仅可从已经录入的备选项中进行选择。这种采用选择代替输入的方式能够有效避免同一件商品有多种名称或多种分类含糊不清的局面，构建全平台统一的知识体系，有利于采购方进行快速检索和平台开展大数据统计分析。

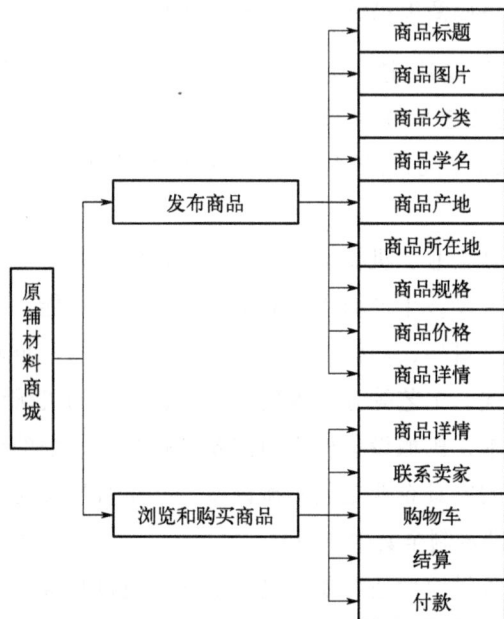

图 4.16 原辅材料商城的功能设计

关于商品学名，实质上就是为所有原辅材料以科学且在平台知识架构内唯一的名称进行命名，以代替混乱的商品名，其存在的意义是帮助明确具体的商品种类，避免混淆概念、以次充好的现象。例如，某非洲树种在国内实木家具领域长期被冠以"非洲红胡桃""非洲胡桃木"之名，一些销售人员甚至简称为"胡桃木"，实际上该木种学名为"奥古曼"，其质地、价格等都与一般意义上的"北美黑胡桃"相差不止一个档次，是典型的张冠李戴现象。

关于原辅材料的分类，是平台的创新点之一。家具原辅材料种类繁多，并且不同的地区对于同一原辅材料都有不同的分类方式和俗名，比如有的地方将胶合板称为"多层实木板"，并划分在实木材料中，实际上这类板材应当属于人造板材。平台以国家标准结合家具行业发展实际为科学依据，对所有家具制造可能涉及的原辅材料进行严格划分，共分为 15 个大类，即天然木材、人造板材、金属材料、高分子材料、竹藤材料、玻璃、纺织品、皮革、石材、涂料、胶黏剂、五金及配件、电子元器件、填充材料、其他，并对每一个大类进行细分，以避免此类容易引起误解的现象，同时建立科学合理的分类体系，具有一定的理论与实践意义。图 4.17 以人造板材的具体分类方式为例进行展示。

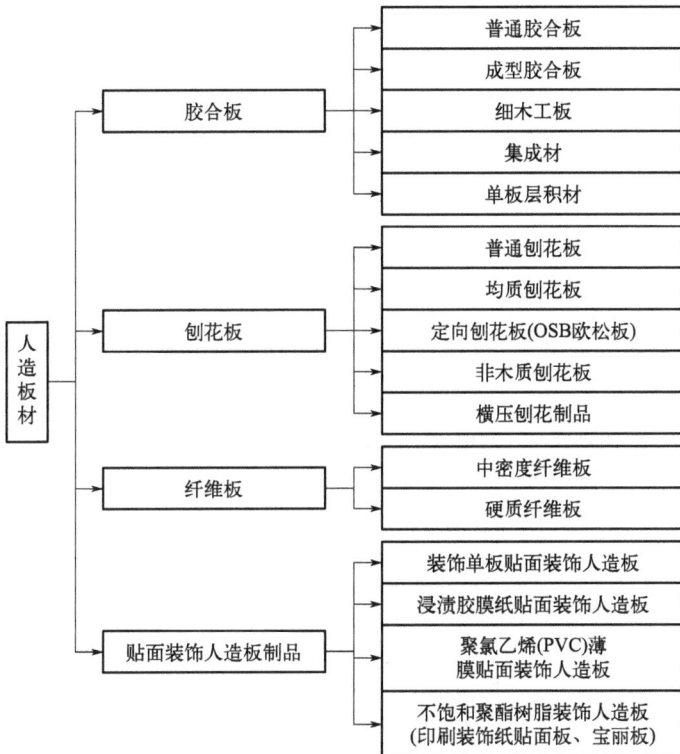

图 4.17 人造板材的具体分类

（2）原辅材料团购子板块

"原辅材料团购"子板块是依据供应商清理库存以及小规模采购的需求建立起来的功能板块，主要功能是帮助供应商消化库存，帮助中小型采购方聚沙成塔，形成购买力并分摊相关服务费用。团购本质上与商城具有较多的相同点，其具体功能设计如图 4.18 所示。

团购子板块与商城子板块存在共性的内容，在此不再赘述。两者的区别主要体现在团购具有时间和数量的限制。团购商品一次性最大采购数量已经由供应商给出，无法超量采购，当一次采购量不足团购总数量时需要等待其他采购方拼单，只有当本次团购总数量全部被认购完毕才能够完成交易。同时，如果供应商对本次团购设定了截止时间，那么到该设定的时间团购仍然没有成功，团购将宣告失败。此外，团购板块还具有一定的社交属性，为促成团购的成功，除了依托平台本身的宣传作用外，已参团的采购方还可以通过分享团购的方式通过自有人脉进行拼单，这也有利于家具企业之间的沟通交流。这种形式能够大幅降低采购方的门槛，以个人为主体的采购方也可以参与到原辅材料的买卖中来。

（3）原辅材料求购子板块

根据家具企业原辅材料的特殊需求，特设立"原辅材料求购"子板块，主要是针对某些企业对于原材料具有一定的要求，且在平台上找不到合适货源的情况，为充分调动产业链资源，鼓励供应商主动适应行业需求，帮助企业解决现实问题。

这个子板块的业务流程相对于商城、团购而言是逆向的流程，采购方发布需求信息，供应商浏览信息后与采购方联系并上传图片确认，双方达成意向后结算和付款，具体功能设计如图 4.19 所示。

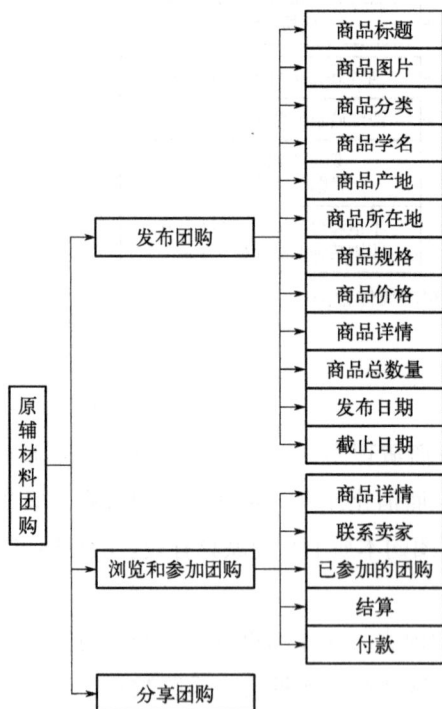

图 4.18　原辅材料团购子板块的功能设计　　图 4.19　原辅材料求购子板块的功能设计

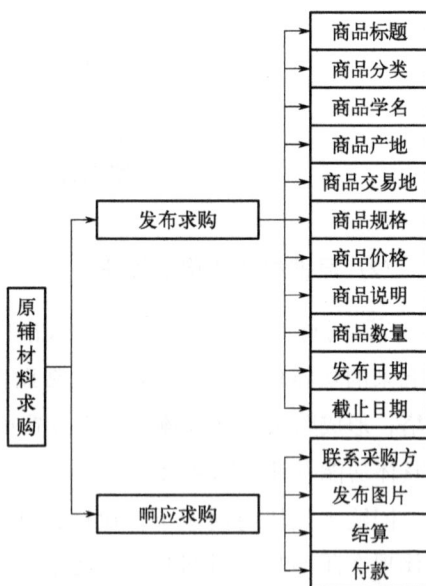

（4）原辅材料供应商子板块

"原辅材料供应商"子板块是为满足供应商企业推广的需求建立的，主要给 B 端客户提供服务的原辅材料供应商提供了一个展示自己的舞台。长期以来此类企业由于处于产业链最前端，主要从事初级加工业务，存在感和知名度比较低，即便企业拥有强大的供货能力和优质的服务，也只是在一小块地区或者某一个圈子中知名。家具产业链整体升级需要的是每一个环节都能有所进步，对于原辅材料供应商来说，首先需要借助平台提升知名度。这个子板块罗列了各种不同原辅材料的供应商信息，并且可以通过企业属性、企业所在地和主要经营的原辅材料种类进行检索，从而快速查找到合适的供应商，推动供需双方建立起有效的沟通，优化供需关系，进而实现原辅材料采购环节成本的缩减与品质的提升（图 4.20）。

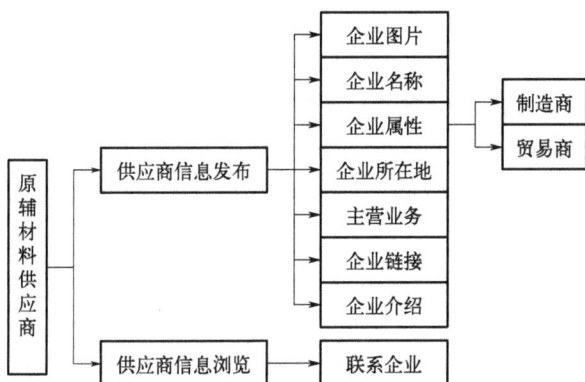

图 4.20 原辅材料供应商子板块的功能设计

（5）木材拍卖行子板块

木材拍卖行子板块设立的目的是推动珍稀木材市场的良性发展。在国内市场上，以国标红木为代表的珍稀木材一直以来受到人们的追捧，但人们对于珍稀木材以及相关制品、工艺品的具体价值一直缺乏认知，这种认知的不足导致了大量的不公平交易，给人一种"水很深"的不良感受，也容易出现因为不能正确认识材料的价值而对珍稀木材进行粗制滥造的加工，造成了原材料的浪费。木材拍卖行的设立，目的就在于通过线上拍卖这种新兴的商业模式，在全国乃至全世界范围内促成高价值的珍稀木材资源的最优化配置，实现价与物的匹配。

所谓线上拍卖，实际上就是将传统的拍卖形式移植到互联网平台，通过网络对拍品进行陈列，买家可以在预设的起拍价和加价幅度规则上，在某一截止日期之前自由竞拍，从而不受具体的时间、空间的限制，扩大了受众群体。根据线上拍卖所应当具备的功能，结合珍稀木材及其他商品的特殊性，木材拍卖行子板块的功能设计如图 4.21 所示。

（6）机械设备商城子板块

机械设备商城子板块主要是为家具企业采购机械设备提供便利的渠道，这种采购既包含新设备的引进、旧设备的更新换代，也包括设备运转、维护所需耗材的补充。商城中的角色主要是买卖双方，供应商需要提供机械设备的具体信息，包括图片、类型、体量、生产企业、产地、说明、详细参数等，与原辅材料商城子板块类似，供应商录入相关信息时绝大部分内容强制要求为选择，而不是输入，以利于平台规范相关设备的分类、名称，便于检索和数据分析工作的开展。

与原辅材料不同的是，企业对于机械设备的生产厂家比较敏感，在此处实际上厂家已经相当于机械设备的"品牌"，因此应予以体现。设备体量在此处的意义是便于检索和分类，体量在此处的内涵包括手持设备和台式设备，其销售模式存在差异，后者涉及的服务要素明显高于前者，具体功能设计如图 4.22 所示。

（7）机械设备求购子板块

机械设备求购子板块的存在主要是为了满足企业对于非常规设备的需求。随着家具产品生产加工专业化程度的不断加深，一般的机械供应商提供的常规设备越来越不能满足企业实际生产的需求，某些设备往往需要根据企业的需求进行定制以满足特定的功能需求和技术指标，这就需要采购方提出实际需求，由供应商（或者科研机构）斟酌是否能够定制满足特定企业需求的设备。根据机械设备的特点，该子板块的功能设计如图 4.23 所示。

（8）机械设备供应商子板块

相比原辅材料，机械设备的采购频次更低，且家具行业从业人员对于机械设备的认知比对家具原辅材料的认知更低，因此机械设备供应商在家具产业链中的知名度更低。机械设备本身是一门深厚的学科门类，在专业分工更加明显的时代，单独凭借家具行业从业人员自身对于机械设备的理解已经很难帮助企业实现在传统制造业转型升级中的突破。该板块就是为家具产业链中处于边缘地位的机械设备供应商提供一个平台，帮助家具企业更加深刻地认识和了解机械设备供应商，推动双方的深入协作。同时，这个板块也可以被视为机械设备商城的辅助项目，以使制造企业对机械设备供应商有全面的了解。从具体内容来看，这个子板块主要是对机械设备供应商进行展示，并通过多种不同维度实现分类检索，具体功能设计如图4.24所示。

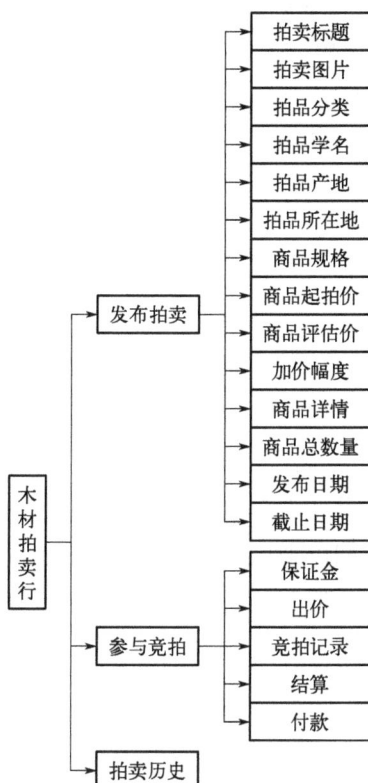

图 4.21　木材拍卖行子板块的功能设计　　图 4.22　机械设备商城子板块的功能设计

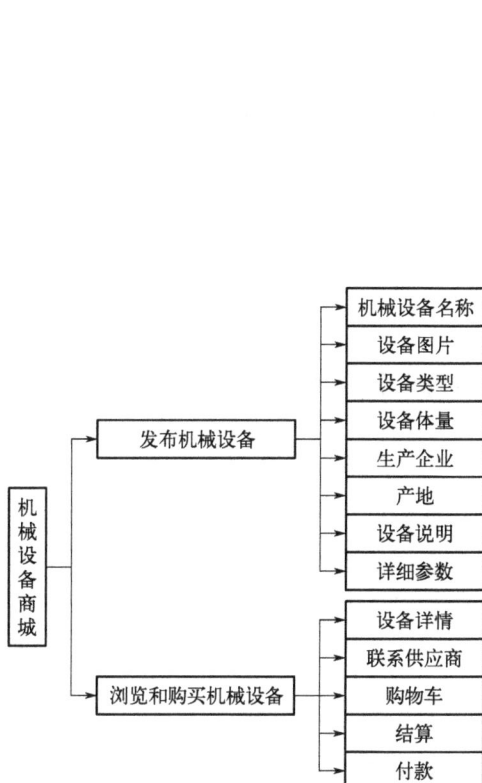

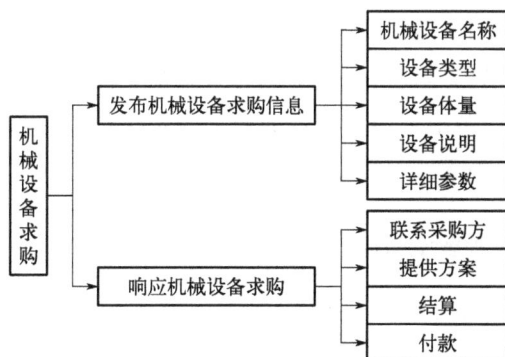

图 4.23　机械设备求购子板块的功能设计

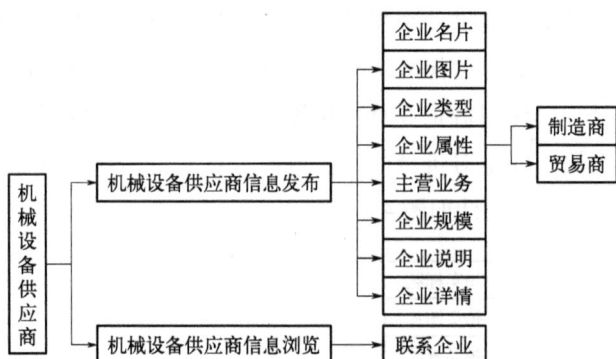

图 4.24 机械设备供应商子板块的功能设计

4.4 "综合服务"板块

4.4.1 对综合服务的认识

根据本书第 3 章的有关介绍,本平台拟将"综合服务"的范围定位为与家具产业链密切相关的配套产业,不直接涉及家具的生产和销售,但对于家具产业链健康稳定发展具有重要推动作用,并且长期以来在实际操作过程中企业通常借助第三方资源开展这些工作,主要包括展会服务、政府服务、金融服务和物流售后服务。

(1) 关于家具展会

展会是为了拓展渠道、促进销售、推广品牌而进行的一种集中展示产品或服务的盛会,其最主要的参与人员为组织者、服务商、参展商和观众。在家具产业链中,展会根据其主要目的可以划分为两大类别:一是展示家具产业最新技术和发展趋势,以招募经销商为主要目的的专业展会;二是以销售家具产品为主要目的,在全国各地定期或不定期开展的面向普通消费者的展销会。家具产业中这两种展会的区别对比如表 4.1 所示。

表 4.1 家具产业中两种展会的区别对比

项目	专业展会	展销会
目的	招商、品牌推广、渠道拓展	引流、产品销售、品牌推广

家具产业链互联网平台构建方法与实践

项目	专业展会	展销会
组织者	行业协会、家具商会	线上平台、渠道商
参展商	生产企业、设计机构、贸易商	经销商、直营店、电商
观众	设计师、经销商、高校学生	普通消费者
规模	大	小
门票获取	免费预报名，经审核后获取	直接购买或赠送
现场销售	一般无	有
同期活动	行业论坛、专业讲座等	新品发布等
成果体现	开店数、招商数	销售额、销量

针对本书的主旨，笔者主要讨论的是专业展会这个范畴的相关内容。此类展会一般由行业团体主办，对于家具产业的发展具有很强的指导意义，是家具流通领域中的重要环节。从展会影响力来看，可以将专业展会划分为国际知名展会、国内主要展会和地区性专业展会三种类型。

作为世界上最大的家具生产国家，当前国内定期举办的专业性家具展会已有数十个之多，覆盖了民用家具、办公家具、户外家具、定制家具、出口贸易等各个方面，举办城市也遍布全国，但目前各个专业展会最大的痛点在于配套服务跟不上时代发展的需求。

以每年三月份的三场展会为例，每年三月中下旬，对国内家具市场影响最大的三场展会——国际名家具（东莞）展览会、中国（广州）国际家具博览会和深圳时尚家居设计周暨深圳国际家具展在一周时间内先后开幕，并且由于三地相距较近，通常家具专业观众会连续参加三场展会，此外还需要考察工厂、洽谈业务等，这样一来通常行程非常紧张。笔者连续多年观展，对展会配套服务感触颇深：三场展会各自为政，观众需要报名三次；参展过程中展会自有平台只能提供会场内部的少量服务，专业观众在高强度观展之后还需要自行解决餐饮、住宿、交通等问题；主办方提供的展会导览、品牌检索等服务不够人性化，导致观展效率低下。

（2）关于政府监管

在完全的市场经济活动中，企业或个人可能会为了谋求自身利益的最大化而采用一些损人利己、危害公共利益的行为，在经济领域可能出现恶性竞争或者垄断的情况，这些行为如果不加以节制，就会对资源配置、社会效率产生重大损害，进而造成整个社会秩序的混乱。政府监管是在市场经济条件下国家和地方为实现公共目的，通过经济性或社会性监管对微观经济主体实施的规范与制约，是维持良好的社会秩序、营造和谐的生产生活环境的必要条件。

政府在行使对企业的监管权力的过程中，多数情况下都需要企业根据政府职能部门的要求办理相关手续，以获得批准、许可。与正常经营的家具企业关系最为紧密的事务包括国家标准、市场监管、税务征收、环境保护和知识产权等。

家具企业在办理相关事务时通常费时费力，以市场监管为例，这个方面涉及企业名称核准、报送年度报告等 250 个服务项目共计 334 个子项，每一个子项都还涉及准备材料、申请、等待、批复等多个环节，造成企业需要安排专人跟进配合完成，对于以中小企业为主的家具行业来说，这在很大程度上降低了企业的办事效率。市场如战场，局面瞬息万变，效率的高低在某些时候就决定了企业的存亡。虽然国家从政策层面上加大推动"放管服"改革的不断深入，但企业办理政府相关事务时的效率仍然具有较大的提升空间。

（3）关于金融

金融是一个在现代经济中具有核心地位的经济学概念，这个概念助推世界经济飞速发展。作为宏观调控的重要杠杆，金融对于促进资源的优化配置、推动企业和产业链转型升级具有极为重要的现实意义。当前家具产业已经进入一个冷静发展的时期，前几年的过快发展造成的隐患正在逐步显现，供过于求给企业带来的压力骤然升高，企业生存环境恶化，风险激增，行业内部正经历着一轮残酷的洗牌。在这种现实情况下，通过金融手段防范风险，维持企业平稳发展就成为一部分中大型企业的必然选择。对于家具行业金融的现状，可以概括为以下几个方面。

① 金融对推动家具产业发展的意义越来越重大。

就家具产业链而言，每一个环节、每一个企业之间的行为都牵涉资金和货物的流转，"一手交钱一手交货"是自古以来通用的法则。当前的社会环境复杂多变，企业在经营过程中面临各种各样的风险与机遇，金融的介入，对于家具企业抵御市场风险、筹措资金以抓住机遇进行市场拓展都有着重要作用。

② 家具行业投融资渠道建设还不够完善。

近几年家具行业诞生了一批新的商业模式，大多有可圈可点之处，但这些模式发展到一定阶段，需要融资时却苦于难以找到合适的投资方。一些中小型投资机构往往对家具行业的新商业模式并不敏感，对于好项目的认知不足，往往处于"持币观望"的状态。正因为家具投融资渠道建设还不够完善，才导致了当前这种双方难以良性对接的情况。

③ 资本向风口扎堆，对基础研究领域的投入不足。

近年来随着互联网技术的不断发展，由互联网引发的新商业模式演变为一个个风口，攫取了本应该分配在其他领域的资本，然而风口一过，绝大多数情况下都是一地鸡毛，造成了较为严重的资源浪费。人们普遍在新商业模式上投入了太多的注意力，而忽视了基础研究。

④ 中小型家具企业缺乏融资概念。

国内家具企业从业人员数量较多，但素质普遍不高，尤其对于中小型家具企业的经营者而言，很多还秉持着"小富即安"的思维，不思进取，在机遇面前只看到了风险，因此不愿意通过金融的手段使企业获得更长远的发展。

（4）关于物流售后

物流的概念最早形成于 20 世纪 30 年代的美国，原意为"货物的配送"，如今根据物流术语标准的定义，"物流"的概念已经扩展到包含运输、仓储、装卸、搬运、配送等多个环节。物流售后在家具产业链中指的是"家具后服务"，整合了家具从完成付款以后的所有服务项目。当前家具领域的后服务已经呈现下面几个明显特征。

① 形成了一些以大件产品为主要业务的物流体系。

电子商务的蓬勃发展极大地促进了国内物流产业的兴旺，然而以家具为代表的大货、重货、易损货往往是"三通一达"之类普通快递不能承运的货物，而家具物流的市场已经形成，并且具有广阔的前景，因此开始出现了一批以大件产品为主要服务对象的物流企业，这些企业建成了覆盖一定范围的物流体系。

② 专注于家具物流的企业开始提供售后服务。

一些专注于涵盖家具业务的家居物流企业，本身具有覆盖面非常广、效率非常高的服务能力，在服务家具企业的过程中发现家具电商往往缺乏遍布全国的售后维修能力，通过物流返厂的成本甚至经常超过产品本身的残值，因此与这些企业配合建立起自己的家具售后队伍,能够承担一些较为简单的维修工作。经过时间的沉淀和经验的积累,这项业务逐步走上了专业化道路,甚至促使一些传统家具销售终端也将售后维修工作转包给具备售后能力的家具物流企业。

③一些垂直电商尝试自建物流体系。

京东自建物流的商业模式形成了核心竞争力,一批具有实力的家具垂直电商也开始效仿,通过自建物流,一方面打通了生产、销售和物流大数据,为企业决策提供了数据支撑;另一方面大幅缩短了物流周期,并提升了服务质量,有的地区甚至实现了当天购买次日到货,大大提升了消费者的购物体验。

④服务范围还比较有限,不同地区服务支持差异较大。

不同地区的家具物流服务水平还存在明显差异。对于东南沿海发达地区,普遍可以送货到家并负责安装和售后;对于农村地区,可能只能送货到家由消费者自行安装,不能提供售后服务;对于中西部地区,甚至配送都只能送到县一级的物流点,需要消费者自提。这些差异体现了物流服务的不均衡,家具物流网络的建设尚需时日。

⑤家具物流领域整体专业度还不足,仍然以传统物流运作模式为主。

从家具物流领域整体来看,不难发现,虽然已经出现了很多专业化的家具物流企业,但在国内家具物流市场上,占绝对多数的还是以"游击队"形式存在、私人承包制为主的运输方式,这些运输方式普遍不具有专业的运输能力,因此货损率较高,而且无法开展维修业务。

4.4.2　家具企业综合服务板块的详细需求分析

(1)展会服务的需求

专业的家具展会是家具圈定期举办的盛会,展示了家具行业最前沿的设计风潮和工艺技术,因而受到家具行业各类专业人士的广泛青睐。

家具专业展会面向的主要群体是专业观众,这些观众不会参加每一场展会,而是挑选展会特色与自身需求最为契合的场次,同时每一个展会都有其独特的看点,观众需要通过展会资讯了解相关信息,然后做出是否参加的判断;选好观展的展会后,一般都需要预先登记,填写自己的个人信息,由主办方审核后发放参展证,不同的展会之间几乎没有关联,因此往往需要反复填写相同信

家具产业链互联网平台构建方法与实践

息；观展往往是数天高强度的劳动，观众从业务和个人财产安全的角度需要保持精神高度集中，但与此同时还要思考餐饮、住宿、交通等事项；展会是人员非常密集的场所，展商众多但展会时间有限，观众通常需要借助一定的方式快速找到目标展商。

对于展商而言，参加展会需要报名，并提前进行筹备，设计和建造展馆、准备参展产品以及进行人员培训等，在展会开幕前，还要通过各种各样的媒介开展品牌宣传，以吸引观众。展会期间及结束后，展商往往需要邀请有明显意向的合作方参观工厂和展厅，进行进一步的洽谈。

（2）接受政府监管的需求

政府需要对企业生产和生活的方方面面进行监管，以营造良好的经济环境和社会环境，这就意味着家具企业需要按照相关要求办理有关工商、税务、环保、专利等方面事务，每个方面又包含许多项目。这些企业需要办理的涉及政府职能部门的事务，往往流程较多、材料比较复杂、等待时间长，即便是专人办理，也需要耗费大量的时间和精力。借助第三方的服务缩短办事时间、提高办事成功率是家具企业的迫切需求。

（3）投融资的需求

家具企业推出一款全新的产品或者商业模式需要一定的前期投入以教育市场和推广品牌，在信息爆炸的时代，缺乏有力的前期投入很大程度上就意味着项目的夭折。对于初创型家具企业而言，显然无力承担巨额的推广开支，借助金融手段募集资金就是这类企业的需求。而在家具产业整体发展趋缓的现状下，家具企业往往也需要维持自身的稳定，在面对风险时不至于结局惨淡，同样需要资金的支持。

对于投资者而言，虽然行业大环境是趋冷的，对于家具领域的投入也变得更加理性和冷静，缺乏足够创意的项目显然无法打动他们，但持币观望并不是投资者的愿望，他们更希望找到合适的项目，从而获得更大的回报，可供投资的优质项目来源是他们的主要需求点。

（4）物流售后的需求

家具产品从工厂生产完毕，需要经过长途物流、仓储、短途配送、装卸搬运、上门安装等环节。在流转过程中需要将时效性、经济性与安全性紧密结合，确保家具产品在规定交货期限内完整地在消费者家中安装完毕，同时不产生额外的成本。此外,在面对售后问题时,也需要借助这个体系完成家具产品的维修和退换货。

4.4.3 "综合服务"板块的功能设计

根据上文对综合服务的基本认识理论分析以及需求分析,拟定了以下四个子板块来实现"综合服务"板块的功能。

(1)展会服务子板块

根据展会服务的相关需求,拟在"综合服务"板块下设立"展会服务"子板块,主要面向行业内具有重要影响力的展会提供配套的便捷服务。

展会服务是展会组织者为参展商和观众提供的硬件设施和配套服务的综合,是提高展商和观众参展效果的重要保障。提供相关服务前首先需要定位到具体的展会中,平台拟提供两种检索方式:其一是根据展会的影响力进行检索,展会被划分为国外主要展会、国内主要展会和国内区域性展会三种类型;其二是根据展会举办的时间进行检索,将当年所有家具展会根据举办时间罗列在日历中,这种检索方式能够更加明确展会的开幕和撤展时间,有利于提前安排计划。

在每一个展会的详细服务页面中,主要提供最新的展会资讯信息、展馆及展商分布图、观展预登记服务、展会交通服务、周边酒店预订、展商参展申请以及下期展会预告和往期展会回顾(图4.25)。通过这些服务,能够一站式解决观众从报名到观展的过程中绝大部分生活和业务方面的需求,并为展商提供专属的布展申请服务,极大地便利展会涉及的各个方面。

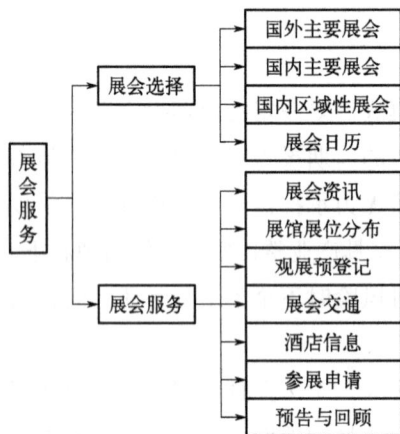

图 4.25 展会服务子板块的功能设计

(2)政府服务子板块

根据家具企业接受政府监管的相关需求,需要在"综合服务"板块下设立"政府服务"子板块,提供企业与政府相关联的便利服务。

政策资讯栏目主要推送最新最热的国家政策文件、施政新闻以及针对政策的权威解读，以头条的形式呈现，引起用户的重视。

家具标准栏目主要是汇总家具产业中的各类国际标准、国家标准和行业标准，并提供浏览和下载服务，为企业生产和维护自身利益提供重要依据。

对于家具企业比较关注的知识产权、税务、环保、市场管理4类重点政府监管项目，有针对性地提供相关服务。页面上可以直接链接到对应主管部门的官方网站；梳理和汇总各种不同事项的办事指南供企业预先准备，提高行政效率；专门将这4类重点监管项目的相关政策汇总并罗列出来，供企业查询。

政府服务子板块的功能设计如图4.26所示。

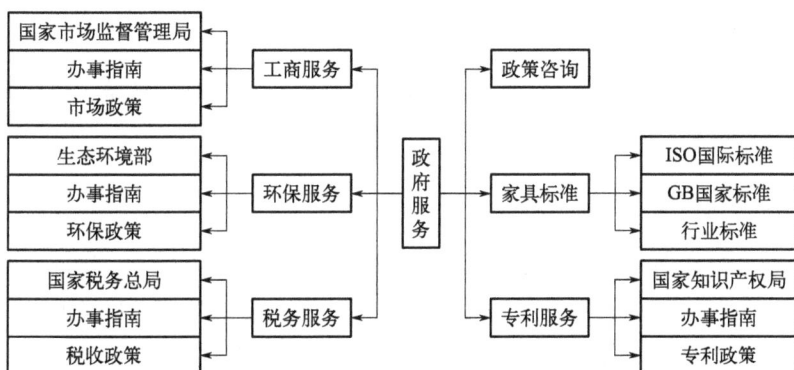

图4.26 政府服务子板块的功能设计

（3）金融服务子板块

从企业对投融资的需求出发，拟在"综合服务"板块下设立"金融服务"子板块，为企业借助金融工具获得发展提供便利，该板块的功能设计如图4.27所示。

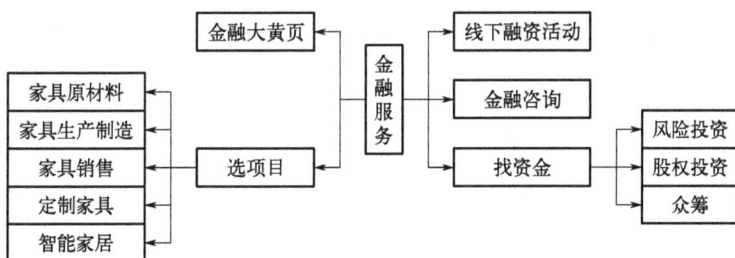

图4.27 金融服务子板块的功能设计

线下融资活动栏目的主要功能在于平台联合金融机构、天使投资人以及大型家具企业，通过沙龙、路演等形式开展线下融资活动，牵线搭桥，为家具产业创新项目创造机遇，帮助项目快速落地实施。

金融资讯栏目用于发布和转载家具产业中的金融信息，帮助家具企业掌握资本动向，为企业把握市场发展趋势提供产业链金融情报。

找资金栏目是提供给项目发起人有关投资者的信息，项目发起人可以根据项目发展的具体情况和资金需求，向具体的投资者、金融机构投递计划书，并建立联系。众筹则是将计划书投递给策划机构，由双方分工协作在平台上向公众发布众筹项目。

选项目栏目主要罗列家具相关投资项目，并按照项目主要涉及的领域进行分类，供投资者或金融机构查阅，对于感兴趣的项目可以直接与项目发起人进行交流，进而产生合作。

金融大黄页栏目为平台用户提供合作的金融机构的官网链接，供用户了解更多的金融信息。

（4）物流售后子板块

根据家具送装的具体需求，拟在"综合服务"板块下设立"物流售后"子板块，为商家提供成交后的相关服务，同时招募承运商和安装师傅具体承担服务工作。从具体功能来看，可以划分为服务介绍、服务下单、安装师傅加入、商家开通及订单查询五个栏目，如图4.28所示。

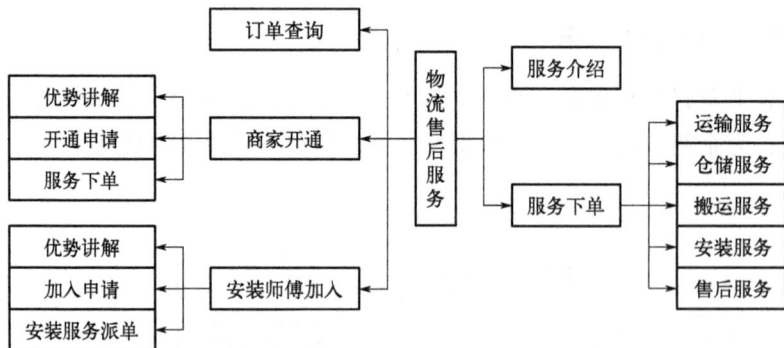

图4.28 物流售后服务子板块的功能设计

物流售后服务介绍栏目主要概括本板块的服务内容和具体优势，并为其他几个栏目预留入口。

服务下单栏目是将平台建立起来的物流售后体系向社会开放，为任何有需要的用户提供家具送装配套服务，与一般快递的下单模式类似，区别在于平台会直接将有关服务派单给承运商或安装师傅。

安装师傅加入栏目是为个体的安装师傅加入平台建立的物流售后体系提供入口，师傅经平台审核和培训后具备了上岗资格，采用类似滴滴出行的接单模式运营，师傅可以根据自己的实际情况灵活安排接单时间，提供安装和售后服务。

商家开通栏目是为平台对 B 端客户提供服务建立的入口，商家资质经平台审核后，可以通过与商家现有系统打通，从而快速下单，充分调动平台资源，平衡时效、安全和成本因素，提供具体的物流和售后服务。

订单查询是提供给平台用户查询订单流转情况、产品生产进度、物流状态的窗口，通过整合企业资源管理系统数据、销售数据和物流售后数据，将订单实时的状态呈现出来，供有关方面查阅和提前准备。

4.5 "校企合作服务"板块

4.5.1 对校企合作的认识

校企合作，顾名思义，是学校与企业建立的一种合作模式。校企合作是一种注重培养质量，注重在校学习与企业实践，注重学校与企业资源、信息共享的"双赢"模式。校企合作思想于 19 世纪在国外兴起，20 世纪 60 年代引入我国，虽然国家大力推动，学校也积极响应，但校企合作仍旧发展缓慢，一直在浅水区徘徊，主要的领域是在学生的就业上。当然，任何事情都不可能一蹴而就，需要有一个适应阶段和量变到质变的过程，经过多年的发展，尤其是近年来相关部门频频出台深化校企合作政策，在各大高校掀起了校企合作的又一个高潮，目前校企合作已经在深度和广度上有所延伸。

笔者作为一名与企业交往密切的大学教师，从自身的所见所闻出发，对我国校企合作情况提出一点看法。

(1) 参与主体多，却缺乏号召力和凝聚力

校企合作的参与者有学校、企业、政府、行业协会等机构，有不少学

者也就此提出一些四位一体的模式建议，但都浮于理论层面，可以解决实际问题和具体可落地实施的少。造成这种现象，并不是学者提不出好的建议，而是参与主体多样，但责权却不清楚，合作完全是"随意"的。目前来看学校成了最为积极的一方，企业是最被动和不积极的一方，政府是干着急的一方，协会是辅助参与的一方，谁也不知道自己可以做到什么程度，谁也不清楚自己该担负什么角色。因此，当务之急是划分参与主体的职责，制定合适的规范标准。确切地说地方政府要提升参与责任感，真正为校企合作提供保障，既要有资金与政策上的支持，也要有规范化的制度来进行监督和对科技转化的严格评估，不然校企合作就只是流于形式的项目报告和理论文章。

（2）抓不住企业的痛点，企业参与度不高

学者的研究中都不约而同地提到一个共同点，就是企业参与度不高、不积极，学者也进行了大量的分析和研究，但此类问题并没有得到解决。一个有趣的现象是，笔者发现大量相关研究文献的作者没有来自企业的，都是各大高校的教师、学者。从这里是不是可以看出点什么呢？所有的研究和分析都是站在学校的角度，即使有文章研究企业方的情况，会做一些问卷调查，但分析的角度也都是站在学校如何发展的一边，那么"校企合作"中的另一个主体的想法和真正的需要是什么呢？这是一个值得我们深思的问题。

第一，我们必须了解的一点是，企业不是慈善机构，更不愿变成大学校企合作项目的"提款机"，学校提供的"产品"一定要抓住企业的痛点，能够满足它的实际需要，解决它的实际问题。

第二，据笔者所知，在不少企业内部就有职员培训的部门，甚至一些大企业会组建自己的管理学院，管理学院的校长一般由公司的高层担任。企业不是不重视人才，相反它们很重视，现实是企业主要的需求是提升公司现有人员的职业素质，而引进高水平人才的需求是次要的。那么作为高校方就应该去调整自我本位思想，制定出符合企业需要的"双轨"服务，一边为企业提供专业技能培训和学习深造的机会，一边引入公司管理人员为高校学生授课制度（由学校负担授课费用），继续完善学生进入企业岗位实习实践制度，让企业方完全自主地对学生开展培训课程。

第三，有学者在研究中发现在12项企业对员工职业素质要求指标中，企业最看重学生的职业道德，执行能力排在第二，然后是敬业精神、合作精神，而最不看重的竟然是技术能力。这又一次证明了学校对企业需求在认识上有偏差。据笔者所知，企业对学生尤其是大学生的专业技术能力并不是不看重，而是普遍认为专业技术能力需要在职场上磨炼，对初出茅庐的大学生并不寄予厚望，反而是现在学生的职业道德和敬业精神大滑坡，让企业吃够了苦头，刚毕业学生频繁跳槽的现象十分普遍，不少学生都怕苦怕累，只会抱怨和不满，甚至没有一点自我约束能力。这也就对我们的大学教育提出了最紧要的命题：教育的本质究竟是什么？只强调知识与技能，在德育上的缺乏早已经是整个社会之痛。

第四，科研的实际转化和落地是企业真正关心和需要的，高校除了提供教育输出人才外，还有一项功能是进行科学研究，其中应用型的研究与产业关系最大，那么既然是应用性质，就要真正下到企业去了解问题、分析问题、研究问题、解决问题，而不是闭门造车。通过校企合作可以提升产品的性能，提高生产效率，实现管理升级等，为企业带来增值收益，只有这样的校企合作才能真正走得长远。

（3）校企合作的渠道不通畅

无论校企合作的模式如何，内容如何，有一个重要的前提是合作的渠道在哪里。从目前来看，有以下方式促成学校与企业的合作：从某学校毕业的校友牵线搭桥；在某企业有任职经历的教师促成合作；与企业联系紧密的个人作为第三方与学校联系；通过行业展会、各类学术会议和专题论坛与企业建立联系；行业协会为中介促成合作等，从中我们可以看出此类合作的随机性很大，解决校企需求的精准性也难以保证，学校和企业的资源在很大程度上被浪费掉了。缺乏信息沟通的渠道，无论是对学校还是对企业来说都是一个重大的问题，而与互联网信息化结合无疑是一条最佳的解决途径。

目前，致力于校企合作的互联网平台虽然还非常少，但已经可以看到在这方面的努力了。比如，南京仁之教教育科技发展有限公司创立的 SECP 校企合作平台是面向全国的部分专业领域的合作平台；北京东大正保科技有限公司旗下的校企合作平台是在中华会计网校的基础之上发展起来的针对会计领域的校企合作平台；福建星网锐捷通讯股份有限公司开发的 NexHome 学院设有校企合作栏目。目前，这些平台的规模和影响力都还很小，参与的学校和企业数量也不多，有的平台理念是大而全，有的则是只针对一个专业领域，有的是网站的主打功能，有的则只是网站功能中的一个小栏目。无论是哪种形式，都存在功能设计不够明确、对象不够细分等诸多问题，但这种先行精神是值得肯定的。

4.5.2　高校与企业合作服务板块的详细需求分析

正如对高校与企业合作的认识中谈到的，校企合作的渠道需要借助互联网技术的手段来拓展，对于家具产业链来说，建立校企合作服务平台也同样具有十分重要的意义。笔者根据自身教学科研与企业交流的经验，基于平台的服务对象来讨论该板块的需求。

（1）学校需求分析

① 培养人才。

学校的本质是教育，如何培养人才是学校的第一需求。对学生教育来说，培养对企业有用的人才是其中的重点。具体的需求不外乎以下几点：通过在企业建立实习基地，到工厂实习来保障在校期间为学生提供实践实习场所，提升学生的实践技能；专业课程安排从做计划开始就与企业接轨；聘请家具企业从业人员来教授专业课程；此外，人才的培养应该是全方位的，不应该仅仅只是技术能力上的培养，可以引入企业对在校大学生进行职业培训，比如"大国工匠"计划。

除了培养学生外，大学也需要培养优秀的教师队伍，让越来越多的教师到企业一线去研究、去教学，才能真正锻炼和提升教师的专业技能，才能更好地为学生传道授业解惑；需要让教师面向社会有一个展示和检验专业知识的平台，给相关学科专业领域内的各高校教师提供一个互相学习切磋的场所。

② 科研成果转化。

科学研究是各大高校的职能之一，尤其是应用型研究和企业有直接关联。从学校的角度来说，需要明确知道哪家企业有什么具体的技术困难，企业科研条件的现状，企业高层对科研对接的意向是什么等。

（2）学生需求分析

学生在受教育方面的需求与学校在培养人才方面的需求基本上是一致的，不再赘述。此外，对于学生而言，他们希望可以更便捷轻松地获取全面的家具行业招聘信息；能够针对不同层次的学生（高职、中专、大专、本科、研究生）

提供就业机会；更精准的专业领域行业展会资讯；最前沿的专业领域的资讯报道。

（3）企业需求分析

企业需求最重要的原则就是务实。首先，企业希望提升现有员工的素养，同时希望更早一步介入在校学生的企业归属感和参与在校学生的职业规划，鉴于此，企业可以通过与学校联合开办企业自身的管理学院来双向打通。其次，需要知道学校的科研实力，学校有哪些项目对企业的发展有益，哪些科研成果具有转化价值等。

（4）社会大众需求分析

平台本身是面向大众的，并不是只局限于学校和企业两个主体，所以笔者将社会大众对家具产业链相关专业领域内的需求也做了分析，希望让平台的功能更加完善。社会大众在这里主要是指对家具产业链相关专业领域学科的内容（设计、工艺、制造、销售、管理、木质材料研究等）有兴趣的爱好者，或者是从事与家具行业相关的从业人员，又或者是在买家具时临时需要获取家具专业知识的普通消费者。家具产业链相关专业方向的学习爱好者需要获得相关领域的专家建议来指导自己的学习，相关从业人员希望能够获得进修、参加学校活动与交流的机会，普通消费者希望能够有专业人士解疑释惑。

4.5.3 "校企合作服务"板块的功能设计

根据上文的需求分析，"校企合作服务"板块分为七个子板块，分别是学校项目发布、企业需求发布、校企资源、企业招聘、互动讲堂、校企新闻、有困难找专家（文件下载是附加便利服务），如图 4.29 所示。

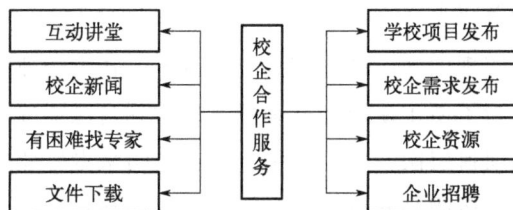

图 4.29 校企合作服务板块的功能设计

（1）学校项目发布子板块

　　该板块主要实现的功能是将各大高校家具产业链相关专业的项目进行发布和展示，为了便于使用者精确快速地找到自己需要的项目，根据发布学校、项目类型、项目层次、项目级别、发布时间来设置相应的搜索条件，并对搜索结果进行按层次、按级别和按发布时间排序的显示。学校项目发布子板块的功能设计如图 4.30 所示。

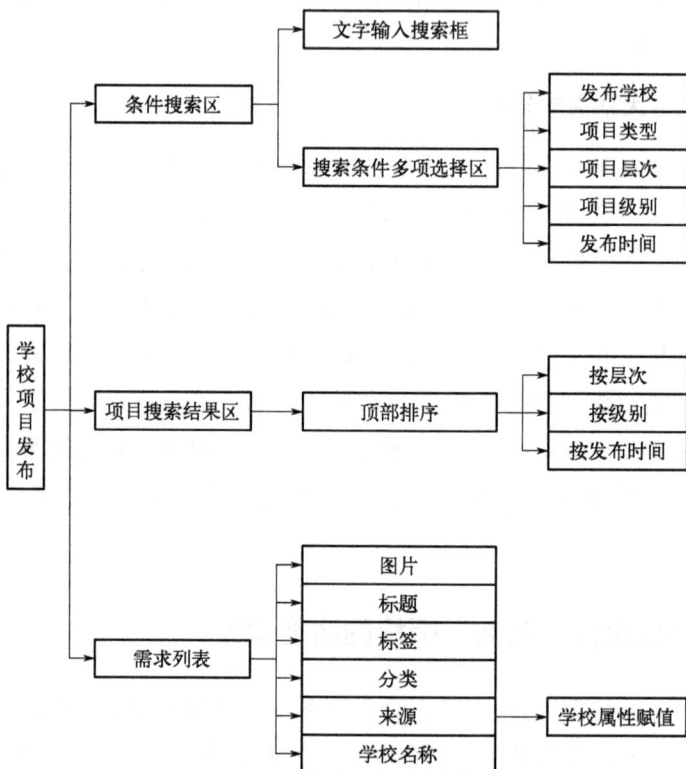

图 4.30　学校项目分布子板块的功能设计

（2）企业需求发布子板块

　　该子板块主要实现的功能是将家具产业链上的各大企业的项目和技术需求进行发布及展示，为了便于使用者精确快速地找到自己需要的项目，根据发布企业、项目类型、项目层次、项目级别、发布时间来设置相应的搜索条件，并对搜索结果按层次、按级别和按发布时间进行排序显示。企业需求发布子板块的功能设计如图 4.31 所示。

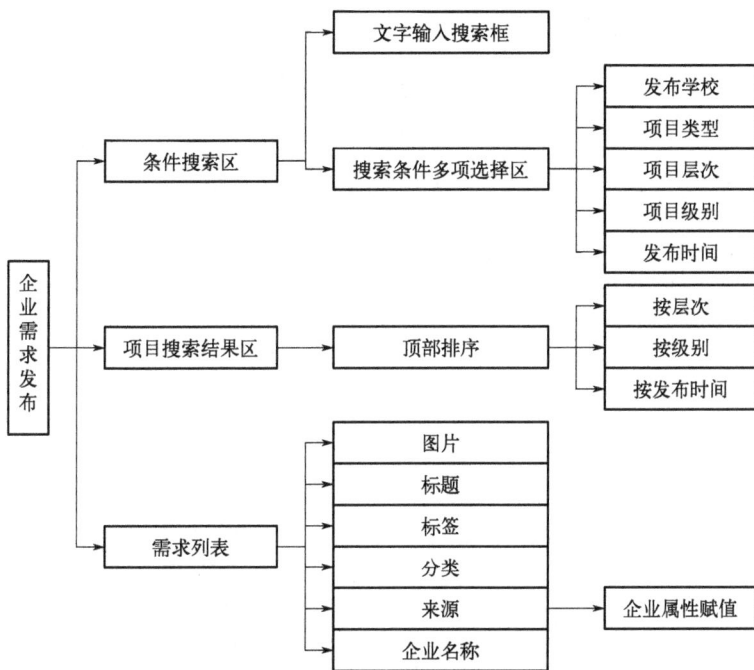

图 4.31 企业需求发布子板块的功能设计

（3）校企资源子板块

该子板块的主要功能是将平台上的高校资源、相关机构及企业资源进行展示，提供相应的链接入口直接进入相关高校网站和企业网站，具体功能设计如图 4.32 所示。

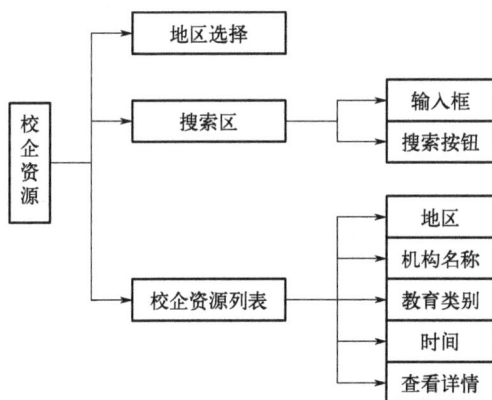

图 4.32 校企资源子板块的功能设计

（4）企业招聘子板块

该子板块的主要功能是有针对性地对不同应届毕业生提供招聘信息，下面分为三个一级菜单项，分别是研究生应聘、本科生应聘、专家应聘。企业可以根据应聘者的不同级别来提供相应的岗位，同时学生也可以根据自身的情况有针对性地选择合适的工作岗位，细分教育层次有利于更精准、更快速地找到适合自己的信息，避免了海量搜索浪费时间。企业招聘子板块的功能设计如图 4.33 所示。

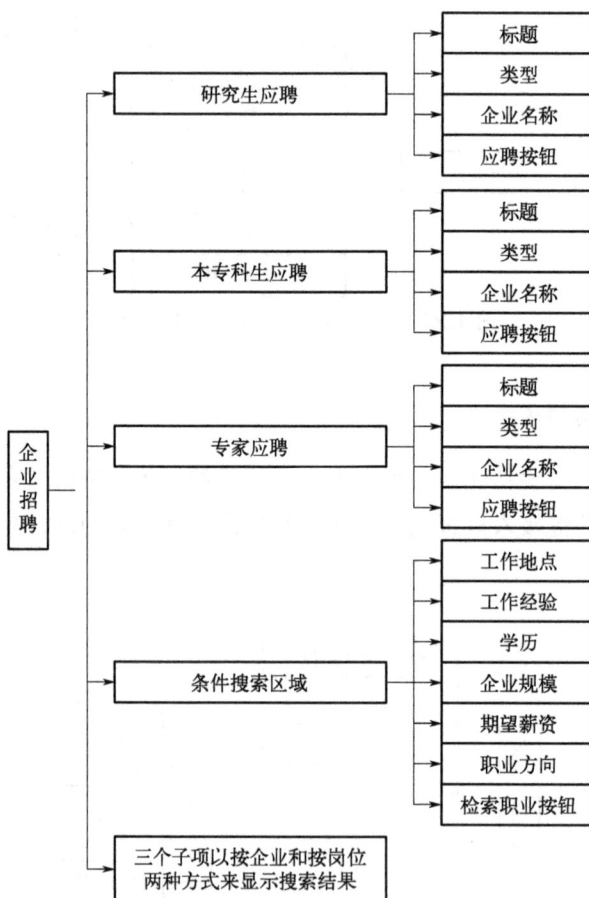

图 4.33 企业招聘子板块的功能设计

（5）互动讲堂子板块

该子板块的主要功能是为学校的教师提供展示的平台，为使用平台的用户提供学习专业知识和交流的平台，具体功能设计如图 4.34 所示。

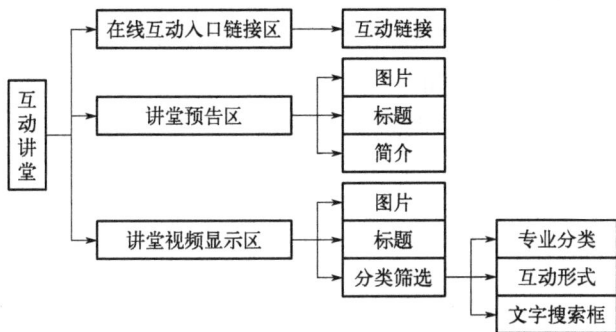

图 4.34 互动讲堂子板块的功能设计

（6）校企新闻子板块

该子板块的主要功能是对学校、企业相关的各类资讯的展示，具体功能设计如图 4.35 所示。

（7）有困难找专家子板块

该子板块的主要功能是为平台的用户提供行业内权威专家的资讯，为方便用户快速准确地找到自己所需要资讯的专家来解决问题，提供详细的专业门类条件选项搜索功能。有困难找专家子板块的功能设计如图 4.36 所示。

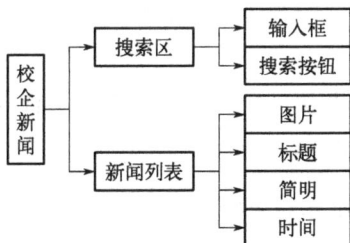

图 4.35 校企新闻子板块的功能设计

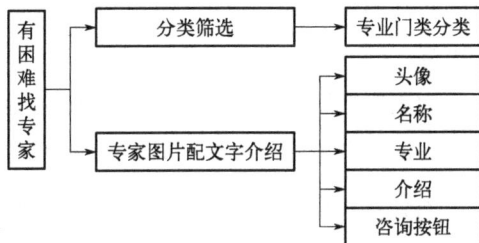

图 4.36 有困难找专家子板块的功能设计

4.6 "家具商城"板块

4.6.1 对线上家具商城的认识

家具产品是典型的工业产品，其价值最终需要通过进入市场流通来体现，而终端销售就是家具产品进入市场的最核心渠道。家具产品终端销售的模式主要分为线下和线上两种。

家具的线下销售模式可以大致概括为：家具生产制造企业通过家具展会发展各个片区的经销商，经销商通过自有的资源在具体的城市和卖场开设终端门店或者建立分销渠道，最终由门店或分销渠道向普通消费者销售产品（图 4.37）。

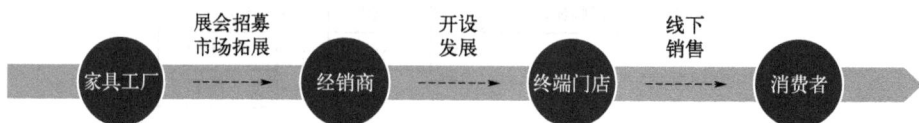

图 4.37　家具线下销售模式

家具的线上销售是基于互联网平台开展的电子商务模式，卖家在线上通过图片、文字、视频、音频等方式对产品进行展示，买家通过这些方式了解产品并通过线上支付下单购买，产品由卖家通过物流、快递等方式送到买家手中。B2C 线上商城是家具线上销售的基础设施。相比线下销售，家具线上销售的优势主要体现在以下几个方面：跨过中间环节的层层加价，直接到达消费者手中，价格优势明显；不受实体店面空间和时间的限制，展示面积近乎无穷，店铺受众触达全球，并能实现 24 小时购物；固定成本低廉，开店成本几乎为 0；比线下门店的运营效率更高，多数情况下消费者可以通过商品介绍获得全面了解而不必咨询销售人员；销售数据可以很方便地被追踪和分析，形成大数据流以帮助决策。

为更好地明确本平台家具商城的功能，笔者从目前国内家具电商平台发展的实际情况出发，对线上家具商城的情况进行了总结分析。

（1）线上销售家具的模式已经被消费者认可并初步形成规模

中国电子商务产业的兴盛引发了一轮电商红利，短短十余年时间里，中国电商规模已经全面超越美国。国家统计局数据显示，2024 年，全国网上零售额 155225 亿元，比上年增长 7.2%。其中，实物商品网上零售额 130816 亿元，增长 6.5%，占社会消费品零售总额的比重为 26.8%；在实物商品网上零售额中，吃类、穿类、用类商品分别增长 16.0%、1.5%、6.3%。以淘宝为代表的电商平台模式对整个家具行业具有很强的教育意义，培育出林氏木业、维莎原木、源氏木语等纯电商品牌，并吸引了全友家居、顾家家居等老牌家具品牌入驻。

家具产业链互联网平台构建方法与实践

（2）线上家具商城竞争日益激烈

目前涉足家具的电商平台已经有十余个，包括淘宝、京东、苏宁易购、美乐乐等，家具的线上销售规模还在不断扩大。其中综合电商领域淘宝、京东、苏宁易购在家具方面的布局和档次基本一致，相互激烈地争夺地盘；垂直电商领域美乐乐、优家购、和家居等平台相似度非常高，相互之间拼资源、拼服务；红星美凯龙和居然之家两大零售巨头分别与腾讯、阿里巴巴合作构建线上销售体系；全球最大的家具零售商之一的宜家家居也在探索线上家具商城模式。

（3）线上商城营销方式不断创新

线上商城以互联网为载体，在平台技术的推动下，引导了传统线下销售模式的升级，并探索出很多完全不同于传统线下营销模式的新方法。例如线上拍卖的模式在保障公平性的同时将拍卖的时间和空间进行了极大的延伸；众筹模式解决了原创产品量产的资金问题，满足了企业市场试水和消费者购买原创产品的需求；社群模式借助互联网社交平台对指定群体展开有针对性的营销；短视频的病毒式传播带动了"网红带货"销售模式的发展……这些不同于线下传统拓展渠道的销售模式活跃了市场环境，促进了消费升级。

（4）家具线上销售的短板依然明显

线上销售本质上是通过图片、文字、视频等方式展开销售，按照家具行业的说法叫"卖图片"。这种销售模式在销售家具的过程中带给消费者的主要缺陷体现在产品档次低、体验感较差、购物风险较高等方面。高档家具产品的客户群体消费习惯与线上模式还存在差异；普通消费者看到的都是卖家美化之后的内容，看不到实物，更无法体验；只能看到卖家提供的信息，不能判断是不是真材实料，容易出现货不对板的情况，并且由于终端服务没有跟上，售后服务品质较低，且投诉维权成本过高，以上缺陷增加了消费者线上消费的风险。

（5）家具制造与互联网之间的认识差距仍然较大

家具的线上销售，本质上是传统家具制造与新兴互联网模式的结合，在传统认识与新兴理念之间的理论认识上还存在差距，主要体现在以下两个方面。

① 线上对于家具行业的知识体系认知不足。具体表现为部分线上商城普遍缺乏家具的专业知识，一些不法商家也存在故意混淆概念的情况，导致商城专业理论体系的模糊，造成分类不严谨、专有名词误用、一物多名、设计风格的

定义随心所欲等现象，尤其在材质上混淆橡木与橡胶木、柚木与柚木王，将所谓的"多层实木板"（即胶合板）视为实木材质等以次充好的现象较多，而商城本身无法监管，长此以往对整个市场构成严重危害。

② 部分家具生产企业普遍缺乏严谨的产品管理思维。体现在数量占大多数的中小家具企业基本上没有商品 SKU（stock keeping unit，库存量单位）和 SPU（standard product unit，标准产品单位）的概念，这就导致产品之间的关联被忽视，给上架销售和后期的运营、送货、售后带来巨大的困难；另外，在产品的更新换代前后对于同一款产品没有区分的意识，工艺上存在差别的产品仍然按照同款进行无差别销售，这就导致了货不对板引起的投诉，并造成后期的补件、售后工作复杂化。

（6）线上和线下融合是必然趋势

家具领域的纯电商企业在经历了十多年"野蛮生长"后开始逐步放缓，这些企业开始思考如何应对线上家具销售存在的种种缺陷，许多企业开始探索拓展线下营销渠道，以林氏木业、美乐乐为代表的家具线上商城已经布局线下渠道多年，在全国各大城市开设了数百家体验馆；传统家具企业看到了线上运营方式的种种优势和便利后也开始尝试触网，全友、顾家、曲美等品牌纷纷建立线上营销渠道，达到直接销售或者为线下门店引流的目的。线上销售与线下销售的融合呈现优势互补的态势，将线上的推广、引流和信息化举措，结合线下的实物展示和落地服务，实施线上和线下一体化战略，实现线上和线下的同质同价是未来家具终端营销的发展方向，新零售概念的提出，更是将线上和线下融合的思维推向了高潮。

4.6.2　家具商城板块的详细需求分析

家具商城板块是一个 B2C 电商平台，对于 B 端的作用主要表现在为第三方提供开店、陈列和销售产品的场地以及必要的配套服务，对于 C 端的意义在于为消费者构建了一个直接购买家具产品的平台。在确定本板块的需求时应当从家具商城的用户角度出发，充分考虑市场因素并借鉴成熟的电商平台建设经验。

（1）消费者的需求

消费者在家具商城中最核心的行为就是选购家具产品，从线上购物的基本流程来看，消费者的需求主要体现在以下几个方面。

线上家具商城中的产品品种远远高于线下家具卖场，消费者显然不会在杂乱无章的产品列表中慢慢浏览，因此需要提供给消费者一些检索的方法，以帮助消费者快速定位到某一个具体的产品范围。对于不同需求的消费者，采用的检索方式不尽相同，因此需要针对满足绝大多数消费者搜索产品的思路确定不同的检索维度，并将符合条件的产品呈现在列表中。

对于每一件商品，消费者都希望能够在购买之前清楚地了解到该商品的款式、材质、功能、使用说明等信息。不同于线下购物，消费者可以直接与产品接触，清晰直观地了解产品的品质和性能，在线上商城中消费者需要通过卖家提供的图片、文字、音频、视频以及其他消费者的评价来简单了解产品。对于一些卖家没有提到的内容，消费者还要能够直接与卖家进行沟通。

家具商城中丰富的产品令普通消费者眼花缭乱，消费者有意购买的产品很多，但不可能全部购买，因此有必要对意向产品进行一次次的标记和筛选，确定最终的选择范围。与线下购物相似，在购买大件、高价值商品时，消费者往往需要货比三家，通过对比进一步了解不同产品之间的区别。

在实际交易的过程中，消费者最关心的是购物风险。付出的款项是否能够安全抵达目标账户；付完款之后产品尚未发出，此时消费者已经处于劣势，如何保障权益不受损害、交易能够按流程继续；收货后出现售后问题或者其他纠纷时应该如何合理维权等。消费者更希望平台作为第三方履行监管职责，免除后顾之忧。

（2）卖家的需求

家具商城中的卖家是指入驻商城的独立第三方店铺，主要从品牌商批发家具产品并通过家具商城零售给普通消费者赚取差价，或者是品牌商自营直接向普通消费者销售商品。

在交易行为开始之前，卖家需要开设一个店铺。这个过程要求卖家从平台上获取与开店相关的资源，并对自己的店铺进行一定的设置，同时通过页面设计对店铺页面进行美化，这就相当于线下店面的门头招牌，引人入胜的店铺页面设计能够给消费者提供更加赏心悦目的购物体验。

店铺开设后，卖家还需要上架所销售的产品。这些产品需要根据家具商城的上架要求录入产品的具体信息，主要用于平台建立合理的分类结构，便于消费者进行快速检索和数据统计分析。针对每一件产品，还需要通过图片、文字与视频结合的方式精心准备详细介绍。当前绝大部分电商平台都在首页建立了供消费者直接搜索的入口，为了保持自己产品的高曝光度，卖家通常还需要为产品设立一个由关键词构成、容易被检索到的产品标题。从成熟的电商平台实例来看，产品标题一般既不美观也不通顺，但效果才是产品标题编写的第一要务。

出于扩大销售或者加速清理库存产品的目的，卖家通常需要借助一定的形式进行促销，这就是活动。卖家需要首先确定活动的形式、规则、产品，然后在平台系统中进行对应的调整并检查，系统将会在指定的时间针对指定的产品开展卖家指定的活动。

虽然产品详细信息已经涉及绝大部分消费者关注的内容，但仍然不可避免地出现消费者对于产品、活动有不理解之处，因此需要提供一个咨询的窗口。另外，在产品使用过程中出现问题时，也要给消费者提供一个售后服务的渠道。

家具商城中的店铺是直接创造效益的个体，因此卖家希望店铺能够拥有更高的曝光度，从而吸引消费者到店铺中浏览，以促成交易或扩大单值。家具商城需要给卖家提供展示自我的场所。

（3）品牌商的需求

品牌商在家具商城中扮演的角色是将产品提供给授权店铺进行销售。品牌的概念在家具行业已经深入人心，大品牌产品的成交率一般明显高于小品牌产品。为了推广品牌，品牌商需要对品牌、企业以及主打产品进行宣传，向消费者传递企业文化、设计思路、产品品质以及品牌情怀，并且将汇聚的流量导入具体的店铺中，从而产生效益。

除此以外，品牌商开发的新产品是否能够被市场所接纳，这个问题在产品真正投入市场之前是谁也无法回答的，但盲目地批量生产会给企业带来巨大的库存风险和资金压力，因此在产品量产前需要一个渠道帮助品牌商验证产品的市场接受度和销售策略。

（4）商城运营的需求

B2C家具商城相当于一个大市场，商城运营就相当于这个大市场的管理方。

商城运营的首要任务就是对商城进行监管，保证家具商城的有序运行。商城平台系统是否能够按照既定的目标平稳运行、卖家品牌宣传是否违规、是否有欺诈行为、消费者购物是否顺利、有没有投诉等方面都是商城运营的内容。

对外，家具商城是一个整体，需要参与激烈的市场竞争，因此商城运营还需要在平台外部进行市场拓展活动，为平台进行推广，提高整个平台的知名度，从而为平台争取到更多的客户流量。

（5）产品开发者的需求

对于独立开发者或设计机构而言，经过设计、打样验证可行的产品，投入市场前最大的障碍在于缺乏必要的资金进行产品推广及批量生产。过去的一些案例表明，确实存在优秀的作品因为包装推广的力度不够或者因为资金不足无法量产而被埋没的情况，作为推动家具产业链转型升级的互联网平台，应当从机制上对这些产品开发者施以援手。

4.6.3 "家具商城"板块的功能设计

根据上文对家具商城的基本认识理论分析以及需求分析，拟定了以下六个子板块来实现"家具商城"板块的功能。

（1）商品子板块

根据消费者和卖家的需求，拟在"家具商城"板块下设立"商品"子板块，其具体功能设计如图 4.38 所示。

商品子板块的主要职能是商品的录入、分类和呈现。商品信息按照使用场景可以划分为四种类别，其中：基本信息为商品的固有属性和参数，在产品未出现更新换代的情况下一般不发生改变；销售信息一般是根据销售情况和优惠活动而发生变化的信息；物流信息是指消费者通常不关心，但送货安装人员比较关心的产品参数；详细信息是卖家自由发挥说明商品特点的信息，一般呈现在商品详情页中。

基于家具产品的特点，对家具的多维度分类检索条件可以设置为按空间、品类、风格、材质、涂装工艺、销售状态、产地、品牌、交付周期等。这些信息在商品录入过程中全部由卖家在给定的选项中选取，不允许自行输入，否则容易造成平台分类结构混乱。

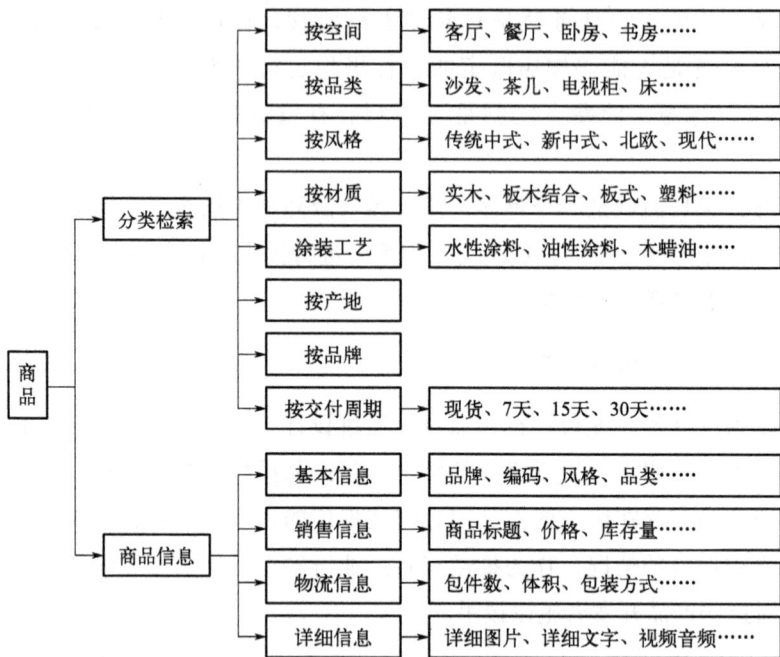

图 4.38 商品子板块的功能设计

（2）家具团购子板块

根据卖家扩大销售和清理库存的需求，拟在"家具商城"板块下设立"家具团购"子板块，给买家提供用于开展销售活动的平台，达到吸引流量和清理库存的目的。

团购是很常见的家具销售活动形式，通过汇聚意向客户，形成一定的购买规模后降低价格。基于团购的运行模式，卖家首先需要确定团购的商品，并从原商品信息中选取相关数据，然后制定团购的政策，确定针对该商品的活动价格、最低门槛、总库存量以及开始、结束的时间，最后提交团购计划。

在卖家确定的团购时间内，系统自动上线该团购，意向客户可以在平台上报名参团并付款。如果在指定结束时间之前团购总数量达不到最低门槛，团购失败，已付款项原路退回；如果团购成功则卖家直接发货。

由于团购本身需要凑足一定数量才能成功，因此消费者可以通过分享团购的形式通过自身人脉关系加速团购的成形。实质上这种形式也推动了平台的流量增长，使得线上购物具备了一定的社交属性。

辅助功能主要为消费者提供了自己参加过的团购以及之前进行过的团购历史，让消费者对于团购活动的优惠力度有更加理性的判断。

家具团购子板块的功能设计如图 4.39 所示。

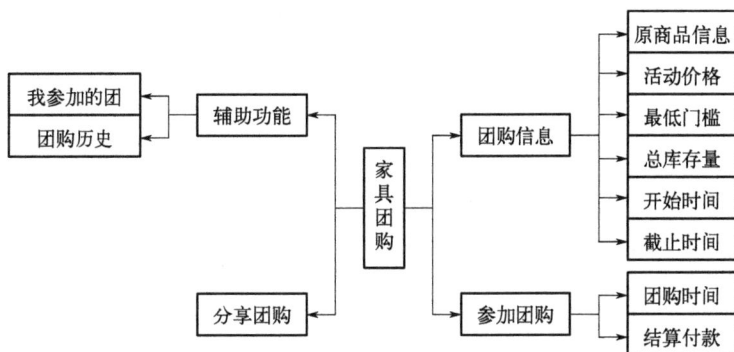

图 4.39 团购子板块的功能设计

(3) 家具众筹子板块

根据品牌商市场试水和产品开发者筹集资金的需求，拟在"家具商城"板块下设立"家具众筹"子板块。

众筹是一种新型销售模式，其不同于一般的销售之处在于产品一定是在市场上还没有出现过的新产品或原创产品，并且在产品开始众筹之前还没有进行大规模生产，发布众筹的一方需要对项目的详细情况进行明确阐述，并确定众筹的目标资金和参与众筹的投资者在众筹成功后的回报。如果众筹项目在规定时间内筹集到了发布方需要的资金，则项目成功，发布方用这些资金进行下一步的量产，并根据此前的承诺给予参与者相应的回报；如果没有筹集到目标资金，则宣告项目失败，已筹集资金由平台退还给参与者。这种商业模式能够有效解决项目发起者在新产品推出之前可能遇到的资金压力，同时通过众筹能够初步获取这种新产品投入市场后可能的反馈，测试产品的市场接受度，对于市场反响不积极的产品，可以避免后续进一步的投入，从而降低所面临的风险。

由于众筹产品一般都是原创的、有设计感的或者高科技的产品，并且众筹价格一般会低于后期正式上市的价格，对于乐于尝试、喜欢新兴事物或者刚好被新产品击中痛点的消费者来说，这种销售模式迎合了他们的需求。对于投资者、行业人士而言，众筹也是一个了解行业发展趋势的重要渠道。

家具众筹子板块的功能设计如图 4.40 所示。

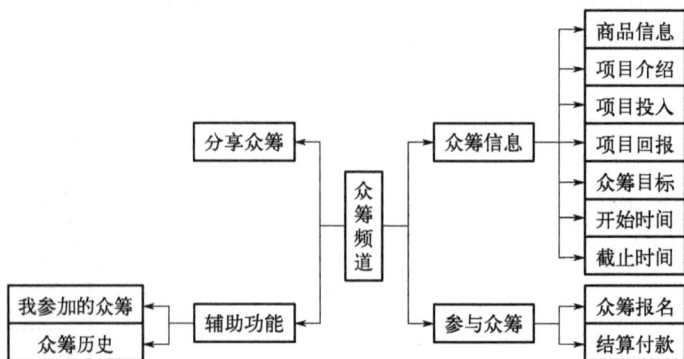

图 4.40 家具众筹子板块的功能设计

（4）入驻品牌子板块

"家具商城"板块下设立"入驻品牌"子板块，对入驻平台的家具品牌进行宣传和推荐，以满足家具品牌推广的需求。

这个子板块主要体现的是商城相关家具企业及其品牌，通过家具商城页面进行推荐，起到宣传作用。呈现的内容包括品牌 logo、品牌介绍、主营业务、所属企业、企业介绍、主打产品、产品介绍等，此外还设置有检索该品牌产品的快捷链接和向品牌授权店铺引流的链接（图 4.41）。

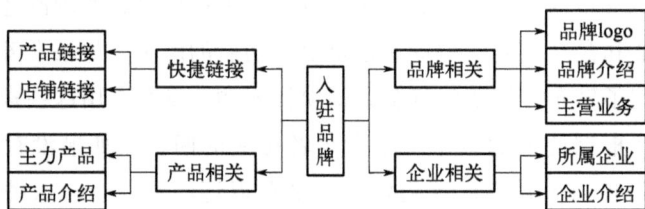

图 4.41 入驻品牌子板块的功能设计

（5）网红店铺子板块

根据卖家店铺推广的需求，拟在"家具商城"板块下设立"网红店铺"子板块，为平台上的第三方店铺增加曝光度。该子板块所需要呈现的内容相对比较简单，主要包括店铺 logo、店铺名称、店铺等级、代理品牌、主营业务、重要活动及热销产品等（图 4.42）。

家具产业链互联网平台构建方法与实践

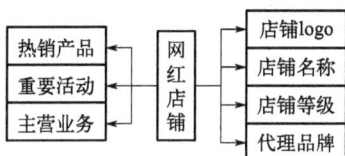

图 4.42　网红店铺子板块的功能设计

（6）交易配套子板块

从消费者防范风险的需求入手，兼顾家具线上交易流程的具体现实，还需要一些配套的机制来保障交易的顺利进行。这些配套内容包括收藏列表、购物车、结算、付款、线上客服、物流追踪、历史订单查询等，这些系统在其他电商平台上经过了长期的调整和验证，已经形成了比较成熟的运作模式，拥有很多经验可供借鉴（图 4.43）。

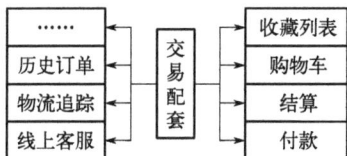

图 4.43　交易配套子板块的功能设计

第 **5** 章

家具产业链互联网平台的实施与测试评估

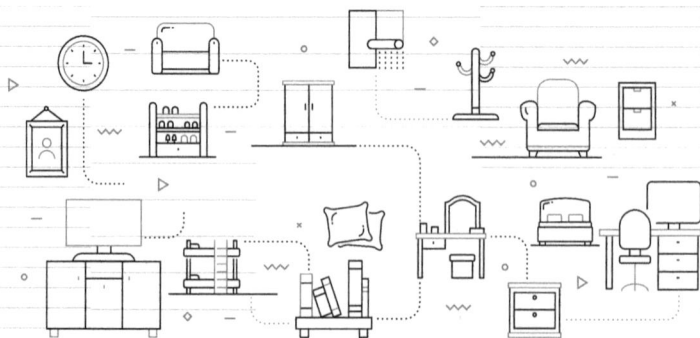

本章包含两个方面的内容：5.1 节和 5.2 节是对构建的家具产业链互联网平台从前端 UI（user interface，用户界面）、平台页面内容与功能到后端技术开发的全面展示；5.3 节是通过功能性测试与系统性能测试对构建的平台进行评估，验证了平台的合理性、可用性、高效性与可扩展性。

5.1　家具产业链互联网平台实现

通过前期对家具产业链理论和计算机技术的研究，历时 14 个月的部署，目前家具产业链互联网平台已经完成主体的开发工作，申请了域名并在工信部完成备案。目前，家具产业链互联网平台已完成第一期开发，代码量 682810 行，总页面数 610 个，功能点 7350 个，正在迭代开发中。下面笔者对家具产业链互联网平台的实现进行展示说明。

5.1.1　平台 UI 设计

UI 设计是指对软件的人机交互、操作逻辑、界面美观的整体设计。实际上 UI 设计除了美术设计这个基本要求外，更为重要的是人机交互设计。好的 UI 设计不仅能让软件变得美观和有个性，还能使软件的操作变得简单舒适，其目的是充分体现出软件的定位和特点。

家具产业链互联网平台界面的设计主旨是简单、大方且兼具现代时尚感。界面的整体展示以"平台首页"为例，如图 5.1 所示。

在颜色上以白色为底，与淡绿色主题色调搭配，呈现出清新简约的风格。该平台选用淡绿色为主题色调是考虑到一般大众在谈及家具行业时大多会产生木材 - 森林 - 环保的心理联想。

在功能设计上，为了提升用户的使用感受，平台最上端黑色区域左侧为平台商标（logo），右侧为平台的六个服务板块菜单，每一个菜单都设计有相应内容的下拉菜单；接下来是 banner（横幅广告区）轮播图区域，该区域是预留可以滚动播放广告的区域，在该区域的左侧设计有边栏导航，来增加六个服务内容的链接入口；在整个页面右侧设计有会跟随页面浮动的"快捷功能按钮"，来增加用户的便利性；在页面的最后一个分栏区域也设计有"快速入口"区，方便用户在浏览首页时就可以快速地进入具有平台特色功能的七个服务页面；在平台下端的黑色区域亦设计有六个服务板块的链接，方便用户在看到页面底部时也可以就近选择要进入的服务板块。

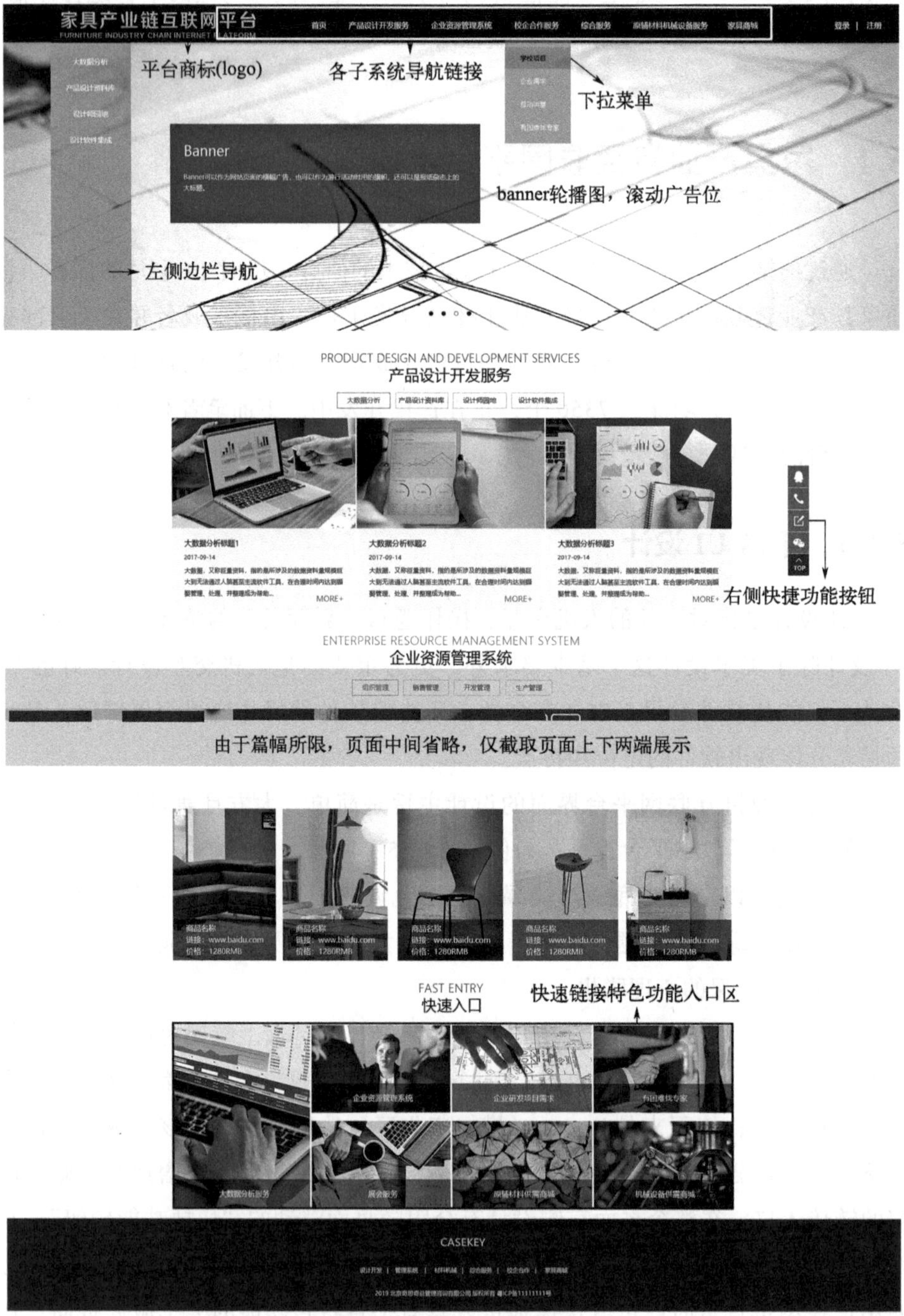

图 5.1 首页 UI 设计展示

板块内容结构清楚，有明显的功能按钮提示，以图片加蒙版的形式来诠释时尚大气的风格，图片为实时更新的动图，与数据库相连来动态更新平台相关内容的实时情况。

5.1.2 平台服务板块的实现

依据第 4 章的需求分析与功能设计，我们已经清楚六个服务板块的功能与服务内容。正如前文所述，平台的内容丰富繁杂，目录结构十分复杂并包括多级子项，且涉及商业机密，因此，本章中仅对"产品设计开发服务""企业资源管理系统""原辅材料、机械设备服务"三个板块的首页进行展示，以此来说明平台是如何具体实现的。

5.1.2.1 "产品设计开发服务"首页的实现

家具产业链互联网平台的"产品设计开发服务"首页的实现形式从上到下分为大数据分析、设计师园地、产品设计资料库、设计软件集成四个区域。

（1）"大数据分析"区域

大数据分析区域分为三个部分，分别是大数据分析案例、互联网指数、行业智库。

大数据分析案例：通过动图展示大数据分析的成功案例，在蒙版上显示文字介绍，提供进入案例详细页面的链接。

互联网指数：通过动图展示阿里、百度、搜狗等互联网数据平台上对家具行业相关数据查询与分析的实时情况，在蒙版上显示文字介绍，提供进入互联网指数详细页面的链接。

行业智库：实时显示整理好的家具行业智库（如瑞妍、亿欧、易观等）中最前沿的资讯与报道，并提供进入相关智库的链接。

"大数据分析"区域的实现方式如图 5.2 所示。

（2）"设计师园地"区域

设计师园地区域以轮转图形式进行展示，每批显示 6 个，点击左右两侧箭头轮换显示设计师的头像图片和简要介绍。本区域主标题下方设计有三个选择按钮，方便用户在"杰出设计师""新锐设计师""设计师论坛"之间进行切换。点击任一头像图片可以进入"设计师详细页面"，了解所选设计师的基本情况、

大数据分析

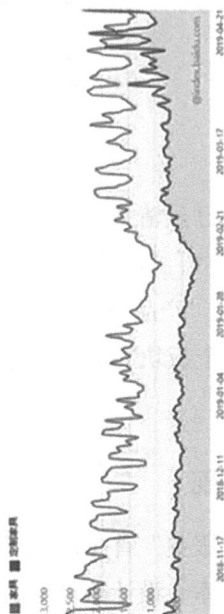

MORE+

大数据分析案例

2019-04-24

大数据（Big Data）是一个在企业生产经营过程中创造的大量数据，数据量大、价值密度低、时效性强是其主要特征。通过信息化手段对大数据进行高效、科学的分析，并通过可视化的方式表达，能够帮助大地帮助企业实时掌握市场的发展趋势和企业生产动态，从而实现生产...

MORE+

互联网指数

2019-04-25

通过对网民在互联网上的搜索、购物、浏览等行为进行汇总、科学分析网民对家具等信息的关注情况，从而获取当前家具行业发展的总的趋势、消费特征、热点内容等信息。通过分析互联网指数，我们可以快速、精准获取人们对家具的需求，得到相应客观的消费趋势走结...

MORE+

行业智库 >

定制家具增长乏力，集成整装会成为新热点？

3月春暖花开，家具行业迎来3·15、展会、营销峰会、新品发布会等促销节点，对于定制家具业来说，唯有比赛的脚步方能应对2019的不确定性，还要适应全屋定制业务增速大幅下降的新常态，以及以多种形式突围企业经营成长的困惑。

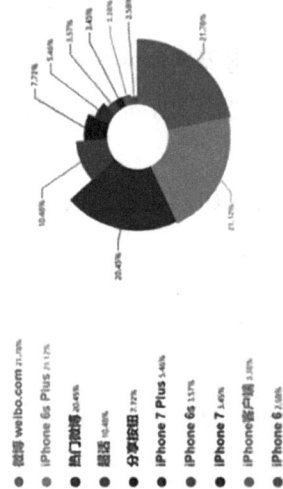

图 5.2 "大数据分析"区域的实现方式

设计作品和联系方式。本区域的主要功能是推荐优秀的设计师，展示设计师及其设计产品，同时支持设计师发起集体讨论和单独聊天（私聊）的窗口。右上角设计"MORE+"按钮，点击后可以进入设计师园地子页面。"设计师园地"区域的实现方式如图5.3所示。

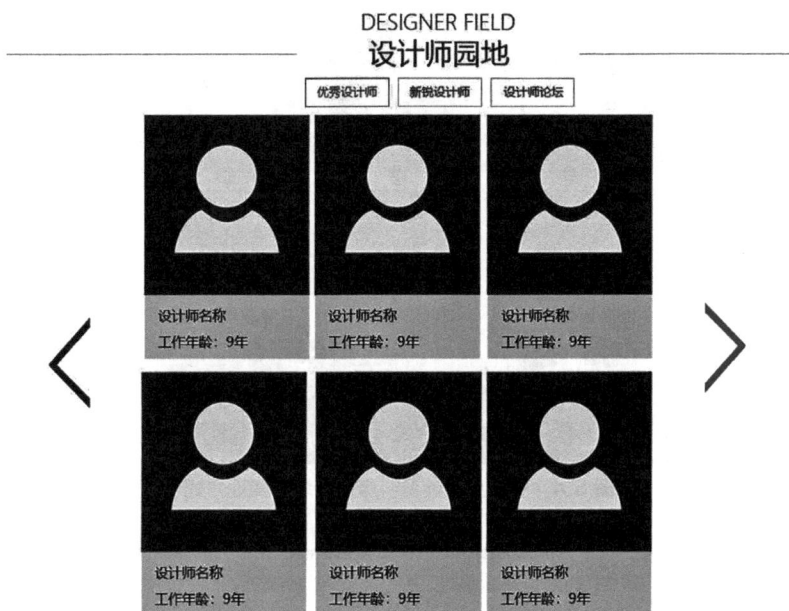

图5.3 "设计师园地"区域的实现方式

（3）"产品设计资料库"区域

本区域以图片加文字的方式，提供家具参数、家具风格、家具材料、家具品牌、使用场所五个分类的搜索链接，点击后进入分类搜索结果页面。右上角设计"MORE+"按钮，点击后可以进入产品设计资料库子页面。"产品设计资料库"区域的实现方式如图5.4所示。

（4）"设计软件集成"区域

本区域分为四个类型：云开发软件、定制家具软件、其他专业软件、通用软件。每一个类型一行，一行展示4个软件，用软件图标加简介的方式来呈现。点击任一软件图标都可以进入软件详细页面。右上角设计"MORE+"按钮，点击后可以进入设计软件集成子页面。"设计软件集成"区域的实现方式如图5.5所示。

产品设计资料库

MORE+

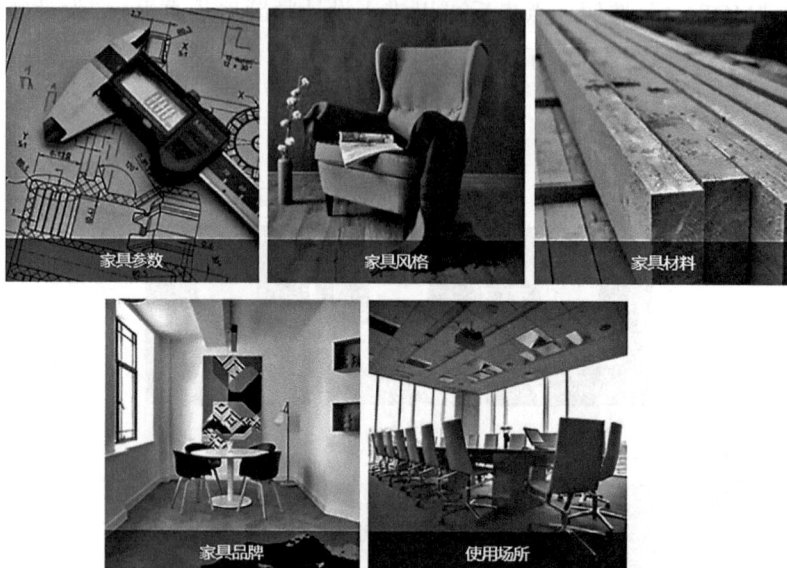

家具参数   家具风格   家具材料

家具品牌   使用场所

图 5.4 "产品设计资料库"区域的实现方式

DESIGN SOFTWARE INTEGRATION

设计软件集成

MORE+

- 云开发

酷家乐	爱福窝	HE HOMAG 全屋家居	三维家
酷家乐 VR 智能室内设计平台	爱福窝 国内领先的家装云设计软件服务商	WoodNET 准确根据客户需求进行展示和呈现的软件	三维家 高效便捷的家居设计与家具设计软件

- 定制家具

YFang圆方	Z造易软件 Zowee Soft	三维家	HOMAG CHINA
圆方 整体家居解决方案服务商	造易 定制家具信息化解决方案提供商	三维家 家居行业前端软件技术服务提供商	豪迈 WCC 高效处理设计产品并提供壳整数据流的软件

- 其他家具

UG	TopSolid	Rhinoceros	SW
UG 交互式CAD/CAM系统	TopSolid 为木工行业打造的数字化加工生产软件	Rhino 强大的专业3D造型软件	Solidworks 专业的机械设计软件视窗产品

- 通用软件

3Dmax	AutoCAD	Ps	ThinkDesign
3Dmax 三维动画渲染和制作软件	AutoCAD 自助计算机辅助设计软件	Adobe Photoshop 位图图像处理软件	ThinkDesign 极具竞争力的3D辅助产品设计软件

图 5.5 "设计软件集成"区域的实现方式

5.1.2.2 "企业资源管理系统"首页的实现

由于"企业资源管理系统"的一对一性质，因此该系统的首页是登录界面，提供用户名与密码的输入，实现登录某一家具企业资源管理系统的功能。企业资源管理系统的登录首页如图 5.6 所示。

图 5.6 企业资源管理系统的登录首页

5.1.2.3 "原辅材料、机械设备服务"首页的实现

"原辅材料、机械设备服务"首页的实现形式从上到下分为内容导航、原辅材料商城、原辅材料团购、原辅材料求购、原辅材料供应商、木材拍卖行、机械设备商城、机械设备供应商、机械设备求购九个区域。

进入系统后，可以对企业的所有信息资料进行管理，示例如图 5.7 所示。

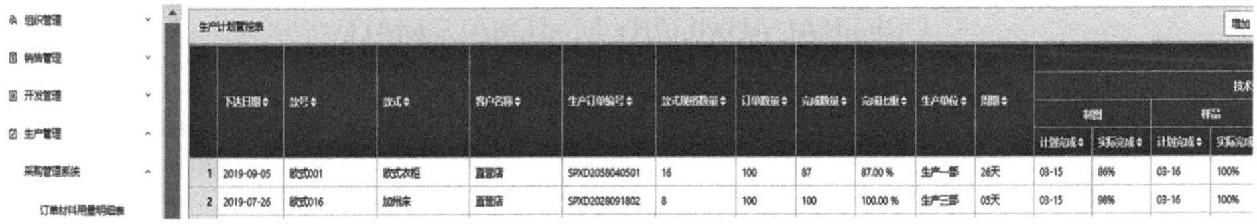

图 5.7 企业 ERP 系统示例

（1）"内容导航"区域

由于"原辅材料、机械设备服务"包括的内容较多，为了方便有明确目标的用户，同时从易用性上考虑，在页面的最上方加入了内容导航区域。本区域使用自行设计的图标结合意象与文字，将本板块下属的八个方面的内容展示出来。用户可以在这个区域直接选择相应的图标按钮，点击后即可进入相应的子页面。"内容导航"区域的实现方式如图 5.8 所示。

图 5.8 "内容导航"区域的实现方式

（2）"原辅材料商城"区域

根据前文中对"原辅材料商城"的功能设计，本区域采用了自行设计的图标，将15类原辅材料以直观的方式展现在用户的面前，图标色彩沿用平台的主题色，图标意象设计与文字结合以提升易识别性。用户通过点击任一图标就可以进入相应的材料搜索子页面进行原辅材料的选购，在提高用户界面美观性的同时也加强了人机交互性能。右上角设计"MORE+"按钮，点击后可以进入原辅材料商城子页面。"原辅材料商城"区域的实现方式如图5.9所示。

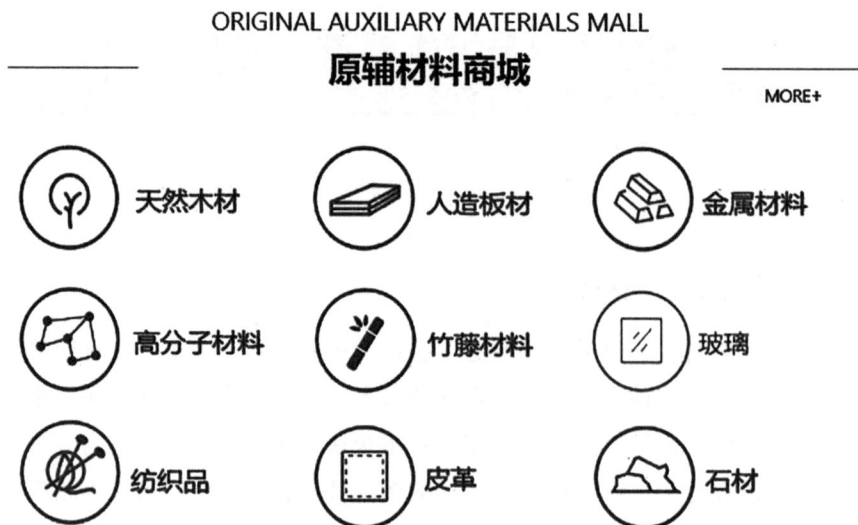

家具产业链互联网平台构建方法与实践

图 5.9 "原辅材料商城"区域的实现方式

(3)"原辅材料团购"区域

根据前文中对"原辅材料团购"的功能设计,将 15 类原辅材料进行界面展示,为了与"原辅材料商城"区域在视觉效果上有所区别,本区域的实现方式是图片加蒙版,用户点击任一图片即可进入相应材料的搜索子页面,在子页面中可以选择相应的材料团购进行购买操作。右上角设计"MORE+"按钮,点击后可以进入原辅材料团购子页面。"原辅材料团购"区域的实现方式如图 5.10所示。

图 5.10

图 5.10 "原辅材料团购"区域的实现方式

（4） "原辅材料求购"区域

"原辅材料求购"区域以轮转图形式进行展示，每批显示 6 个，点击左右两侧箭头轮换显示求购图片和信息，点击任一图片则可直接进入相应的材料求购链接页面。右上角设计 "MORE+" 按钮，点击后可以进入原辅材料求购子页面。"原辅材料求购"区域的实现方式如图 5.11 所示。

（5） "原辅材料供应商"区域

该区域与"原辅材料团购"区域类似，实现方式是图片加蒙版，用户通过点击任一图片即可进入相应材料的搜索子页面，在子页面中可以选择相应的材料供应商进行联系。右上角设计 "MORE+" 按钮，点击后可以进入原辅材料供应商子页面。"原辅材料供应商"区域的实现方式如图 5.12所示。

RAW AND AUXILIARY MATERIALS PURCHASE
原辅材料求购

MORE+

图 5.11 "原辅材料求购"区域的实现方式

RAW AND AUXILIARY MATERIALS SUPPLIER
原辅材料供应商

MORE+

图 5.12

电子元器件　　　填充材料　　　其他原辅材料

图 5.12　"原辅材料供应商"区域的实现方式

(6) "木材拍卖行"区域

"木材拍卖行"区域以轮转图形式进行展示，每批显示 6 个，点击左右两侧箭头轮换显示拍卖图片和信息，点击任一图片则可直接进入相应的木材拍卖链接页面。右上角设计"MORE+"按钮，点击后可以进入木材拍卖行子页面。"木材拍卖行"区域的实现方式如图 5.13 所示。

TIMBER AUCTION HOUSE
木材拍卖行

MORE+

图 5.13　"木材拍卖行"区域的实现方式

(7) "机械设备商城"区域

"机械设备商城"区域以轮转图形式进行展示，每批显示 6 个，点击左右两侧箭头轮换显示木工机械图片和信息，点击任一图片则可直接进入相应的木工机械设备的购买详细页面。右上角设计"MORE+"按钮，点击后可以进入机械设备商城子页面。"机械设备商城"区域的实现方式如图 5.14 所示。

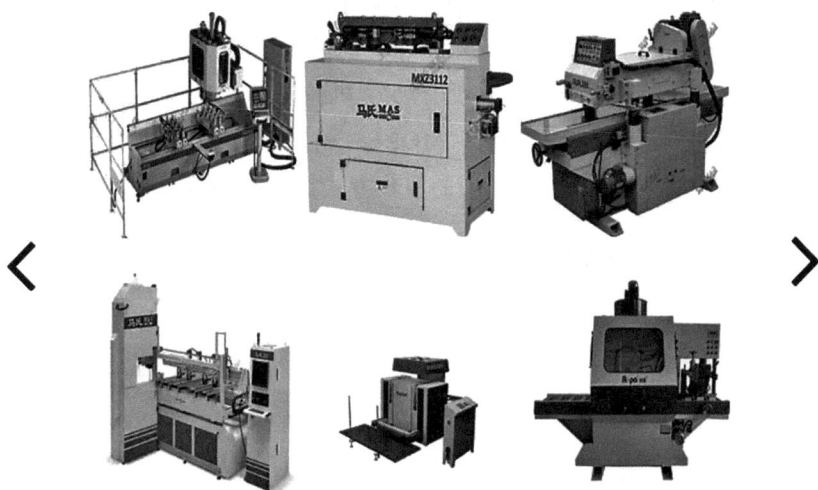

MACHINERY STORE

机械设备商城

MORE+

图 5.14 "机械设备商城"区域的实现方式

(8)"机械设备供应商"区域

该区域预留了 6 个广告推广位置,采用竞价排名的策略将机械设备供应商排名最靠前的 6 个商家在"机械设备供应商"区域进行展示并提供商家的链接。右上角设计"MORE+"按钮,点击后可以进入机械设备供应商子页面。"机械设备供应商"区域的实现方式如图 5.15 所示。

MACHINERY EQUIPMENT SUPPLIER

机械设备供应商

MORE+

图 5.15 "机械设备供应商"区域的实现方式

（9）"机械设备求购"区域

"机械设备求购"区域采用列表的方式来实现该区域的功能，在列表中将产品图片、产品名称、产品简介、所在地、价格等进行显示，并且都可以加购、收藏和获取联系方式。该区域一次显示 5 个机械设备产品，采用热度排名的方式来实时显示和更新。右上角设计"MORE+"按钮，点击后可以进入机械设备求购子页面。"机械设备求购"区域的实现方式如图 5.16 所示。

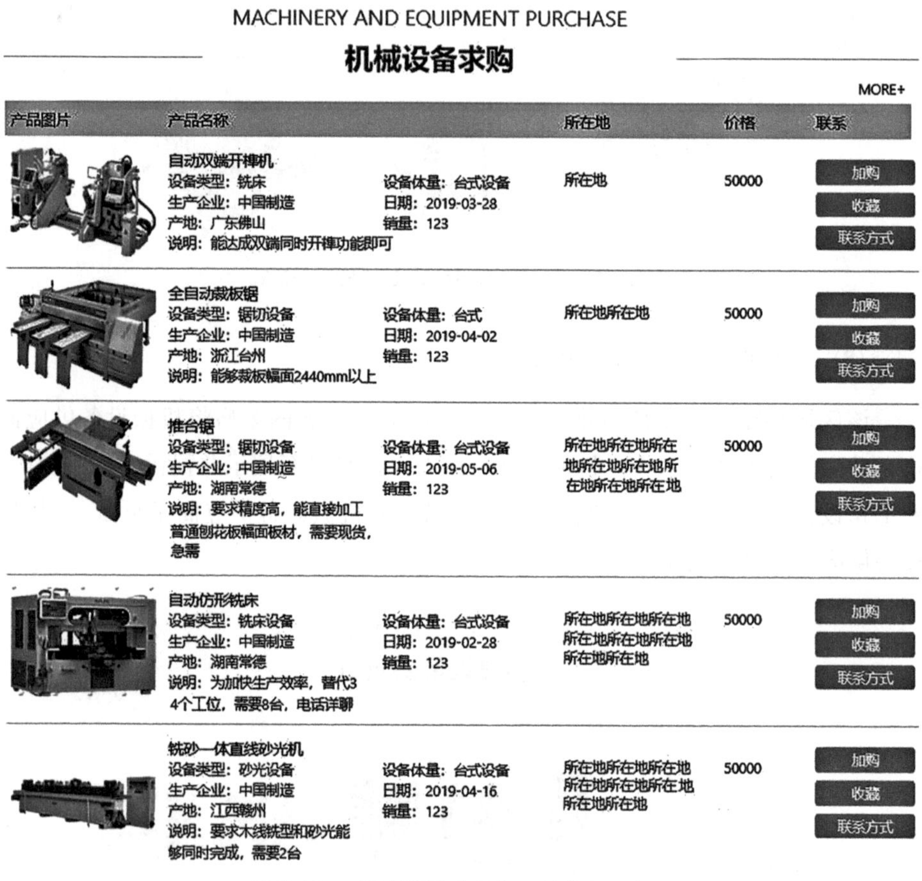

图 5.16 "机械设备求购"区域的实现方式

5.2 家具产业链互联网平台技术架构

本节重点介绍家具产业链互联网平台的技术架构情况，包括网络拓扑图、整体框架图、缓存服务设计规范要求、数据库设计规范要求、应用业务架构设计、平台建设软硬件资料清单等。

5.2.1　网络拓扑图

网络拓扑图是用于定义平台基础硬件设备物理布局及网络节点设备互联结构关系的结构图，就是用什么方式把网络中的计算机等设备连接起来，拓扑图给出网络服务器、工作站的网络配置和相互间的连接关系，是平台进行软件系统架构规划及部署的基础保障。

如图 5.17 所示，家具产业链平台包括的网络节点设备有负载均衡服务器、Web 应用服务器、文件服务器、缓存服务器、数据库服务器。各服务器之间的关联如表 5.1 所示。

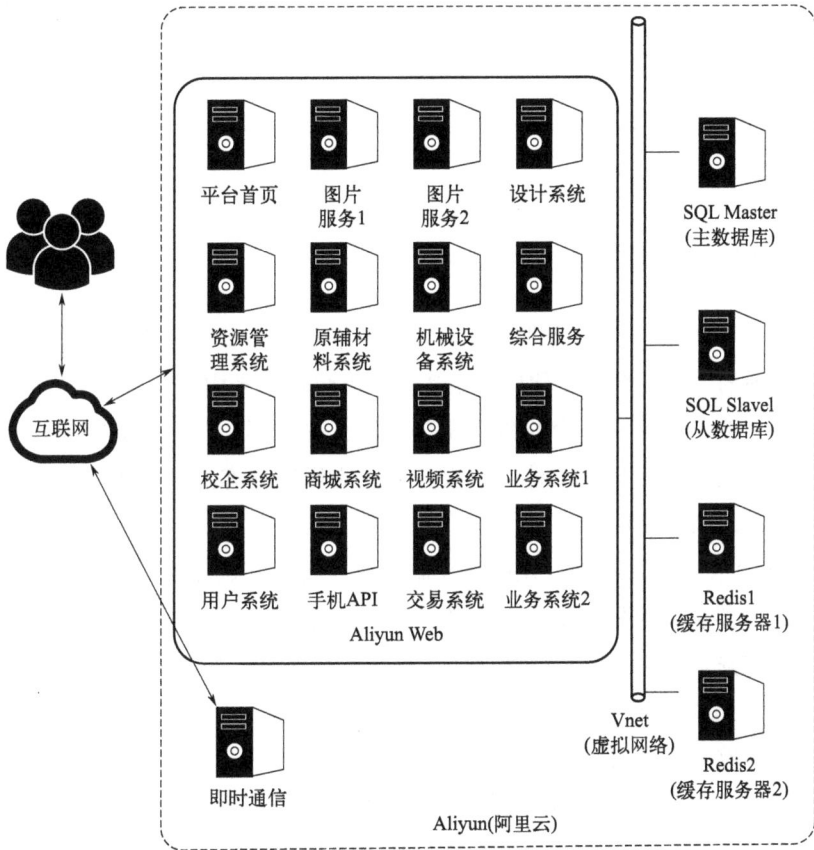

图 5.17　平台网络拓扑图

表 5.1　各服务器用途及建设必要性说明

服务器名称	作用	必要性
负载均衡服务器	负责进行网络请求代理，减轻 Web 服务器并发访问压力	平台并发请求出现重大瓶颈时需要，目前可直接使用 IIS 的 NLB 负载均衡方案
Web 应用服务器	平台 6 套系统部署运行环境	基础保障
文件服务器	平台各类介质媒体文件（图片、表格、音频、视频、文档等）存储使用	文件数量庞大时需要独立的文件及目录服务器
缓存服务器	Web 应用与数据库之间的一层数据代理。用于将页面、数据、片段等进行缓存，为访问者提供更快的请求回复	采用缓存集群及主从同步技术，可解决数据访问压力，提升访问请求处理效率
数据库服务器	提供业务数据持久化存储的介质。考虑数据访问瓶颈的问题，数据库可进行读写分离，提升访问速度	基础保障，同时应考虑系统出现灾难性不可逆故障，需对数据库进行分布式存储，并定期进行灾备

注：各服务器目前均采用分布式、集群的方案，确保平台运行稳定、可靠、安全。

5.2.2　整体框架图

整体框架图是一切系统进行规划架构的基础，各子系统模块建设均应符合整体框架图的结构关系，使软件体系达到分类清晰、易构建、易分工的目的。

家具产业链互联网平台的整体规划如图 5.18 所示。从底层到上层，分为支撑层、持久层、缓存层、组件层、服务层、应用层和客户端，供平台的不同角色用户进行访问和使用。

① 支撑层是平台软硬件及网络设施的提供者及基础保障，包括各类硬件服务器、路由器、交换机、操作系统软件、应用系统软件、数据库软件、防火墙软件、病毒查杀软件、漏洞扫描软件、服务器管理账户等。

② 持久层是平台各类数据、图像、声音、视频、文档的存储介质，主要的表现方式为数据库存储及文件存储。

③ 缓存层由多个缓存服务器进行群集管理，利用分布式管理及主从同步技术，一方面有效提升平台数据访问处理速度，另一方面确保平台运行稳定，避免某一服务器故障导致平台访问异常。

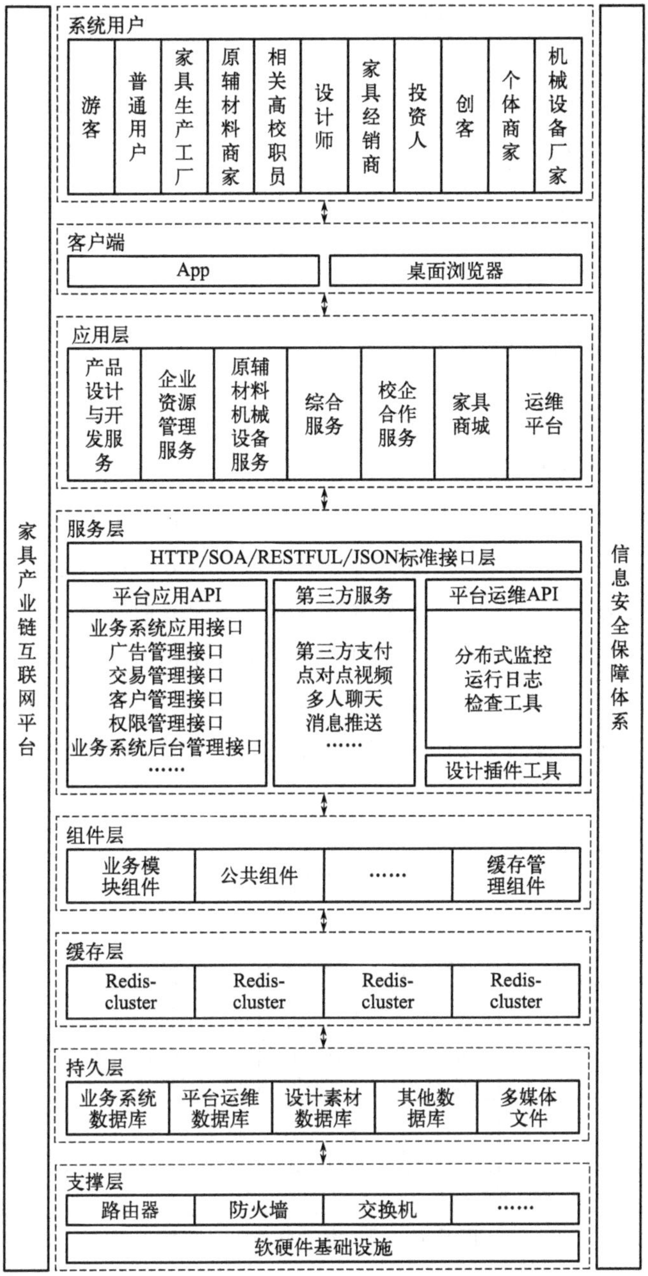
家具产业链互联网平台
信息安全保障体系
系统用户
游客
普通用户
家具生产工厂
原辅材料商家
相关高校职员
设计师
家具经销商
投资人
创客
个体商家
机械设备厂家
客户端
App
桌面浏览器
应用层
产品设计与开发服务
企业资源管理服务
原辅材料机械设备服务
综合服务
校企合作服务
家具商城
运维平台
服务层
HTTP/SOA/RESTFUL/JSON标准接口层
平台应用API
业务系统应用接口
广告管理接口
交易管理接口
客户管理接口
权限管理接口
业务系统后台管理接口
……
第三方服务
第三方支付
点对点视频
多人聊天
消息推送
……
平台运维API
分布式监控
运行日志
检查工具
设计插件工具
组件层
业务模块组件
公共组件
……
缓存管理组件
缓存层
Redis-cluster
Redis-cluster
Redis-cluster
Redis-cluster
持久层
业务系统数据库
平台运维数据库
设计素材数据库
其他数据库
多媒体文件
支撑层
路由器
防火墙
交换机
……
软硬件基础设施

图 5.18 家具产业链互联网平台的整体框架图

④ 服务层及组件层是平台业务逻辑处理、协调的重要部分。服务层采用基于 HTTP/SOA 的软件服务标准规范，确定平台开发规范、输入和输出要求、返回结果格式等。组件层作为软件模块及系统开发的规范依据，明确了

各模块功能需要以组件（或程序集）形式封装，以提高软件设计的可移植性、扩展性。

⑤ 应用层定义了平台包含的各类子系统。目前平台共包括 6 个子系统及 1 个运行维护管理系统。

⑥ 平台客户端的表现方式包括桌面浏览器、App 软件（手机／平板电脑，Android 或 iOS 操作系统，整体设计之一，有待逐步实现）。

5.2.3　缓存服务设计规范要求

缓存服务是大型系统的建设重点，主要用于解决数据库并发访问压力，提高平台数据处理及响应速度。

家具产业链互联网平台缓存服务管理技术，采用了开源 Redis 集群方案（图 5.19），主要有以下特性：①数据存储在缓存服务器内存中，提高数据访问效率，减轻数据库访问压力；②采用集群部署，业务数据分布存储在多台缓存服务器上，提升数据读写能力；③利用 Redis 的主从同步技术，一个 Redis 主实例（Master）可将数据复制到多个从实例（Slave），当某个 Master 实例出现故障无法访问时，Slave 实例可代替 Master 实例继续提供数据访问，使平台不会因为故障导致无法提供服务。

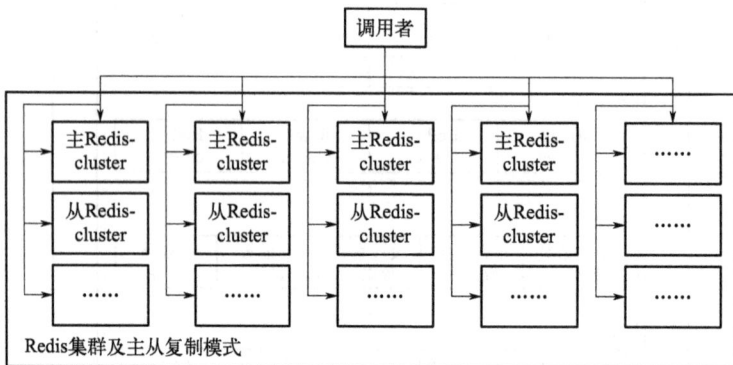

图 5.19　平台缓存服务实例关系

5.2.3.1　平台缓存管理内容定义

平台的设计开发需要根据不同的业务特点，对常用数据、页面或页面片段、持久数据等进行缓存管理。缓存数据的存储方式包括客户端缓存及服务器端缓存两种。平台缓存管理内容说明如图 5.20 所示。

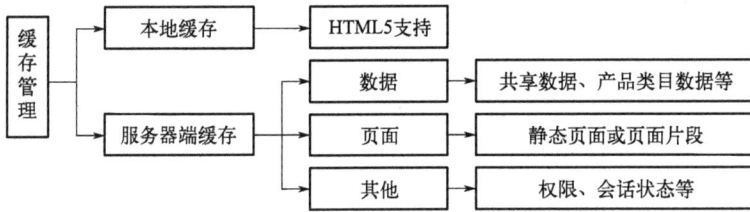

图 5.20 平台缓存管理内容说明

5.2.3.2 平台缓存管理更新机制

由于服务器的资源，特别是内存资源，本身是有限的，因此需要有一套完整的缓存更新淘汰管理策略，使平台能够合理存储有效数据，淘汰不常用数据或无效数据，提升资源的有效利用率。

平台缓存管理策略包括过期自动淘汰、先进先出、随机命中等，不同的业务系统需要根据自身的业务特点，采用合理的缓存方式和缓存更新策略进行处理，如图 5.21 所示。

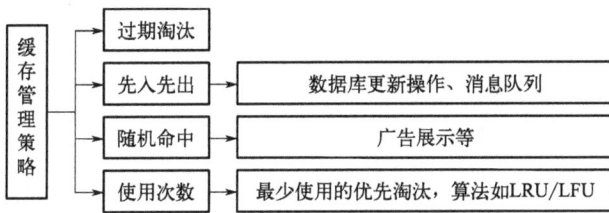

图 5.21 平台缓存管理更新机制说明

5.2.3.3 缓存管理持久化处理模式

本平台的数据持久化及缓存模式主要用以下两种方式来实现。

（1）模式一（图 5.22）

访问者发起一个资源（页面、数据等）请求时，系统业务处理模块接收请求并进行处理，处理过程如下：①判断资源 key（关键字）是否存在于缓存中；②如果资源存在，则直接从缓存中返回数据给请求端；③如果资源不存在，则需要从数据库中检索相应数据，返回给请求端；④同时，业务处理模块将该资源写入缓存中，下次有相同的请求，只需要直接从缓存中返回即可，提高了响应速度。

该模式对于经常访问大量静态数据非常有用，例如产品类目、商品信息等更新频率不高，但访问次数非常频繁的内容，不需要每次都从数据库中检索数据，既能降低系统资源的占用，又能提高页面请求响应能力。

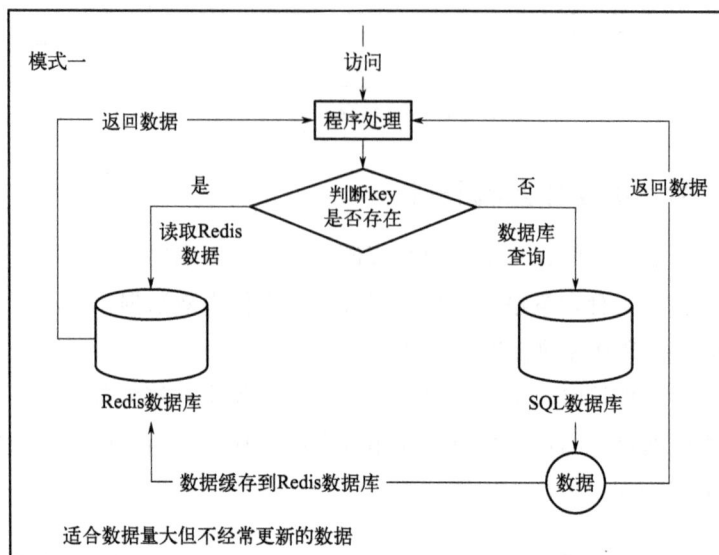

图5.22 平台访问缓存及持久化模式一

（2）模式二（图5.23）

访问者发起一个资源更新请求时，系统业务处理模块接收请求并进行处理，处理过程如下：①判断资源 key 是否存在于缓存中；②如果资源 key 存在，则立即更新其值，返回响应结果给请求端，同时，缓存管理组件复制资源 key 的最新值，通过定时更新的策略，将数据更新到持久层中，保证数据一致性；③如果资源 key 不在，处理模块将直接把更新数据写入持久层，同时，如果该数据是需要缓存的资源，也将由缓存管理组件同步写入缓存中，使缓存数据与持久层数据保持一致。

模式二用于数据量大、更新次数频繁的情景，类似异步请求的处理，在及时响应请求的同时，减轻数据库访问压力。

采用模式二，需要考虑缓存数据服务异常或故障的情景，目前 Redis 可通过快照 AOF 的方式，缓存服务宕机重启后，可从磁盘中重新读取需要更新的数据，再写入持久层中，保证数据一致性。

以上两种缓存处理机制，根据不同的业务场景，选择合适的处理模式。

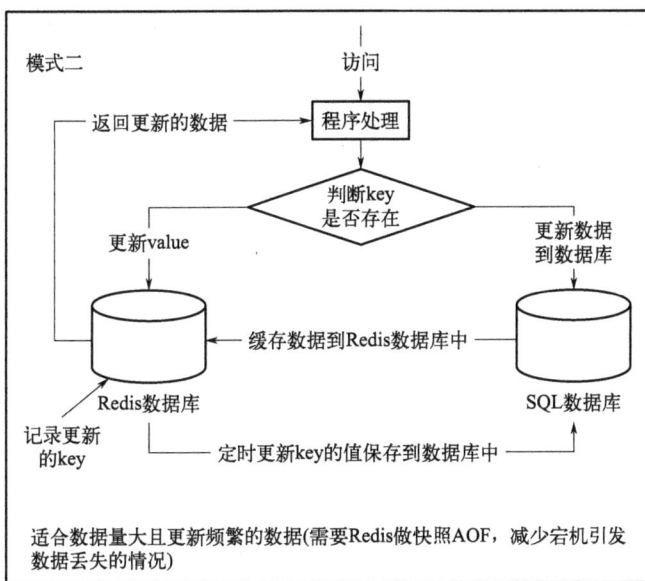

图 5.23 平台访问缓存及持久化模式二

5.2.4　数据库设计规范要求

数据库是一个系统的重要储存媒介。家具产业链互联网平台在数据库的建设阶段，除了采用成熟的 SQL SERVER 数据库管理软件外，还要预先考虑以下问题。

① 数据分库或分表，根据业务独立性及业务数据量增长速度，考虑进行分库或表分区操作，以获得更高的访问效率；数据分割包括水平分割及垂直分割，根据业务特点选择是否需要分割及需要采用哪种分割方式。

② 数据库读写分离，提高数据并发访问效率。针对数据库读写分离技术，可选择通过代码层面实现或利用数据库本身的数据发布机制进行同步。

③ 需要考虑数据库宕机的情形及措施，采用集群及同步复制的方案，保证平台不因一台服务器出现问题而导致访问失败。

④ 重点需要避免数据库出现灾难性情形，除了分布式存储外，还应考虑从 RAID（硬件磁盘阵列）、定期灾备等方式中，尽快恢复数据库。

家具产业链互联网平台的数据库设计如图 5.24 所示。

5.2.5　应用业务架构设计

采用成熟的 MVC 模式进行平台应用业务架构规划及设计，将模块组件化，并抽取公共模块进行复用，提高开发效率，同时尽量降低软件系统的耦合度。

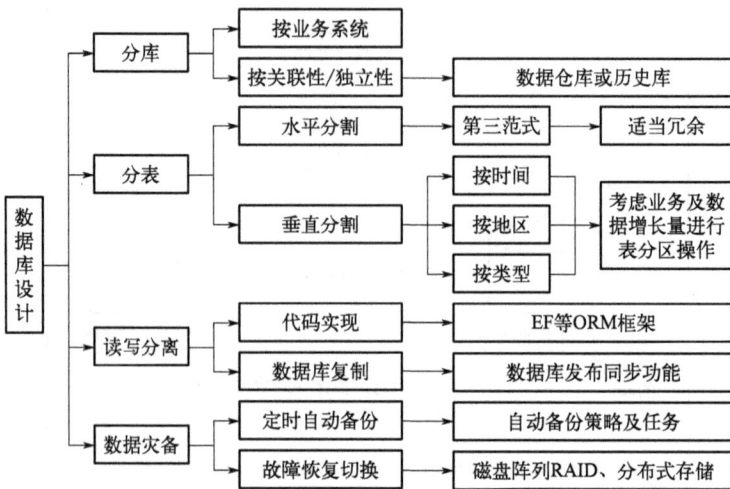

图 5.24 家具产业链互联网平台的数据库设计

　　家具产业链互联网平台的应用业务架构为：采用 MVC 模式及 SOA（面向服务的架构是一个组件模型）规范，通过支持 RESTful（一种软件架构风格，主要用于客户端和服务器交互类的软件）的 WeBAPI（应用程序编程接口）请求方式，或 MVC 路由方式，响应 URI 请求，并返回 HTML/JSON/XML/stream格式的请求结果，使各平台可有效共享平台数据。平台应用业务架构设计内容与平台应用业务架构设计流程如图 5.25 和图 5.26 所示。

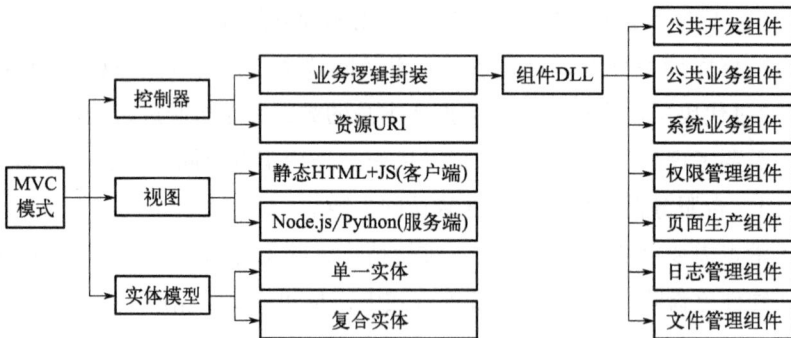

图 5.25 平台应用业务架构设计内容

5.2.6 平台建设软硬件资源清单

　　硬件是指信息处理系统的所有或部分物理组件，如计算机或外部设备等；

软件是指一系列按照特定顺序组织的计算机数据和指令的集合。软件需要硬件的支撑才能使用，而硬件本身需要驱动程序和操作系统等软件的支持才能使用，这形成了一个相互联系和协同作战的局面。在计算机技术的发展过程中，软件随着硬件技术的发展而迅速发展，硬件也随着软件的不断发展与完善而开发出新的功能，两者的演进密切地交织在一起，是缺一不可的关系。

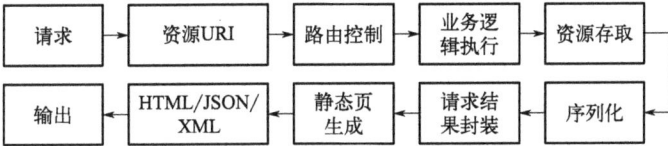

图 5.26 平台应用业务架构设计流程

家具产业链互联网平台的建设同样是由硬件与软件共同支撑起来的，下面分别是该平台的硬件服务器资源列表（表 5.2）和系统资源列表（表 5.3）。

表 5.2 硬件服务器资源列表

序号	名称	数量	性能考虑	用途
1	Web 服务器	2 台	CPU	平台系统运行服务器
2	负载均衡服务器	0 台	CPU	访问请求代理服务器
3	文件服务器	1 台	I/O	目录服务、文件存取服务器
4	缓存服务器	2 台	Cache	集群、分布式存储、提升访问速度
5	数据库服务器	3 台	I/O	数据持久存储、读写分离、数据灾备；灾备需要考虑分布式存储或磁盘阵列

注：硬件服务器的数量仅为目前初步确定的数量，服务器及架构考虑可移植性、可扩展性进行规划，在后期可视情况增加硬件服务器的数量。比如表中的负载均衡服务器在初期性能需求不高时可暂不配置。

表 5.3 系统资源列表

序号	名称	用途
1	IIS 服务器	业务系统 Web 服务支撑
2	Nginx	服务请求分发
3	Redis-cluster	分布式缓存管理
4	SQL Server	商用级数据库
5	公网 IP 及域名	包括一级域名、二级域名等
6	杀毒软件、漏洞扫描软件	定期进行系统漏洞扫描、病毒查杀

5.2.7　平台性能瓶颈与安全性问题处理

平台建好后，在运维过程中总是会遇到各种突发问题，可能是平台性能由于高并发而遇到了瓶颈，也有可能是受到攻击威胁到平台的安全运行，所以，我们要先预见一些可能的情况，有针对性地提出处理这些问题的方法。表 5.4 就是平台在性能并发瓶颈和出现安全性等问题时的处理方法。

另外，性能瓶颈的处理还是要遵循具体问题具体分析这个原则，在查找瓶颈时一般按由易到难的顺序进行：服务器硬件瓶颈→网络瓶颈（对局域网可以不考虑）→服务器操作系统瓶颈（参数配置）→中间件瓶颈（参数配置、数据库、Web 服务器等）→应用瓶颈（SQL 语句、数据库设计、业务逻辑、算法等）。

表 5.4　平台在性能并发瓶颈和出现安全性等问题时的处理方法

序号	问题	处理
1	数据库读写响应慢	读写分离、脏读
2	页面并发访问压力	反向代理、分布式缓存、页面静态化处理
3	数据一致性	缓存更新策略（LRU/LFU/FIFO 等）
4	数据安全性、DDOS 攻击、SQL 注入等	敏感数据加密、分级权限管理、降低一部分性能增强安全设计
5	系统异常	代码审查、边界测试、异常容错处理
6	系统故障、宕机	分布式、集群、主从同步、定期灾备
7	交易安全性	事务处理、异常回滚、悲观锁
8	运维安全	平台运行日志、系统日志、定期查杀

注：1. 脏读又称无效数据的读出，是指在数据库访问中，事务 T1 将某一值修改，然后事务 T2 读取该值，然而 T1 因为某种原因撤销了对该值的修改，这就导致了 T2 所读取到的数据是无效的。

2. FIFO: first in first out，先进先出。LRU: least recently used，最近最少使用。LFU: least frequently used，最不经常使用。三者都是缓存过期策略。

3. DDOS: 分布式拒绝服务攻击（distributed denial of service），是指利用客户 / 服务器技术，将多台计算机联合起来作为攻击平台，对一个或多个目标联合发动攻击，来成倍地提高拒绝服务攻击的威力。

4. SQL 注入：通过把 SQL 命令插入 Web 表单提交或输入域名或页面请求的查询字符串，最终欺骗服务器执行恶意的 SQL 命令。

5.2.8　扩展和容灾备份机制

家具产业链互联网平台采用分布式架构进行搭建，用户状态及数据可在平台任何节点中方便地获取和同步，因此，平台支持灵活的伸缩扩容。Web 扩容无须任何配置，可随时根据访问负载进行伸缩服务数量；数据库扩容需要在配置文件中增加副本数据库的地址及登录信息，当然，也可以提前配置好副本数据库信息，就算副本没有启用，系统仍可正常运行。

因为系统运行程序都可以随时进行部署，并且正式运营后通过云服务的双机负载均衡互相备份，所以可保证运行程序的高可用性。数据库可通过加入专门备份的副本数据库进行即时同步备份，还可以通过云服务提供的异地备份功能即时进行备份。发生故障时，云数据库会自动启用备份数据库提供服务，从而保证数据库的安全和高可用性。

5.2.9　海量图片的分布式存储设计与实现

随着互联网的发展，许多大中型网站都含有大量的资源和异常丰富的图片，这类网页中的图片信息占据了绝大部分的页面数据流量，当平台网站中包含大量图片时往往会有以下情况出现。

① 当一个网页被浏览时，Web 服务器与浏览器建立连接，每个连接表示一个并发。当页面中有大量图片时，Web 服务器与浏览器就会产生大量的连接来发送文字和图片以提高浏览速度。也就是说，页面中的图片数量越多，Web 服务器的压力也就越大。同时，浏览器本身的并发连接数也是有限制的（2 ～ 6 个），因此，当页面中的图片数量超过并发连接数限制时，就不能把所有图片同时下载和显示出来。

② 由于图片保存在物理服务器上，访问图片需要频繁进行 I/O（input/output，输入 / 输出）操作，因此当并发用户数量增加时，I/O 操作就会成为整个系统的性能瓶颈。

③ 由于受操作系统的限制，一个目录中可以存放的图片数量是有限制的。随着图片数量的不断增加，如何有效地维护和管理图片就成为一个难题。

由上文可见，海量图片往往成了系统性能的瓶颈，直接影响平台网站的显示速度，降低用户的体验感受。因此如何设计海量图片的存储与实现方式就非常重要。

对于自身具有雄厚的资金和人力资源的大型网站系统，可以采用 NFS（网络文件系统）、Lighttpd（德国人领导的开源 Web 服务器软件）、CDN（内容分发网络）、负载均衡、反向代理等技术来提高用户的访问速度，不过这些技术都需要庞大的资金来支持。而且平台的规模也是逐渐发展的，在平台的初建期是没有多大访问流量的，图片的需求相对也少，合适的经济性与高性能的结合才是解决问题的根本。因此，适用于中等规模网络平台的大量图片的负载均衡及数据分布式动态存储的解决方案就是问题的关键。笔者接下来探讨的方案在确保系统具有可扩展性和伸缩性的前提下，不需要增加很多硬件成本就可以提升网站的访问速度，还可以根据需要动态调整图像服务器的数量及图片存储目录。

5.2.9.1 数据库设计与实现：两张表

Web 服务器需要及时掌握所有图像服务器的状态和信息才能动态决定把图片保存到哪一台图像服务器。因此，需要把所有的图像服务器的状态信息全部记录到数据库服务器中，如图 5.27 所示，可以清楚地看出，图像服务器信息表中记录了图像服务器的 ID、名称、URL（统一资源定位符）、最大存储数量、当前已存数量以及服务器的状态（true 表示可用，false 表示不可用），每个图像服务器下会有多个图像信息记录，因此它们是一对多的关系。

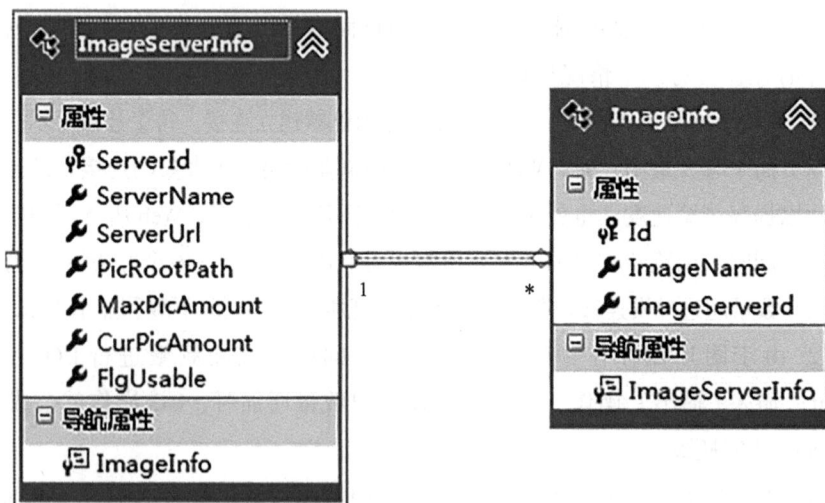

(a) 图像服务器状态信息表　　　　　　　(b) 图片记录信息表
图 5.27 图像服务器状态信息表和图片记录信息表

（1）图像服务器状态信息表建表语句

```
CREATE TABLE [dbo].[ImageServerInfo] (
    [ServerId] [int] IDENTITY (1, 1) NOT NULL,
    [ServerName] [nvarchar] (32) NOT NULL,
    [ServerUrl] [nvarchar] (100) NOT NULL,
    [PicRootPath] [nvarchar] (100) NOT NULL,
```

家具产业链互联网平台构建方法与实践

```
    [MaxPicAmount] [int] NOT NULL,
    [CurPicAmount] [int] NOT NULL,
    [FlgUsable] [bit] NOT NULL,
    CONSTRAINT [PK_ImageServerInfo] PRIMARY KEY CLUSTERED
    ([ServerId] ASC ) WITH (PAD_INDEX = OFF, STATISTICS_NORECOMPUTE =
    OFF, IGNORE_DUP_KEY=OFF, ALLOW_ROW_LOCKS=ON, ALLOW_
    PAGE_LOCKS = ON) ON [PRIMARY] ) ON [PRIMARY]
```

（2）图片记录信息表建表语句

```
CREATE TABLE [dbo].[ImageInfo] (
    [Id] [int] IDENTITY (1, 1) NOT NULL,
    [ImageName] [nvarchar] (100) NOT NULL,
    [ImageServerId] [int] NOT NULL,
    CONSTRAINT [PK_ImageInfo] PRIMARY KEY CLUSTERED
    ([Id] ASC ) WITH (PAD_INDEX = OFF, STATISTICS_NORECOMPUTE =
    OFF, IGNORE_DUP_KEY = OFF, ALLOW_ROW_LOCKS = ON, ALLOW_
    PAGE_LOCKS = ON) ON [PRIMARY]
) ON [PRIMARY]
GO
ALTER TABLE [dbo].[ImageInfo]  WITH CHECK ADD  CONSTRAINT [FK_
ImageInfo_ImageServerInfo] FOREIGN KEY ([ImageServerId])
REFERENCES [dbo].[ImageServerInfo] ([ServerId])
GO
ALTER TABLE [dbo].[ImageInfo] CHECK CONSTRAINT [FK_ImageInfo_
ImageServerInfo]
GO
```

5.2.9.2　文件上传与浏览系统实现：一个 ASP.Net MVC 应用程序

这里笔者使用一个 ASP.Net MVC 应用程序部署在 Web 服务器上，这个应用程序作为 Web 网站向客户提供上传和浏览的服务。因此，它最重要的功能是通过以下两种方式来实现的。

其一是接收用户上传的文件，并转交给图像服务器的相关处理程序进行处理和保存，过程如图 5.28 所示。

其二是取得所有图像服务器中保存的有效图片路径，返回给客户端浏览器，再由客户端浏览器对图片路径向图像服务器集群进行请求。这里以用户删除图片请求为例来说明，过程如图 5.29 所示。

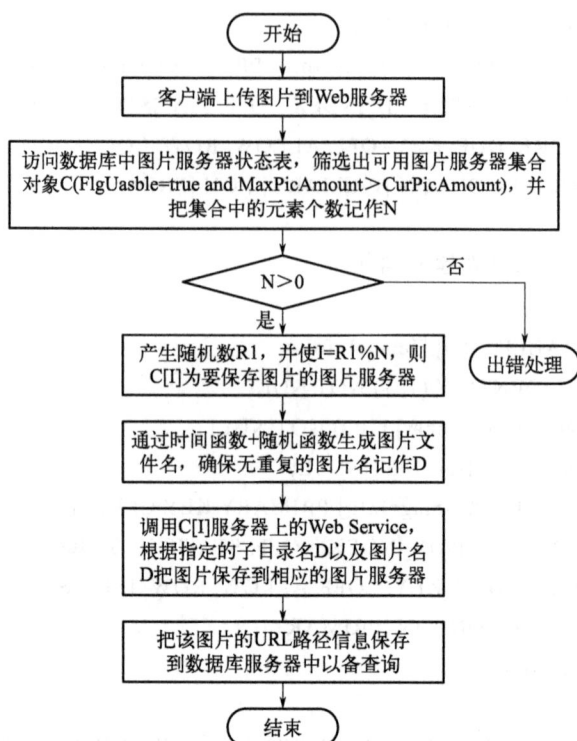

图5.28 图片文件上传功能的实现过程

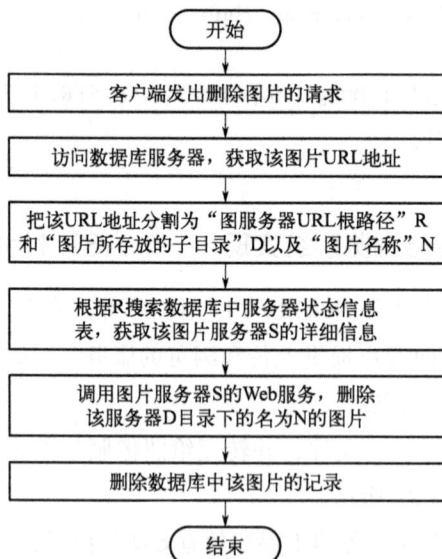

图5.29 用户浏览系统功能的实现过程

家具产业链互联网平台构建方法与实践

（1）设计 Controller（控制器）

程序代码如下。

```
public class HomeController : Controller
  {IImageServerInfoRepsitory _imageServerInfoRepository;
    public HomeController () {
        // 这里可以借助 IoC 实现依赖注入
      this._imageServerInfoRepository = new ImageServerInfoRepository () ;}
    #region 01.Action：上传页面
  //
  // GET：/Home/
    public ActionResult Index ()
    {return View () ;}
    #endregion
    #region 02.Action：上传图片
  public ActionResult Upload ()
    {HttpPostedFileBase file = Request.Files["fileUpload"];
      if (file.ContentLength == 0)
      {return Content ("<script type=\"text/javascript\">alert (\" 您还未选择
      要上传的图片！ \") ;location.href=\"/Home/Index\";</script>") ;}
      // 获取上传的图片名称和扩展名称
    string fileFullName = Path.GetFileName (file.FileName) ;
      string fileExtName = Path.GetExtension (fileFullName) ;
      if (!CommonHelper.CheckImageFormat (fileExtName) )
      {return Content ("<script type=\"text/javascript\">alert (\" 上传图片格
      式错误，请重新选择！ \") ;location.href=\"/Home/Index\";</script>") ;}
      // 获取可用的图像服务器集合
    List<ImageServerInfo> serverList = this._imageServerInfoRepository
        .GetAllUseableServers () ;
      if (serverList.Count == 0)
      { return Content ("<script type=\"text/javascript\">alert (\" 暂时没有可
      用的图像服务器，请稍后再上传！ \") ;location.href=\"/Home/Index\";</script>") ;}
      // 获取要保存的图像服务器索引号
    int serverIndex = CommonHelper.GetServerIndex (serverList.Count) ;
      // 获取指定图像服务器的信息
    string serverUrl = serverList[serverIndex].ServerUrl;
      int serverID = serverList[serverIndex].ServerId;
```

```
        string serverFullUrl =
string.Format ("http://{0}/FileUploadHandler.ashx?serverId={1}&ext={2}",
        serverUrl, serverID, fileExtName) ;
        // 借助 WebClient 上传图片到指定服务器
    WebClient client = new WebClient () ;
        client.UploadData (serverFullUrl, CommonHelper.StearmToBytes (file.
        InputStream) ) ;
        return Content ("<script type=\"text/javascript\">alert (\" 上传图片操
        作成功！ \") ;location.href=\"/Home/Index\";</script>") ;}
    #endregion
    #region 03.Action：显示图片
    public ActionResult Show ()
    {var imageServerList = this._imageServerInfoRepository.
    GetAllUseableServers () ;ViewData["ImageServers"] =
    imageServerList;return View () ;}
    #endregion}
```

① 图片上传的过程比较复杂，首先 Web 服务器接收客户端的访问请求并访问数据库，在 Web 端需要取得所有可用的图像服务器的集合，在这里我们使用一个 GetAllUseableServers 方法，它的实现如下：判断 FlgUsable 标志为 true 以及 CurPicAmount（当前存储量）小于 MaxPicAmount（最大存储量）这两个条件是否满足；如果有宕机或不可用的情况，需要管理员将那一行的 FlgUsable 设置为 false。

```
    public List<ImageServerInfo> GetAllUseableServers ()
    {List<ImageServerInfo> serverList = db.ImageServerInfo
        .Where<ImageServerInfo> (s => s.FlgUsable == true
            && s.CurPicAmount < s.MaxPicAmount)
        .ToList () ;
    return serverList;}
```

② 这里用到了一个 GetServerIndex 的方法，它的实现如下：从图像服务器状态信息表筛选出可用的图像服务器集合记作 C，并获取集合的总记录数 N。然后用随机函数产生一个随机数 R1，用 R1 与 N 进行取余运算，记作 I=R1%N，则 C[I] 即为要保存图片的图像服务器。这个方法基本保证了我们的图像服务器的负载是一个比较均衡的比例。

家具产业链互联网平台构建方法与实践

```
#region 01. 获取服务器索引号
/// <summary>
/// 01. 获取服务器索引号
/// </summary>
/// <param name="serverCount"> 服务器数量 </param>
/// <returns> 索引号 </returns>
public static int GetServerIndex (int serverCount)
{Random rand = new Random () ;
    int randomNumber = rand.Next () ;
    int serverIndex = randomNumber % serverCount;
    return serverIndex;}
#endregion
```

③ 最后，Web 端程序借助了 WebClient 将服务器 ID、文件扩展名以及图片的字节流转交给了具体的图像服务器处理程序：Web 端程序的工作就到此结束，但是这里没有采用异步，因此需要等待图像服务器的工作结束。

```
WebClient client = new WebClient () ;
client.UploadData (serverFullUrl, CommonHelper.StearmToBytes (file.
InputStream) ) ;
```

由于 B/S 架构本身的技术限制，图片无法通过 Web 服务器直接上传到不同的图像服务器中。因此，这里需要借助类似于 WebClient、HttpWebRequest 等类向具体的图像服务器发送 Http 请求，或者是通过在图像服务器上部署 Web Service，以便 Web 服务器通过调用该服务执行图片的保存操作。

（2）设计 View

① 上传页面，程序代码如下。

```
@{Layout = null;}
<!DOCTYPE html>
<html>
<head>
    <meta name="viewport" content="width=device-width" />
    <title>Index</title>
    <link href=" ～ /Resources/css/mystyle.css" rel="stylesheet" />
    <script src=" ～ /Resources/js/jquery-1.8.0.min.js"></script>
    <script type="text/javascript">
```

```
          $ (function () {$ ("#btnUpload") .click (function () {$ ("#loading")
          .show () ;}) ;
     }) ;
        </script>
    </head>
    <body>
      <div id="mainarea">
        <fieldset>
        <legend id="title"> 图片上传系统 </legend>
        <form method="post" action="/Home/Upload" enctype="multipart/form-
        data">
          <table>
            <tr>
             <td>
              <input id="fileSelect" type="file" name="fileUpload" /></td>
              <td>
              <input id="btnUpload" type="submit" value=" 上传图片 " /></td>
          </tr>
            <tr>
            <td id="tiparea" colspan="2">
              <div id="loading">
              <img class="imgstyle" src=" ～ /Resources/image/ico_loading2.gif" />
                                    正在上传中 , 请稍候 ...
                    </div>
                  </td>
                </tr>
              </table>
            </form>
          </fieldset>
          <p id="footer">Copyright &copy;2014 Edison Chou</p>
        </div>
    </body>
    </html>
```

在 form 标签中写入 enctype="multipart/form-data"。

② 浏览页面，程序代码如下。

```
@{Layout = null;}
```

```
@using MyImageDFS.Model;
<!DOCTYPE html>
<html>
<head>
    <meta name="viewport" content="width=device-width" />
    <title>Show</title>
    <link href=" ～ /Resources/css/mystyle.css" rel="stylesheet" />
    <script src=" ～ /Resources/js/jquery-1.8.0.min.js"></script>
</head>
<body>
    <div id="mainarea">
        <fieldset>
            <legend id="title"> 图片浏览系统 </legend>
            <table id="imageTable" cellspacing="1" cellpadding="1">
            @foreach (ImageServerInfo server in (List<ImageServerInfo>)
            ViewData["ImageServers"])
                {foreach (ImageInfo image in server.ImageInfo) {
                <tr>
                    <td>
                        <img class="showimage" alt="@image.ImageName" src="@
                        string.Format ("http：//{0}{1}",
                                server.ServerUrl, image.ImageName) " />
                    </td>
                </tr>
                }
                }
            </table>
        </fieldset>
    </div>
</body>
</html>
```

这里主要通过对不同的图像服务器发送请求获取图片，从而降低 Web 服务器的 I/O 性能瓶颈，缩短整个系统的响应时间。

5.2.9.3 图像服务器文件接收系统实现：一个 ASP.Net 一般处理程序

```csharp
/// <summary>
/// 接收 Web 服务器传递过来的文件信息并保存到指定目录文件下，最后
将文件信息存入数据库中
/// </summary>
/// <param name="context"></param>
public void ProcessRequest (HttpContext context)
{context.Response.ContentType = "text/plain";
    // 接收文件的扩展名
    string fileExt = context.Request["ext"];
    if (string.IsNullOrEmpty (fileExt) ||
        string.IsNullOrEmpty (context.Request["serverId"]) )
    {return;}
    // 图片所在的服务器的编号
    int serverID = Convert.ToInt32 (context.Request["serverId"]) ;
    // 图片要存放的物理路径
string imageDir = "/Upload/" + DateTime.Now.Year + "/" + DateTime.Now.
Month
    + "/" + DateTime.Now.Day + "/";
string serverPath = Path.GetDirectoryName (context.Request.MapPath
(imageDir) ) ;
if (!Directory.Exists (serverPath) ) {
        // 如果目录不存在则新建目录
        Directory.CreateDirectory (serverPath) ;}
        // 取得 GUID 值作为图片名
        string newFileName = Guid.NewGuid () .ToString () ;
        // 取得完整的存储路径
        string fullSaveDir = imageDir + newFileName + fileExt;
        using (FileStream fileStream =
File.OpenWrite (context.Request.MapPath (fullSaveDir) ) ) {
        // 将文件数据写到磁盘上
        context.Request.InputStream.CopyTo (fileStream) ;
        // 将文件信息存入数据库
        ImageInfo imageInfo = new ImageInfo () ;
        imageInfo.ImageName = fullSaveDir;// 存储图片真实路径
```

```
imageInfo.ImageServerId = serverID;// 存储服务器编号
this._imageFacadeRepository.Add (imageInfo) ;} }
```

① 这是一个简单的一般处理程序，它首先接收要保存的图片扩展名以及服务器 ID，根据规则生成具体的保存路径，然后通过 I/O 流将图片保存到该服务器的磁盘上。

② 最后更改数据库信息记录，由于要同时对两张表进行修改，这里我们需要对这个方法进行一个简单的封装，使之成为一个事务。Add 的实现方法如下。

```
public ImageStatusEnum Add (ImageInfo imageEntity) {
    // 首先是图片信息表
    db.ImageInfo.Add (imageEntity) ;
    // 其次是图像服务器信息表
ImageServerInfo serverEntity = db.ImageServerInfo.FirstOrDefault (
    s => s.ServerId == imageEntity.ImageServerId) ;
    if (serverEntity != null) {
        // 当前服务器存储数量 +1
        serverEntity.CurPicAmount += 1;}
    // 一起提交到 SQL Server 数据库中
    int result = db.SaveChanges () ;
    if (result > 0)
    { return ImageStatusEnum.Successful;}
    else { return ImageStatusEnum.Failure;} }
```

5.2.9.4　效果测试

最后对图片文件的上传与浏览效果进行简单的测试：在局域网环境下，对不采用图像服务器和采用图像服务器两种情况进行相关性能测试，测试数据为 300 万张图片被均匀地分布在三台图像服务器上，每台图像服务器建立 1000 个子目录。压力测试软件同时在五台客户端上运行，分别模拟 200 ～ 1000 个用户并发请求。测试时仅仅使用三台普通的计算机作为图片服务器，但整个系统的响应时间得到很大的缩减，整体性能得到明显的提升，而且并发访问量越大，性能提升越明显。

5.3　家具产业链互联网平台测试评估

当网络平台完成开发后要对其进行测试，测试的目的是检测网络平台是不是有设计缺陷，平台开发的结果有没有达到预期设想的目标，并在预设的环境下进行调试和运行，提前观测到平台存在的缺陷与不足，从而优化平台性能。平台测试一般包括功能性测试和性能测试两个方面。

功能性测试主要是测试平台系统的板块功能是否相互关联正确，各页面中的功能是否能正常实现。后台系统最重要的质量评价指标就是正确性，所以功能性测试是必不可少的一个环节。具体包括网站平台的主页和子页面的内容、功能转跳链接的正确性、程序模块执行是否正确等。

性能测试的目的是测试系统在高并发环境下的稳定性与可用性。

① 数据库功能测试和性能测试、服务器性能的初步测试。通过测试发现数据库的设计是否充分合理，是否有遗漏，每个实体的内容是否全面，扩展性如何。服务器性能测试的主要目的是考查在大数据量和大压力的情况下应用服务器的系统响应时间和最大处理能力，以及不同压力情况下应用服务器的系统响应时间和处理能力。

② 兼容性测试、安全性测试。兼容性测试又分为硬件兼容性和软件兼容性测试两个部分。硬件兼容性主要测试 Web 应用服务器的硬件配置。而软件兼容性考察的方面就比较多，主要有系统兼容性、Web 服务器兼容性、数据库兼容性、开发工具兼容性、与其他中间件产品的兼容性等。安全性测试不但要考察用户权限限制、输入数据有效性等基本内容，还要重点考察在大数据量与大压力的情况下系统的稳定性等。

5.3.1 功能性测试

功能性测试一般包括链接测试、表单测试、数据校验、界面（UI）测试。

① 链接测试是指测试所有的链接是否按指示确实链接到指定页面；测试所链接的页面是否存在，无空链接；保证网站上没有孤立的页面，无死链接。

② 表单测试是指测试整个网站中所有页面表单提交操作的完整性，以校验提交给服务器的信息的正确性。

③ 数据校验是指对用户输入的数据进行校验，保证这些校验功能正常工作，测试提交数据的合法性，以验证服务器能正确保存这些数据。

④ 界面（UI）测试包括导航测试、图形测试、内容测试、整体界面测试（易用性、规范性、合理性、美观与协调、独特性）。

5.3.1.1 功能性测试准备

用通俗一点的话来说，网站功能性测试的侧重点就是从用户的角度去检测评价网站的界面风格如何；响应速度是否满意；网站的浏览和操作方法是否简单易懂，容易操作；网站的内容是否满足需要；网站中设置的基本功能是否能正常使用等。

此次测试的人员包括：北京某公司网络技术人员 5 人，各家具企业试用人员 10 人，林业工程研究生 8 人，对口专业教师 3 人。由网络技术人员统一编制功能性测试用例规范，由专业性极强的人员组成测试组，开展功能性测试评估，最后得出测试报告。

5.3.1.2 功能性测试用例

因测试用例所涉及的内容和数量较多，本小节仅从网站设计功能是否能正常使用的角度给出一些用例进行展示。

（1）测试用例 1：首页"快速入口"区域转跳正确性

本测试针对的对象是在首页的快速入口区域，目标是测试快速入口的设计与需求书是否一致，快速入口区域中的分项内容是否可以转跳到正确的页面，具体内容如表 5.5 所示。

表 5.5　测试用例 1

测试项目名称	首页快速入口转跳正确性
测试用例编号	JJPT_0007
测试人员	某某
测试时间	2019 年 6 月 19 日
测试项目标题	首页快速入口转跳正确性
测试内容	①查看快速入口的数量内容 ②进入【首页】页面，查看【快速入口】区域 ③点击【大数据分析】按钮，查看转跳后页面正确性 ④点击【企业资源管理系统】按钮，查看转跳后页面正确性 ⑤点击【展会服务】按钮，查看转跳后页面正确性 ⑥点击【企业研发项目需求】按钮，查看转跳后页面正确性 ⑦点击【原辅材料供需商城】按钮，查看转跳后页面正确性 ⑧点击【机械设备供需商城】按钮，查看转跳后页面正确性 ⑨点击【有困难找专家】按钮，查看转跳后页面正确性

软件环境	Windows 7
硬件环境	DualCore Intel Core i5 430M 2.26GHz DDR3-1333 2G
网络环境	100 兆比特 / 秒
测试输入数据	无
测试次数	2
预期结果	①【快速入口】位置、数量与需求书一致 ②【快速入口】的分项内容与需求书一致 ③点击分项按钮后均正确转跳至相对应的页面，正确性无误
测试结果	与预期结果相同
测试结论	首页【快速入口】转跳功能实现
实现限制	无

(2) 测试用例 2：产品设计资料库测试用例

本测试针对的对象是在产品设计开发服务板块中的产品设计资料库的分类显示图片功能，目标是产品设计资料库页面设置是否与需求书一致，在产品设计资料库中按照分类筛选项是否能正确搜索显示图片内容，在搜索条中输入条件后是否能正确搜索显示图片内容，具体内容如表 5.6 所示。

表 5.6　测试用例 2

测试项目名称	产品设计资料库测试用例
测试用例编号	JJPT_0020
测试人员	某某
测试时间	2019 年 6 月 19 日
测试项目标题	产品设计资料库分类显示图片功能
测试内容	①在首页，点击【产品设计开发服务】菜单 ②在产品设计开发服务，点击【产品设计资料库】按钮 ③在产品设计资料库，点击资料库分类筛选中的品牌类型选项中的【国内】按钮 ④在产品设计资料库，点击资料库分类筛选中的使用场所选项中的【民用家具】按钮 ⑤在产品设计资料库，点击资料库分类筛选中的材料选项中的【实木】按钮

测试内容	⑥在产品设计资料库，点击资料库分类筛选中的风格选项中的【传统中式】按钮 ⑦在产品设计资料库，点击资料库分类筛选中的类型选项中的【椅凳类】按钮 - 下级菜单中的【沙发】按钮 ⑧在搜索框中填写【北欧风格】
软件环境	Windows 7
硬件环境	DualCore Intel Core i5 430M 2.26GHz DDR3-1333 2G
网络环境	100 兆比特 / 秒
测试输入数据	无
测试次数	2
预期结果	①进入产品设计开发服务菜单 ②进入产品设计资料库页面 ③显示带有国内属性的图片 ④显示带有民用家具属性的图片 ⑤显示带有实木属性的图片 ⑥显示带有传统中式属性的图片 ⑦显示带有沙发属性的图片 ⑧显示带有北欧风格属性的图片
测试结果	与预期结果相同
测试结论	产品设计资料库分类显示图片功能实现
实现限制	每页面仅显示 9 张带属性的图片

(3) 测试用例 3：展会预登记功能测试用例

本测试针对的对象是在综合服务板块中的展会服务的预登记功能，目标是测试名片是否能顺利上传，填写个人信息的内容设置是否合理，短信验证是否快速，邀请好友的功能是否实现，具体内容如表 5.7 所示。

表 5.7　测试用例 3

测试项目名称	展会预登记功能测试用例
测试用例编号	JJPT_0103
测试人员	某某某

测试时间	2019 年 6 月 21 日
测试项目标题	展会预登记功能测试
测试内容	①从顶部主菜单进入【综合服务】板块 ②进入【展会服务】子菜单，查看下一级菜单，点击【预登记】 ③进入【预登记】页面，查看页面内容是否正确 ④按照页面提示进行操作，"第一步名片上传 - 选择名片 - 确认上传 - 或跳过上传名片" ⑤按照页面提示进行操作，"第二步完善信息 - 填写个人基本信息 - 获取验证码 - 提交" ⑥按照页面提示进行操作，"第三步完成页面 - 确认 - 邀请好友 - 微信发布"
软件环境	Windows 7
硬件环境	DualCore Intel Core i5 430M 2.26GHz DDR3-1333 2G
网络环境	100 兆比特 / 秒
测试输入数据	无
测试次数	2
预期结果	①顺利进入综合服务菜单 ②顺利进入展会服务子菜单，顺利进入下级预登记菜单 ③点击选择名片，出现计算机文件对话框，选择名片图片后，点击确认上传成功；或点击跳过名片，上传后进入"完善信息页面" ④在完善信息页面输入个人基本信息，获取短信验证码时间为 8 秒和 5 秒，点击提交按钮后转跳到预登记完成页面 ⑤在预登记完成页面可以查看个人信息，点击确认后出现邀请好友操作页面，选择微信发布，成功发布朋友圈
测试结果	与预期结果相同
测试结论	展会预登记功能实现
实现限制	无

5.3.1.3　功能性测试报告

通过规范化的测试用例设计，由专业的测试人员组成测试小组对家具产业链互联网平台进行了较为详细的功能测试，从链接实现、表单实现、数据校验、界面（UI）实现四个方面来对该平台的功能性做出全面的评估，如表 5.8 所示。

表 5.8　家具产业链互联网平台功能性测试报告

链接实现	①经测试，所有链接均能按指示确实链接到指定页面 ②经测试，所链接的页面均存在，无空链接 ③经测试，网站上没有孤立的页面，无死链接
表单实现	经测试，网站中所有页面表单提交操作具有完整性，提交给服务器的信息正确无误
数据校验	经测试，用户输入数据功能正常，提交数据具有合法性，服务器能正确保存这些数据
界面（UI）实现	①经测试，网站栏目各级导航目录结构清晰；导航指引较易于操作，且字体及显示风格一致；导航之间切换风格（替换方式或新页面打开）一致 ②经测试，图形（图片与动画）有序；图片大小和质量符合要求；页面字体风格一致；网站整体风格颜色与字体颜色和谐搭配 ③经测试，页面中无错别字；无文字错位和折行现象；语言文字表达及用词准确；文章内容及标题与所属栏目耦合 ④经测试，网站页面均按功能将界面划分成局域块，页面布局合理；支持键盘自动浏览按钮功能，按 Enter 键后可以自动执行默认按钮对应操作；页面元素摆放组合及展示效果遵循用户习惯；页面提示信息清楚、明了、恰当；按钮大小与界面大小和空间相协调；前景色与背景色搭配合理、协调；网站整体公用的头部与底部拥有专属图标和版权信息

经过以上功能性测试，可以证明"家具产业链互联网平台"系统功能基本满足设计要求，运行正常，可以交付进入试运行阶段。

5.3.2　性能测试

为了验证家具产业链互联网平台系统是否满足高并发与高可用的要求，以及测试前文中分布式系统架构模式对系统性能的提升效果，选择 LoadRunner 作为测试工具，对家具产业链互联网平台企业资源管理系统的登录操作进行压力测试。

通过压力测试可以判断出当前应用环境下系统的负载能力，可为以后应用范围扩大或者用户量上升后的服务器升级与扩容等提供必要的技术支撑，以及服务器规划等。

本章选择企业资源管理系统登录来进行系统性能测试。由于系统登录涉及数据库交互，同时也有页面访问功能，且该页面访问是每一个要访问该平台资源管理系统的用户必须经过的操作，往往是网站宕机的暴发点，是十分具有典型代表性的，可以说是整个系统的典型观测点，因为如果这个点的性能满足要求，那么其他普通页面的访问性能也就能确保稳定。

5.3.2.1 系统性能测试环境

（1）网络环境

为了最大限度地避免网络传输给压力测试结果带来影响，选取内部局域网作为压力测试的网络环境，网络采用 5 类非屏蔽双绞线，其频率带宽为 100 兆赫兹。

（2）应用服务器配置

应用服务器即 Web 服务器，是压力测试的主要对象。应用服务器为目前测试环境中运行的服务器，应用服务器配置不同，其压力测试结果也不同。

压力测试应用服务器配置如表 5.9 所示。

表 5.9　压力测试应用服务器配置

硬件配置	服务器类型	塔式服务器
	处理器	Intel 酷睿 i5 4460 3.2GHz 3.2GHz
	内存	DDR3 1600 8G
	硬盘	SATA 450G
操作系统		Windows 10
其他运行软件	IIS	Internet Information Services 10

（3）数据库服务器配置

数据库服务器是用于数据存储的服务器。由于在 Web 应用系统中，数据库服务器的配置要远高于 Web 应用服务器的配置，所以本次压力测试不将数据库服务器作为测试对象，也就是说在压力测试过程中忽略数据库服务器可能带来的影响。压力测试数据库服务器配置如表 5.10 所示。

表 5.10　压力测试数据库服务器配置

硬件配置	服务器类型	Dell R210
	处理器	Intel Xeon X3430 2.40GHz 2.39GHz
	内存	DDR3 1600 8G
	硬盘	SATA 450G
操作系统		Windows 10
其他运行软件	数据库	Microsoft SQL Server 2016

（4）测试机配置

由于压力测试是对系统负载能力的测试，无法通过真实的环境获取相关指标，因此需通过测试机模拟用户（虚拟用户）实际的操作来进行测试。

测试机即安装压力测试工具及进行压力测试的客户端机器，一般采用高档次的计算机进行测试。在压力测试过程中，一般忽略测试机对压力测试结果的影响。测试机配置如表 5.11 所示。

表 5.11　测试机配置

	服务器类型	HP COMPAQ CQ42 笔记本
硬件配置	处理器	DualCore Intel Core i5 430M 2.26GHz
	内存	DDR3-1333 2G
	硬盘	SATA 450G
操作系统		Windows 7
其他运行软件		LoadRunner11
		IE11

5.3.2.2　测试工具

测试工具为 LoadRunner11，LoadRunner 是当前较为流行的一款测试工具，它通过模拟多个用户同时在应用程序中工作的环境，对应用程序进行负载测试。当应用程序在负载状态下运行时，LoadRunner 会准确监控、评测并分析系统的性能和功能。

LoadRunner 使用 HTTP/HTTPS 协议，主要思想是使用虚拟用户（virtual users）来模拟实际用户对系统施加压力，其测试模拟如图 5.30 所示。

5.3.2.3　测试方法与步骤

（1）测试准备

严格按照测试方案和计划来编写测试数据的脚本，并在模拟的环境中进行测试和运行。

（2）测试环境搭建

严格按照测试方法和步骤以及测试环境的要求，根据测试计划来搭建测试环境。

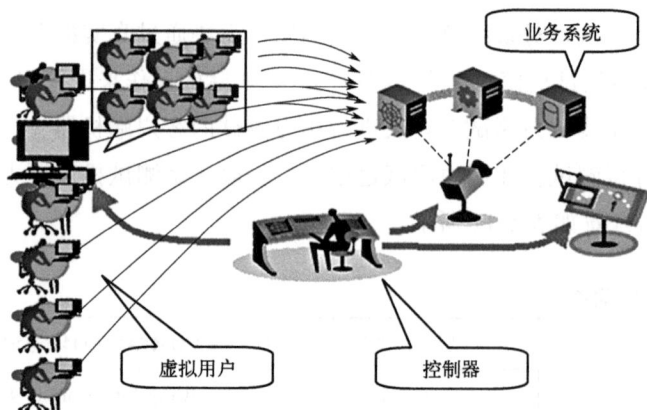

图 5.30 LoadRunner 测试模拟

（3）进行测试

压力测试中并发数可以按照测试的内容从低到高依次递增，直至服务器达到最大的负载能力或服务器崩溃，由于测试中并发数取值过小得到的结果不具有意义，而当取值为 500 时，测试时间与失败数也大量增多，表明已经超过正常服务范围，因此在本次测试中取值 300 作为并发的测试数据。

5.3.2.4 测试结果与分析

（1）评测标准（表 5.12）

表 5.12 评测标准

业务	平均响应时间	满意度（用户感受）
交易类	＜2 秒	良好
	3～5 秒	一般
	5～10 秒	较差
	10 秒以上	难以忍受
简单查询类	＜5 秒	良好
	5～10 秒	一般
	10～30 秒	较差
	30 秒以上	难以忍受

业务	平均响应时间	满意度（用户感受）
复杂查询类	<10 秒	良好
	10 ～ 30 秒	一般
	30 ～ 60 秒	较差
	60 秒以上	难以忍受

注：以上标准仅供本次测试参考。

（2）压力测试的结果

① 在进行性能测试分析的时候，我们需要对几个测试指标有一定的概念。

操作事务：用户某一步或几步操作的集合，在本测试中指的是用户对系统的一次登录过程。

事务响应时间（RT）：从客户端发送请求开始计时，到服务响应结果结束计时，完成整个过程的时间。平均响应时间 = 所有响应时间的总和÷完成的事务数。

事务平均响应时间（ART）：从客户端发送请求开始计时，到服务响应结果结束计时，完成整个过程的平均时间。通过它可以分析测试场景运行期间应用系统的性能走向。

每秒钟系统能够处理事务或交易的数量（TPS）：它是衡量服务器对事务的处理能力的指标，反映了系统在同一时间内能处理业务的最大能力，TPS 的值越高，说明系统处理能力越强。系统的 TPS 随着时间的变化逐渐变大，但最高值并不一定代表系统的最大处理能力，因为 TPS 会受到负载的影响，也会随着负载的增加而逐渐增加，当系统进入繁忙期后，TPS 会有所下降，一般会在几分钟以后开始出现少量的失败事务。TPS = 总的通过、失败的事务数÷整个场景的运行时间，即 TPS = 并发数÷平均响应时间。

吞吐量（throughput）：表示在一次性能测试过程中网络上传输的数据量的总和。吞吐量 = 完成的事务数÷完成这些事务所需要的时间。

② 压力测试概要。

通过 LoadRunner 压力测试软件得出压力测试的结果概要如下。

分析概要 时间：2019/6/28/14：38

场景名：Scenariol

会话中的结果数：E：\压力测试\业务登录 IE\res\res.1rr

持续时间：11 分钟，46 秒

統計信息概要表

運行 Vuser 的最大數目：300

總吞吐量（字節）：6，777，604，270

平均吞吐量（字節 / 秒）：9，586，428

總點擊次數：472，645

平均每秒點擊次數：668，522

表 5.13 体现的是事务的运行状况，通过数值可以体现出系统登录的性能如何，运行的最大数目是 300，即模拟 300 个用户同时登录。从表 5.13 中可以看到最小响应时间是 0.745 秒，最大响应时间是 22.418 秒，平均响应时间是 13.357 秒，标准偏差时间是 6.076 秒，90% 的响应时间都在 19.152 秒，通过事务数是 11251 次，失败数为 1 次，停止数为 20 次，根据测评标准（表），在极限状态下系统响应时间未超时，可正常登录，满足性能设计要求。

表 5.13　"事务"（操作）的运行状况概要

事务名称	SLA Status	最小响应时间 / 秒	平均响应时间 / 秒	最大响应时间 / 秒	标准偏差 / 秒	90% 的响应时间 / 秒	通过数 / 次	失败数 / 次	停止数 / 次
Action_ Transaction		0.745	13.357	22.418	6.076	19.152	11251	1	20
vuser_end_ Transaction		0	0	0	0	0	300	0	0
vuser_init_ Transaction		0	0	0.002	0	0	300	0	0

注：Action-Transaction 表示操作事务；vuser-end-Transaction 表示用户结束事务；vuser-init-Transaction 表示用户初始化事务。

③ 响应时间与测试时间的关系、运行用户数与测试时间的关系。

通过 LoadRunner 压力测试软件得出响应时间与时间关系曲线图，以及运行用户数与时间关系曲线图，我们可以通过平均响应时间来分析测试场景运行期间应用系统的性能走向，也可以定位出现性能问题的转折点。如图 5.31 所示：a. 曲线持续上升，表明系统的处理能力在下降，事务的响应时间变长，在 3.7 分钟时平均响应时间峰值是 19.5 秒；b. 曲线持续平稳，表明并发用户数达到设计数值，进入设计峰值并发测试阶段；c. 当曲线下降，表明在 6.9 分钟时并发数量开始稳定下降，这时的平均响应时间是 18.9 秒，并发用户的数量在慢慢减少，事务的请求数也在减少。

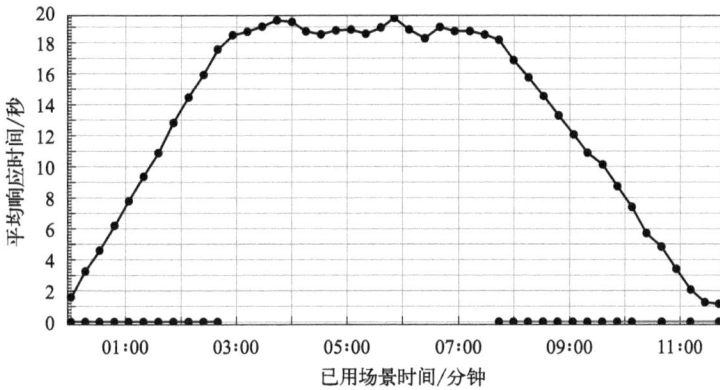

图 5.31 平均响应时间与时间的关系曲线

运行用户数就是指并发数，而并发数 =TPS× 平均响应时间，根据公式可知并发数与平均响应时间是正相关的，并发数多了 TPS 增加，因此，运行用户数与测试时间曲线，以及响应时间与测试时间曲线的趋势是基本一致的。如图 5.32 所示：a. 曲线图持续上升，表明系统的处理能力在下降，事务的响应时间变长，在 2.9 分钟时并发数达到测定的峰值 300；b. 曲线持续平稳，表明并发用户的数量达到设计数值，进入设计峰值并发测试阶段；c. 当曲线下降，表明在 7.7 分钟时并发数开始下降，并发用户的数量在慢慢减少，事务的请求数也在减少。

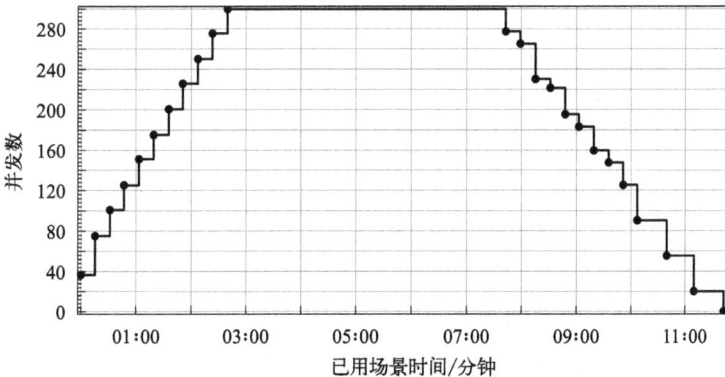

图 5.32 运行用户数与时间的关系曲线

两个曲线图是互相印证的关系，可以看出在接近 3 分钟时出现转折，然后保持平稳，在接近 7.5 分钟时开始下降。

④ 每秒点击数与时间的关系。

每秒点击数具体指的是每秒钟用户向 Web 服务器提交的 HTTP 请求数，这个指标是 Web 应用特有的一个指标。Web 应用的模式是"请求 - 响应"，即用户每发一个申请，服务器就要处理一次。对于每秒点击数与时间关系曲线图，如果把每次点击定义为一个交易，那么点击数就是 Web 应用能够处理的交易的最小单位，点击率和系统吞吐量（TPS）就是一个概念，因此，点击率越大，对服务器的压力也就越大。点击率只是一个性能的参考指标，我们需要关注的是点击数所产生的影响。

需要提出的是，这里指的点击不是鼠标的一次"单击"操作，在一次"单击"操作中，客户端也有可能向服务器发送多个 HTTP 请求，点击率只能体现出用户端对服务器的压力。图 5.33 反映出在 9.1 分钟前服务器的压力在小幅度内变动，整体趋势平稳，在 9.1 分钟后服务器的压力幅度变大，在 10.7 分钟时达到压力峰值，然后随着测试结束，压力逐渐释放归 0。根据软件计算得出平均每秒点击数为 668.522，该数值是一个观测值。一般来说，我们主要需要了解的是在每秒点击数越来越大时，也就是说并发数越大时，系统是否会宕机。

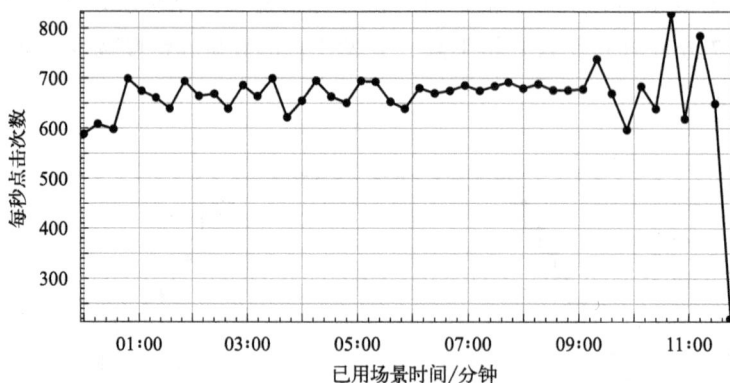

图 5.33 每秒点击数与时间的关系曲线

⑤ 数据吞吐量与时间的关系。

吞吐量（throughput）：表示在一次性能测试过程中网络上传输的数据量的总和。系统吞吐量有几个重要参数：TPS、并发数、响应时间（一般取平

家具产业链互联网平台构建方法与实践

均响应时间）。我们能够依据服务器的吞吐量来估计虚拟用户产生的负载量，评估服务器在流量方面的处理能力，以及是否存在瓶颈。一个系统的吞吐量通常取决于 TPS 和并发数这两个因素，在每套系统中这两个值都有一个相对的极限值，在模拟场景访问压力下，只要某一项达到系统的极限值，系统的吞吐量就上不去了，这时如果压力继续增大，系统的吞吐量反而会下降，原因是系统超负荷工作了，比如上下文切换、内存等其他消耗将导致系统性能下降。

从图 5.34 可以看出，在测试时间 2.7 分钟时，吞吐量突然加大到达峰值，通过软件统计可知总吞吐量为 6777604270 字节；计算得出平均吞吐量为 9586428 字节 / 秒。

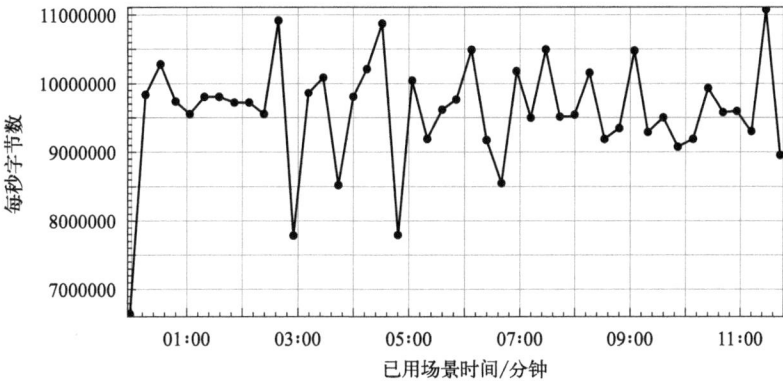

图 5.34 数据吞吐量与时间的关系

⑥ 压力测试总结与分析。

结合表 5.13 和图 5.31 ～图 5.34，从压力测试结果中进行分析，在当前测试服务器配置的前提下，系统支持 300 个并发用户的最长响应时间是 20 秒，平均响应时间是 13.36 秒，根据测评标准（表），在极限状态下系统响应时间未超时，用户可正常登录，满足性能设计要求。除此之外，我们还可以通过本次测试为今后的网站扩展提供数据支持和依据。

受限于服务器配置和网络传输速度，当提高服务器配置时，可承受的并发数可以得到相应的提高。也可以使用多服务器负载均衡，每增加一台 Web 服务器，系统能够承受的并发数可以增加 300，增加一定数量的 Web 服务器后，相应的数据库服务器也需做扩容。

使用并发计算公式：设计并发 = 注册用户数 × 每天有 80% 的人上

线 ×80% 的人集中在 4 小时内访问 × 平均每人访问 100 次 ÷ 4 小时 ÷ 每小时 60 分钟 ÷ 每分钟 60 秒，通过公式由并发数计算可得出注册用户数，如下所示。

注册用户数 = 并发数 ×4 小时 × 每小时 60 分钟 × 每分钟 60 秒 ÷ 每天有 80% 人上线 ÷80% 的人集中在 4 小时内访问 ÷ 平均每人访问 100 次

=300×4×60×60÷0.8÷0.8÷100

=67500（人）

因此，如果需要服务 100000 个注册用户，提供 2 台 Web 服务器可以满足需求。

家具产业链互联网平台构建方法与实践

参考文献

［1］任保平，洪银兴. 新型工业化中经济效益提高的途径：一种产业链视角的分析［J］. 西北大学学报（哲学社会科学版），2005（1）：47-54.

［2］郭一凡. 中国房地产业与国民经济相关性分析——产业关联与贡献角度［D］. 北京：清华大学，2009.

［3］阿里研究院. 互联网+：未来空间无限［M］. 北京：人民出版社，2015.

［4］王红霞，杨玉杰. 互联网平台滥用格式条款的法律规制——以20份互联网用户注册协议为样本［J］. 上海政法学院学报（法治论丛），2016（1）：46-55.

［5］陆建华. NET与数据库技术在动态网站开发中的研究与应用［J］. 电脑编程技巧与维护，2018（05）：117-119.

［6］贺甲宁. 基于B/S系统架构的电子商务网站的开发设计［J］. 电子测试，2014（11）：21-22，51.

［7］闫俊伢，安俊秀. J2EE技术体系的探讨与研究［J］. 实验室研究与探索，2010（7）：83-86.

［8］陶涛. 基于约束理论的MTO型家具生产优化研究［D］. 长沙：中南林业科技大学，2011.

［9］黄文鸿. 我国人工智能产业发展形势分析［J］. 产业创新研究，2018（02）：7-11.

［10］冯运卿，张洪国. "中国制造2025"和"互联网+"的融合之路［J］. 互联网经济，2016（3）：44-49.

［11］李金津. 企业生态理论研究［D］. 长春：吉林大学，2011.

［12］董媛媛. 基于产品生命周期的家具企业产品开发与管理［D］. 长沙：中南林业科技大学，2007.

［13］金理清. 浅析ASP. NET的网站关键技术设计与实现［J］. 网络与通信，2009（10）：75-76.